4

Arai
31

Arai
Ron
elf
elf
HONDA
elf lub

Arai
Ron
elf
alpinestars
elf

30 ANS DE MOTO

HONDA
AGUSTA
PERNOD
Castrol
MICHELIN

CHRISTIAN LACOMBE

30 ANS DE MOTO

30 ANS DE JOURNALISME À

MOTO JOURNAL

Michel LAFON

SOMMAIRE

RNN 102

LES CONCEPTS

Durant ces trente dernières années, la multiplication des concepts moto a été plus prolifique que depuis le début du siècle. On a vu apparaître de vrais nouveaux concepts (trail, hyper sport, custom...) et la consécration de concepts ébauchés jadis comme celui de la GT (par Vincent et sa Black Prince en 1954), ou celui des scooters, inventés aux États-Unis dans les années 20.

Le concept custom nous vient des USA.

Le rétro, dernier né des concepts initiés par les Japonais.

À la fin des années 60, les choses étaient simples. Il n'y avait qu'un seul concept, celui de la moto basique, dépourvue de tout appendice qui, bien plus tard, prendra l'appellation de roadster.

L'événementielle Honda CB 750, apparue en 1969, a quelque peu éclipsé cette même année un vrai nouveau concept : le trail, inventé par Yamaha avec sa DT 250.

À l'origine destiné au marché américain, le trail est une évolution des scramblers, des motos routières modifiées par l'utilisation d'échappements relevés et de pneus à crampons, pour s'adapter à tous types de chemins. La Yamaha, plus fine et plus légère, s'est révélée performante en tout-terrain, mais aussi très agréable en usage routier et en ville.

La polyvalence est le maître mot du trail qui, par ailleurs, séduit par sa facilité d'emploi et son caractère économique. Moins accidentogène que la routière, le trail bénéficiera d'ailleurs de tarifs d'assurance préférentiels.

Toutes ces qualités lui assureront un grand succès commercial, soutenu par ses participations au Paris-Dakar, épreuve qui sera également la cause de son déclin : évoluant pour ressembler aux motos de course, le trail perdra de sa polyvalence.

Comme les autres motos, le trail connaîtra une escalade à la cylindrée, et le monocylindre 250 cm^3 du début cubera jusqu'à 800 cm^3 pour ensuite se contenter de 650 cm^3.

En 1980, BMW propose le premier trail bicylindre (R 80 GS) dans le but de gagner le Paris-Dakar. Il sera suivi par Yamaha, Honda et Cagiva. Ces gros trails se sont donc imposés dans les courses de désert, mais leurs versions « civiles » se révéleront d'excellentes grandes routières et finiront par concurrencer les GT.

Ce sont les motards qui, au début des années 70, montreront l'exemple des multi-concepts, en équipant leurs motos basiques d'accessoires achetés dans le commerce et appropriés à leur usage.

L'amateur de sport investira dans un carénage profilé, des commandes reculées, une selle monoplace, des guidons bracelets ou un cadre sport, afin que sa moto s'apparente à celles de ses idoles, les pilotes.

D'autres, qui préfèrent le voyage, achèteront un ample carénage protecteur, des sacoches ou encore une bulle haute, et les constructeurs finiront par comprendre qu'ils peuvent se substituer aux accessoiristes.

En 1976, BMW propose la première moto entièrement carénée, la R 100 RS, première sport-GT. L'appellation sport-GT n'existait pas, les autres non plus. La presse les inventera plus tard pour guider l'acheteur dans ses choix. En 1979, toujours chez BMW, apparaît la première GT, la R 100 RT, équipée d'un carénage très protecteur et de valises.

«Dans» le BMW C1, on peut conduire sans casque.

Le roadster est un retour aux sources.

Les concepts

Quant à la première vraie sportive, on peut la situer en 1980 avec l'arrivée de la Yamaha RDLC 350, une machine dérivée des TZ de compétition mais dépourvue de carénage. Viendra ensuite, en 1985, le modèle le plus innovateur du genre sportif, la Suzuki GSX-R 750 à cadre aluminium, techniquement et esthétiquement très proche des motos d'endurance.
Cette recette n'a depuis cessé de s'affiner. Les Ducati 916 ou Honda RC 30, par exemple, furent de vraies motos de course, homologuées pour la route.
Le concept custom, pure émanation de la culture américaine, sera longtemps la chasse gardée de Harley qui, en France, connaîtra des ventes assez marginales jusqu'à la fin des années 80.
Le cinéma et l'ensemble du show-biz sont, en France, à l'origine de la mode du custom, qui alimente un certain sectarisme : le motard traditionnel juge volontiers l'amateur de customs « frimeur ». Mais le fan d'hyper sportives n'est-il pas à loger à la même enseigne ?
Enfin, dans les années 90, la Ducati Monster réhabilite le charme et l'attrait esthétique des motos nues, que l'on nommera roadsters. La boucle est bouclée, retour à la case départ et même mieux, avec l'émergence du concept rétro (Kawasaki W 650) qui s'inspire des motos des années 60.
Chaque concept n'est pas enfermé dans des cadres rigides. Par exemple, chez les customs, il y a les basiques style Harley Fat Boy, les custom-drags comme la Yamaha Vmax, les custom-tourers presque équipés comme des GT pour tailler la route.
Chez les roadsters, il y a ceux qui privilégient le look agressif et les performances pures (Triumph Speed Triple, Voxan, Suzuki Bandit...), ceux qui sont plus policés et polyvalents (Yamaha XJR)... Bref, il y en a pour tous les goûts. Une tendance qui n'a cessé de croître ces dernières années pour que chacun trouve son bonheur.
En France, la moto n'est pas seulement un objet de loisir, comme c'est le cas dans la plupart des pays européens, c'est également un moyen pratique de se déplacer en ville. Cette fonction « tire-bouchons » va inciter les constructeurs à développer des concepts appropriés, dont le scooter. Longtemps cantonné dans les petites cylindrées, il va hériter de plus gros moteurs et d'une partie-cycle en adéquation.
L'aboutissement de cette évolution est un engin dont la transmission automatique, la protection et les nombreux coffres le rendent pratique en ville, mais qui peut s'en échapper grâce à ses réelles performances, qui lui font concurrencer les GT. ●

La routière sportive, polyvalence en usage route.

La sportive, une vraie moto de course pour la route.

Le trail monocylindre, le summum de la polyvalence.

Deux concepts GT : en bas le gros trail bicylindre ; en médaillon la vraie GT à l'européenne.

L'ÂGE DES MOTARDS

Dans les années 70, la moyenne d'âge du motard était de 22 ans. Aujourd'hui, elle est de 34 ans. Ce vieillissement s'explique d'abord par des raisons économiques. Pour un jeune, l'accession à la moto est plus onéreuse que jadis étant donné le coût du permis et de l'assurance. Le prix des motos n'est pas en cause, d'autant que l'offre de l'occasion est bien plus importante. Par ailleurs, l'attrait de la moto est moindre chez les jeunes qui sont sollicités par d'autres formes de loisirs.

Ensuite, dans les années 70, la moto représentait, plus qu'aujourd'hui, la liberté, l'indépendance vis-à-vis du milieu familial, le moyen matériel de fuir les conflits de générations. La jeunesse actuelle profite du « cocooning » familial, a l'esprit moins rebelle et évitera de s'opposer aux interdits, qui, à cause du danger, vont de pair avec la moto.

Jadis, les jeunes se satisfaisaient de petites cylindrées pour débuter : les 50 cm³, qui ressemblaient à de vraies motos, leur donnaient le goût de poursuivre l'escalade. Mais aujourd'hui, c'est le scooter qui a leur faveur.

En attendant de passer le permis auto, ceux que la moto intéresse lorgnent sur les grosses cylindrées, plus valorisantes, et écartent les petites cylindrées, pourtant nettement plus accessibles financièrement. Il faut dire encore que la jeunesse entre de plus en plus tard dans la vie active, ce qui la rend financièrement moins indépendante.

L'élévation de l'âge moyen du motard s'explique aussi par le regain d'intérêt des seniors pour la moto, qu'ils ont pratiquée plus jeunes (dans les années 70) puis abandonnée pour raisons familiales. Ils s'offrent aujourd'hui une nouvelle jeunesse en se payant des machines de rêve.

La multiplication des concepts, la richesse des gammes sont autant d'éléments attractifs capables de faire « craquer » l'automobiliste qui, par ailleurs, peut accéder à la 125 cm³ avec son permis auto. Cette nouvelle clientèle (la loi sur l'équivalence date de 1996) s'est laissée séduire par les aspects pratiques en usage citadin, mais on estime qu'au moins 10 % passeront leur permis moto pour goûter aux charmes des grosses cylindrées.

LES SIXTIES Les années charnières

Durant les années 60, les anglaises sont sur le déclin et les japonaises commencent à émerger. En fait, le monde de la moto est à un tournant de son histoire.

Depuis la Seconde Guerre mondiale, la moto n'a cessé de se marginaliser, du moins la grosse cylindrée, la moto passion. L'industrie française ne jure que par les petites cylindrées utilitaires et ne croit plus en la moto. Les constructeurs automobiles inondent le marché de voitures accessibles financièrement et la société de loisirs grandit sans la moto.
Il est vrai que dans les années 60, elle se trimballe une réputation pour le moins sulfureuse, véhiculée par le film américain culte *L'Équipée sauvage*, dans lequel les héros à moto sont des voyous. En France, les « blousons noirs » font la une de l'actualité, mais nos rebelles roulent sur des 50 cm^3 trafiquées.
Autre frein, l'aspect initiatique de la conduite d'une moto : alors que le démarrage à la manivelle est depuis longtemps révolu sur les autos, il faut encore maîtriser la science du « coup de kick » sur les motos, qui par ailleurs sont souvent sujettes aux pannes à répétition. Autrement dit, celui qui n'est pas un peu mécanicien dans l'âme a toutes les chances d'être dégoûté par la moto.
Les anglaises, majoritaires en France, sont grandement responsables de cet état de fait. Ces mécaniques de conception ancienne ont la particularité d'avoir des carters-moteur s'ouvrant sur un plan vertical ce qui, faute d'usinage précis, occasionne des fuites d'huile. D'où le cliché de la moto sale et salissante qui laisse son empreinte partout où elle stationne.
Les équipementiers, Lucas pour l'électrique, Amal pour les carburateurs, Girling pour les suspensions, n'ont pas meilleure réputation et pour qu'une anglaise fonctionne correctement, il fallait, dès sa réception, revoir en grande partie sa finition. Des motocistes s'en feront une spécialité et s'attireront ainsi une clientèle parfois lointaine. Quelques années plus tard, lorsqu'apparaîtront les premières grosses italiennes (Guzzi, Ducati...), l'histoire se répétera et contribuera à enfermer ces marques dans un ghetto de spécialistes.
La fragilité des motos anglaises, mais aussi des Harley Davidson et dans une moindre mesure des BMW, a engendré une façon de conduire. Il fallait ménager la mécanique, donc éviter les surrégimes, les passages de vitesses à la volée, la pleine charge moteur sur de longues distances; il fallait avoir l'oreille, les compte-tours étant peu fiables ou inexistants, savoir distinguer les bonnes des mauvaises vibrations... En résumé, être aux aguets en permanence.

Avec les motos japonaises, cette vigilance sera moindre et les propriétaires de ces machines oublieront cette culture mécanique. Du coup, lorsqu'ils passeront de la japonaise à l'européenne (avant que cette dernière ne soit fiabilisée), ils connaîtront des problèmes techniques qui n'arrangeront pas la renommée de tout ce qui n'est pas japonais.

Au creux de la vague, le commerce de la moto sera monopolisé par un petit nombre de motocistes dictant leurs lois (et leurs prix) en fonction de leur honnêteté professionnelle. Une situation inconfortable pour les clients subissant ce diktat et qui sera à l'origine de la réputation douteuse des marchands de motos.

Les Sixties

Il faudra des décennies pour améliorer l'image du motociste, qui évoluera surtout lorsque les marques créeront leurs filiales, imposant à leurs concessionnaires une façon de travailler. Honda sera précurseur en la matière ; sa filiale date de 1964.
La gamme Honda sera la première à être importée. Mais la plus grosse Honda est une 305 cm³. Et même si ses performances sont celles d'une 500, elle ne réussit pas à s'attirer la faveur des motards. Les autres marques japonaises (Yamaha, Suzuki, Kawasaki) ne proposeront que des 250 cm³, certes très véloces, mais handicapées par leur moteur 2-temps que le motard traditionnel considère comme une mécanique sans noblesse.
Il faudra les succès en compétition pour valoriser l'ensemble de ces marques. Comme le Japon paraît bien loin, on doute d'abord de la qualité de leur service après vente, du fait de l'éloignement de leurs pays d'origine. Malgré tout, l'inéluctable invasion japonaise se précipite.
Le bouche à oreille fonctionne à merveille dans le petit monde de la moto, et la qualité des produits nippons aura tôt fait de s'imposer. D'autant que la concurrence européenne est en pleine déliquescence. Les Anglais, qui ont snobé la percée japonaise, sont en plein marasme financier : faillite de Velocette, Villiers, Royal Enfield..., fusion de BSA et Triumph, agonie de Norton. Et toujours pour les mêmes raisons : l'incapacité à évoluer techniquement.
À la fin des années 60, on enregistre un sursaut du groupe Triumph-BSA et de Norton, et des nouveautés telles que la 3 cylindres et la Commando. Mais face à la nouvelle Honda 4 cylindres, ces motos ne feront pas le poids. En Allemagne, BMW investit en priorité dans l'automobile et délaisse la moto, qui n'évoluera guère durant ces années-là. En Italie, il faudra attendre les seventies pour voir apparaître de grosses cylindrées.
Durant les années 60, il est évident qu'à part les Japonais, personne ne croyait en l'avenir de la moto en Europe ; et encore, les Japonais visaient prioritairement le marché américain où il se vendait un million de motos par an. Un signe qui aurait dû alerter les constructeurs européens, sachant que les phénomènes de mode nés aux USA débarquent invariablement en Europe dans les 5 à 10 ans qui suivent.
Par ailleurs, les Japonais ont su donner envie d'avoir envie en créant des nouveautés attractives. C'est même certainement là leur plus grand mérite. ●

BMW 600 R 69 S *1960*

C'était alors la plus sportive des BMW. Elle sera construite jusqu'en 1969.
La R 69 S est une 600 cm³ flat twin qui gagne 7 ch par rapport au modèle de base, mais la partie-cycle massive (elle est conçue pour être attelée) n'a rien de sportif.
La fourche type Earles est certes confortable mais bien lourde, et la moto est sujette aux guidonnages.

42 ch. 202 kg. 175 km/h.

LES PLUS

• **Confort, fiabilité, qualités routières.**

LES MOINS

• **Boîte de vitesses, guidonnage, conduite particulière.**

Honda 250 CB 72 *1962*

Elle s'avère être la première Honda qui ait attiré l'attention des motards européens.
Avec seulement 250 cm³ (puis 305 cm³ avec la CB 77), elle atteignait des performances dignes d'une bonne 500 cm³. De plus, elle était facile et agréable à utiliser grâce, entre autre, au démarreur électrique.

24 ch. 156 kg. 145 km/h.

LES PLUS

- **Facilité d'utilisation.**
- **Fiabilité.**

LES MOINS

- **Petite cylindrée, freinage.**

Yamaha 250 YDS 3 *1964*

Il s'agit de la première Yamaha importée en France, la troisième évolution de l'YDS de 1962, qui reçoit le graissage séparé autolube.
Moins extrême que la T 20, plus confortable, elle bénéficiera de l'aura des GP où Yamaha s'impose en 250 cm³. **26 ch. 160 kg. 152 km/h.**

LES PLUS

- **Un twin 2-temps pas trop pointu, l'image course.**

LES MOINS

- **Pas de démarreur électrique, suspension arrière.**

Suzuki 250 T 20 *1965*

Ce twin 2-temps avait de quoi enthousiasmer les amateurs de motos sportives. Cette 250 cm³ de 25 ch dotée d'une boîte 6 vitesses surclassait en performances toutes ses concurrentes. Le graissage séparé était complété par une injection directe d'huile dans l'embiellage. **25 ch. 145 kg. 160 km/h.**

LES PLUS

- **Moteur rageur, fiable, boîte 6 vitesses.**

LES MOINS

- **Freinage, confort, consommation.**

Honda CB 450 *1966*

La première « grosse » cylindrée japonaise innove techniquement. Elle propose pour cela une culasse double ACT avec rappel des soupapes par barres de torsion, un carburateur à dépression, un démarreur électrique bien sûr et une fiabilité à toute épreuve pour le modèle 4 vitesses. **44 ch. 187 kg. 175 km/h.**

LES PLUS

- **Robustesse, finition, esthétique.**

LES MOINS

- **Freinage, tenue de route, autonomie.**

L'ESPRIT MOTARD

En 30 ans, le petit monde de la moto a connu une sacrée accélération : on comptait moins de cent mille pratiquants réguliers à la fin des années 60, alors qu'aujourd'hui ils sont plus de six cent mille. Il est normal dans ces conditions que l'on constate une évolution de cet esprit motard.

Le motard caricatural chanté par Piaf qui « portait des culottes, des bottes de moto » existe toujours mais en infime proportion. Au fil des ans, la moto a réussi son intégration sociale, même si le motard revendique haut et fort son appartenance à une famille qui le différencie du commun des mortels.

Hier comme aujourd'hui, le motard est considéré, et c'est ce qui lui plaît, comme un original, un tantinet rebelle, voire casse-cou. Des spécificités que l'on attribue plus généralement aux jeunes, flatteuses pour les moins jeunes.

Jadis, la moto était une passion exclusive, dévorante et le plus souvent le seul véhicule des motards. Aujourd'hui, 80 % des motards sont aussi des automobilistes, par obligation familiale, mais aussi parce que beaucoup considèrent la moto comme un loisir, à pratiquer de préférence par beau temps.

C'est ainsi que naîtra l'opposition entre les purs et durs, ceux qui roulent durant toute l'année, quelles que soient les conditions climatiques (ils s'en font même un point d'honneur)... et les autres.

On notera également l'opposition entre ceux qui baignent dans l'univers de la moto, qui sont des lecteurs fidèles de la presse spécialisée et amateurs de compétition, et ceux pour qui la moto est un loisir non exclusif.

Une dernière distinction sera établie, entre le motocycliste et le possesseur de 125 (et a fortiori de scooter) qui pratique le deux-roues essentiellement pour le trajet boulot-dodo et qui n'est pas considéré comme un motard par les autres, et n'a pas droit au petit signe de la main.

Tout ceci pour dire que la multiplication des motos a mis à mal la solidarité motarde qui reste néanmoins la spécificité de cette micro-société.

Suzuki T 500 *1967*

Grande sœur de la T 20, la Suzuki T 500, qui hérite de la même technologie mais avec une boîte 5 vitesses, a tenté d'imposer le 2-temps en grosse cylindrée. Sans grand succès : il faudra attendre pour cela les 3 cylindres Kawasaki.

La T 500 sera néanmoins une vraie routière réputée pour sa fiabilité. **47 ch. 193 kg. 180 km/h.**

LES PLUS

- **Un moteur coupleux, endurant et performant.**

LES MOINS

- **Vibrations, consommation, stabilité.**

Velocette Thruxton 500 *1968*

Ce sera le dernier monosportif avant bien longtemps. Elle présente un look d'un autre âge avec son échappement « queue de poisson », mais un bel équilibre dans les proportions.

Une moto de spécialistes dont la mise en route du mono 500 tenait du rituel à cause d'impressionnants et douloureux retours de kick.

42 ch. 160 kg. 180 km/h.

LES PLUS

- **Tenue de route et performance du mono 500.**

LES MOINS

- **Vibrations et mise en route problématique.**

Triumph Bonneville 650 *1968*

Elle restera la moto emblématique de la marque grâce à son esthétique superbe, un moteur brillant et une sonorité unique. Mais c'est aussi un peu à cause de celle-ci que les Anglais se sont endormis sur leurs lauriers.
La première Bonneville est apparue en 1959 et la dernière, une 750 cm³, en 1983.
47 ch. 170 kg. 175 km/h.

LES PLUS

- **Grande homogénéité esthétique et technique, image forte.**

LES MOINS

- **Finition, tenue de route, freinage.**

Laverda 750 S *1968*

À la fin des années 60, les constructeurs italiens ne s'aventurent pas encore à construire de grosses cylindrées sportives. Laverda, toute jeune marque, sera un des premiers avec un parallèle twin 650, puis de 750 cm³ en 1968, la 750 S et SF.
Techniquement, tant en partie-cycle qu'en moteur, les Laverda rappellent les Honda CB 72 : cylindres inclinés, carters s'ouvrant sur un plan horizontal, simple ACT, démarreur électrique... mais la fiabilité n'est pas du niveau des japonaises. **60 ch. 210 kg. 185 km/h.**

LES PLUS

- **Symbole de la grosse cylindrée italienne, freinage.**

LES MOINS

- **Finition, tenue de route.**

Münch Mammouth 1200 *1968*

La Münch Mammouth réalisait, en petite série, le rêve de nombreux motards en présentant un moteur fiable, le 4 cylindres 1 200 cm³ en provenance de l'automobile (NSU Sport Max) logé dans une partie-cycle de moto.
Elle se distinguait par une autre particularité technique, un bras oscillant qui faisait office de carter de chaîne étanche. **90 ch. 260 kg. 200 km/h.**

LES PLUS

- **Moteur.**
- **Fiabilité moteur, coupleux, performant.**

LES MOINS

- **Tenue de route, prix.**
- **Poids important et haut perché.**

Yamaha DT1 250 *1969*

C'est en 1969, une année décidément riche en événements, que Yamaha commercialise la DT1, le premier trail de l'histoire.
À ses débuts, on ne sait trop quoi faire de cette petite 250 monocylindre 2-temps. Puis on découvrira les joies de la balade en tout-terrain, et que la DT1 excelle dans cet usage. Mieux, elle permet de se rendre sur les terrains d'escapade par la route.
Elle instaure les bases de la véritable polyvalence et propose une autre façon de pratiquer la moto.
18,5 ch. 109 kg. 120 km/h.

LES PLUS
- **La polyvalence, la simplicité, la découverte.**

LES MOINS
- **Les performances sur route, le freinage.**

Kawasaki 500 H1 *1969*

Apparue la même année que la « 4 pattes » Honda, la Kawasaki H1 sera quelque peu éclipsée par la CB malgré ses 3 cylindres 2-temps et ses 60 ch pour une 500.
Plus exclusive, moins facile de prise en mains (pas de démarreur électrique), elle manquait de garde au sol, avait une tenue de route perfectible... et surtout son frein à tambour était peu en rapport avec ses performances. De plus, la contenance de son réservoir (15 litres) était ridicule. Reste que la H1 révélera la marque Kawasaki et sera le point de départ de son image sportive. **60 ch. 174 kg. 200 km/h.**

LES PLUS
- **Performances moteur, sonorité.**

LES MOINS
- **Freinage, tenue de route, consommation.**

Norton 750 Commando *1969*

Elle succède à la Norton Atlas, 750 cm³, un vertical twin à cadre featherbed.
Le moteur de la Commando s'incline dans un nouveau cadre « Isolastic » qui filtre les vibrations.
Une partie-cycle plutôt moderne, pour une mécanique qui elle n'a guère évolué et reste aussi peu fiable.
60 ch. 175 kg. 190 km/h.

LES PLUS
- **Bonne tenue de route et moteur performant.**

LES MOINS
- **Mécanique fragile, freinage.**

BSA 750 Rocket 3 *1969*

Cette moto est identique à la Triumph Trident, les deux marques ayant fusionné. Elle représente le chant du cygne de l'industrie anglaise.

Le nouveau moteur 3 cylindres 750 cm^3 est certes performant, mais la moto manque de charme et d'atouts techniques (il n'y a pas de frein à disque ni de démarreur électrique) face à la Honda.

60 ch. 213 kg. 190 km/h.

LES PLUS

Belle sonorité d'échappement et moteur brillant.

LES MOINS

Esthétique, freinage, équipement.

MV 750 *1969*

Autant les motos de course MV étaient des chefs-d'œuvre, autant les exemplaires commercialisés laissaient à désirer.

Hormis son look ravageur et son originalité technique (4 cylindres double ACT 750 cm^3, transmission par cardan...), cette MV était décevante en partie-cycle et en moteur.

Elle fut précédée en 1966 par une 600, très laide, mais équipée d'un double frein à disque AV moins performant qu'un tambour.

69 ch. 224 kg. 200 km/h.

LES PLUS

- **Originalité technique, prestige de la marque.**

LES MOINS

- **Tenue de route, performance, freinage.**

LA 4 PATTES

Bienvenue en 1969, l'année de tous les défis. Celle des premiers pas d'un homme sur la Lune, des premiers envols du Concorde et du 747 et de la commercialisation de la Honda CB 750. Des événements purement matérialistes contrastant avec l'intellectualisme contestataire de 1968. Ainsi va la vie entre yin et yang.

La « 4 pattes » ne va pas révolutionner la planète mais symbolise un renouveau, celui de la moto qui, en grande partie grâce au succès de la CB 750, sort de son ghetto. Cette machine ne sera pas seulement la réalisation d'un rêve pour les (encore rares) passionnés de motos mais exercera un extraordinaire pouvoir attractif auprès de gens qui jusqu'alors l'ignoraient. Les moto-écoles auraient pu lui dresser une stèle. Elle est ce que le marketing nomme le juste produit au juste moment et au juste prix puisque alors elle est moins chère que ses concurrentes. Ce n'est pas le marketing qui est à son origine mais plutôt un défi d'ingénieurs.

À cette époque, c'est sous la houlette des techniciens que Honda part à la conquête du monde. Soichiro Honda, âgé de 62 ans, est lui-même et avant tout un technicien qui imagine, crée puis propose. Plutôt que d'essayer de savoir, avec force sondages et enquêtes, ce que les gens attendent, il préfère leur donner envie de posséder ce qu'il vient de créer. Il n'est pas le concepteur de la CB 750 mais soutiendra ce projet de très près. Avant la CB 750, il y a eu la CB 450, déjà une prouesse technologique avec son double ACT et rappel des soupapes par barres de torsion (comme sur les Panhard). Mais cette moto était d'une cylindrée trop faible pour concurrencer les anglaises sur le marché américain. Car c'est

Ci-dessus, la CB 750 Honda, le symbole du renouveau.

1er frein à disque en série.

Tant esthétiquement que techniquement, la CB 750 a révolutionné la moto.

1er 4 cylindres en travers du cadre en série.

bien le marché US qui obsède les constructeurs japonais et la CB 750 lui sera dédiée.
Le choix technique du 4 cylindres a plusieurs raisons. Entre 1960 et 1967, Honda a démontré sa maîtrise du multicylindre en remportant 139 victoires en GP et 18 titres de champion du monde avec des 2, 4, 5 et 6 cylindres. La marque avait la légitimité du multicylindre et se devait de l'exploiter. Il était hors de question de refaire, même en mieux, ce que proposait la concurrence, à savoir un bicylindre.
Historiquement, le 4 cylindres, qui n'est pas nouveau en moto mais rare dans cette disposition, est un moteur noble, haut de gamme, synonyme de richesse et donc valorisant. Tout techniciens qu'ils étaient, les chefs de projet de la « 4 pattes » savaient cela et savaient que les Américains seraient sensibles à cet argument. Ils ont eu raison puisqu'en dix ans, il se vendra 250 000 CB 750 aux USA. Cependant, ils n'avaient pas prévu que cette moto connaîtrait un engouement équivalent en Europe où, dans le même temps, elle fera le bonheur de 300 000 propriétaires dont 22 500 en France.
Quatre cylindres, 4 carburateurs, 4 pots d'échappement, 5 vitesses, 1 frein à disque... Que de l'inédit. Une déferlante technique mais qui, pour assurer le succès de la « 4 pattes », s'appuiera sur un design exceptionnel, parfaitement équilibré, le sans-faute qui fait l'unanimité et la rareté des chefs-d'œuvre. Un coup de génie dû à Hitoshi Ikeda, un designer maison qui ensuite sera un peu moins inspiré en dessinant la XL 250 et la CB 500.
Techniquement, compte tenu des antécédents en compétition, la CB 750 est plutôt sage. Elle n'a qu'une culasse simple ACT et deux soupapes par cylindre, alors que pour les motos de course, le double ACT et les quatre soupapes étaient généralisés.

Les techniciens se préservent une marque d'évolution. Elle viendra dix ans plus tard avec la CB 750 K à double ACT et seize soupapes.
La 4 pattes comporte néanmoins des originalités techniques telles que le graissage par carter sec, une première sur un 4 cylindres de série, ou l'embiellage monobloc avec bielles à chapeau (très automobile), et bien sûr le frein avant à disque, encore une première pour la grande série.
La transmission primaire est à chaîne double (entraînement central) et la commande de l'ACT se fait par une chaîne simple. Dans la culasse monobloc, l'angle entre les soupapes d'admission et d'échappement est de 56°, une valeur relativement « moderne » pour l'époque, sachant qu'aujourd'hui elle est de 26° sur une VFR 800. Des basculeurs (réglage par vis et contre-écrou) assurent la commande des soupapes. Le bloc cylindres chemisé fonte est basculé de 15° vers l'avant, un détail d'importance pour l'esthétique, qui rappelle les mécaniques de compétition.
Avec ses 67 ch à 8 000 tr/min (couple maxi 6,1 kg à 7 000 tr/min), la CB 750 est alors la plus puissante des motos de série (5 ch de plus que le 3 cylindres 750 cm^3 Triumph) mais elle n'est pas plus rapide, la Triumph bénéficiant d'un meilleur Cx.
Ce moteur se distingue par sa souplesse, son bon couple (ce 4 cylindres est une longue course), et son absence de vibrations en comparaison des autres moteurs du moment. Sa réputation de robustesse sera très vite acquise, bien aidée en cela par la victoire au Bol d'Or 1969. Toutefois, la première série connaîtra des bris de chaîne secondaire, avec pour conséquence des casses de carter moteur.
La partie-cycle est beaucoup plus classique que le moteur avec un cadre double berceau tubulaire, un bras oscillant en tôle d'acier de section rectangulaire monté sur bagues bronze, deux amortisseurs réglables en dureté de ressort avec un débattement de roue limité à 87 mm (et une longévité moyenne), une fourche télescopique hydraulique d'un débattement de 150 mm avec un angle de chasse de 27° et une chasse de 95 mm, des jantes en acier (19 pouces à l'avant et 18 pouces à l'arrière), un frein arrière tambour simple came de 180 mm alors qu'à l'avant trône un simple disque de 300 mm de diamètre pincé par un étrier à simple piston commandé hydrauliquement.
Avec ses 218 kg à sec, la CB 750 n'est pas spécialement légère. Ses concurrentes font entre 10 et 30 kg de moins, mais à cette époque le poids minimum n'était absolument pas un argument de vente.
C'est au salon de Tokyo, à l'automne 1968, que la CB 750 sera montrée pour la première fois, sans caractéristiques techniques précises, ce qui alimentera en suppositions plus ou moins fantaisistes les conversations d'hiver du petit monde de la moto. Elle sera essayée pour la première fois (NDE : une fierté de l'auteur) en France au printemps 1969. Pour une fois, la réalité surpasse le rêve. Nous sommes en présence d'une machine exceptionnelle, ce que résume le titre de ce premier essai paru dans la revue *Champion* : « La moto du siècle ».
Émotion unanime face à la beauté de l'objet. Respect de la prouesse technologique et, dès les premiers tours de roues, la révélation d'une nouvelle ère de la motocyclette. Ce moteur 4 cylindres charme instantanément par sa souplesse, son onctuosité, sa puissance maîtrisée. Des sensations inédites pour une moto.
La partie-cycle saine, bien équilibrée, sécurisante, avec des suspensions plutôt confortables et un freinage au-dessus de la moyenne, complète l'homogénéité de la CB 750. Un sans-faute rarissime pour ne pas dire inexistant à l'époque.
En conséquence, la 4 pattes sera la moto à acheter, et très vite Honda, qui n'avait pas imaginé un tel succès, se retrouvera en rupture de production. De surcroît, elle crée un phénomène de mode. Pour être « branché », show-biz en tête, il faut posséder une 4 pattes. Un phénomène contrariant pour les puristes mais qui aura grandement participé à l'intégration sociale de la moto.
La première CB 750, la K Zéro (K0) produite à 53 000 exemplaires, se distinguait, entre autres, par un tirage des 4 boisseaux de carburateur par 4 câbles, ce qui posait des problèmes de synchronisation.
La K1, apparue en 1970, a une commande des carbus par palonnier et la (fragile) chaîne secondaire est désormais rivetée. La K2 de 1972 évolue dans le détail : elle connaît de petites mais nombreuses améliorations moteur, idem pour la finition.
En 1974 apparaît la K6, qui comporte une nouvelle fourche, enfin un robinet d'essence positionné à gauche du réservoir, et encore et toujours des améliorations mécaniques. En 1975, la 4 pattes fait peau neuve avec le modèle F1, un échappement 4 en 1, un nouveau design, un frein arrière à disque, un moteur vitaminé et une géométrie de cadre modifiée.
En 1977, parallèlement, Honda sort la F2 avec roues à bâtons, double disque avant et la K7 qui avec ses 4 pots séparés souligne un retour aux sources. La CB 750 automatique, conçue en 1976 pour le marché américain, ne sera pas importée en France où ce type de transmission n'a pas la cote.
C'est donc en 1979 que la CB 750 hérite d'une toute nouvelle motorisation. Son 4 cylindres est toujours refroidi par air, mais la culasse est à double ACT et l'on compte quatre soupapes par cylindre. Encore une première pour un 4 cylindres.
Durant ces 10 années sont apparues plusieurs concurrentes, à commencer par la Kawasaki Z1 de 1972, une 900 cm^3 bien plus performante, puis la Suzuki GS 750 de 1977, meilleure en tenue de route, et en 1978 la

1er engagement en compétition (Bol d'Or 1969), 1re victoire.

En 1975, la F1 adopte l'échappement 4-en-1. La fin de la légende « 4 pattes ».

Yamaha XS 1100, au couple moteur impressionnant. Il faudra attendre 1983 pour qu'une marque non japonaise (BMW) propose un 4 cylindres d'une architecture bien différente. Les 4 cylindres Benelli des années 70 n'étaient que de serviles copies de la CB, ce qui d'ailleurs causera la perte de la marque. Avec la CB 750, Honda sera donc à l'origine d'une nouvelle génération de motos, celle des 4 cylindres, qui aujourd'hui encore domine largement le marché.

Honda a abandonné la compétition moto au plus haut niveau, celui des GP, fin 1967, après avoir tout gagné et solidement établi la notoriété de la marque. Avec l'engagement de la CB 750 en compétition, et ceci dès la première année de sa commercialisation, Honda visait plutôt une opération promotionnelle pour ce modèle.

C'est l'Europe, et plus particulièrement la France, qui bénéficiera de cette nouvelle politique de compétition grâce à un engagement d'une CB au Bol d'Or, une épreuve d'endurance fondée en 1922, interrompue depuis 1960, et qui renaît en 1969.

Honda avait prévu d'engager des CB 750 au Bol pour des équipages anglais, mais le règlement de cette première édition du renouveau limite la participation aux pilotes nationaux. Ainsi Honda sera contraint de confier une machine à des Français, l'équipage Michel Rougerie–Daniel Urdich, des jeunes pilotes engagés par le concessionnaire Japauto.

La moto est très proche de la série. Son moteur développe seulement 5 ch de mieux (72 ch) grâce à l'adaptation d'un arbre à cames plus « méchant » et à des échappements libres.

La partie-cycle, guère plus modifiée, reçoit un frein double disque à l'avant et des aménagements (position de conduite, réservoir, éclairages) propres à ce genre d'épreuves. Face à la Honda préparée au Japon, on trouve une Laverda provenant de l'usine et une kyrielle de Kawasaki H1 3 cylindres 2-temps engagées par l'importateur.

L'italienne connaîtra rapidement des problèmes techniques, mais les Kawasaki mèneront la vie dure à la Honda, qui prendra définitivement la tête de la course à 7 heures de l'arrivée. La première sortie se solde en une première victoire, un succès renouvelé quelques mois plus tard outre-Atlantique aux 200 Miles de Daytona.

Cette fois, la Honda n'est plus une moto de série légèrement modifiée, mais un vrai prototype d'usine spécialement conçu pour cette épreuve prestigieuse dont le règlement n'accepte que des motos dérivées de la série. Là, la concurrence est autrement plus relevée qu'au Bol. On note l'engagement des quatre usines japonaises, de Harley et de BSA/Triumph, soit au total une bonne douzaine de motos officielles.

La Honda de Daytona, qui revendique 92 ch, sera chronométrée à 245,6 km/h. Mais la plus rapide est une BSA 3 cylindres (251,8 km/h). La course sera âprement disputée puis décimée par de nombreuses casses moteur (dont celles de deux Honda sur les trois engagées), mais celle qui termine pilotée par Dick Mann remporte la victoire. Via la compétition, la CB 750 est définitivement consacrée.

LES MOTOS MARQUANTES D

Honda

Il faudra moins de 20 ans à Honda pour devenir le n° 1 mondial. C'est en 1948 que Honda Motor est créé pour produire des vélomoteurs. Une idée de Soichiro Honda, qui a racheté un stock de petits moteurs utilitaires 2-temps qu'il adaptera sur n'importe quel cadre de vélo.

Ensuite, il produit des machines complètes avec, cette fois, le moteur dans la roue arrière. Puis ses premières motos, un 98 cm^3 2-temps en 1949 et un 146 cm^3 4-temps en 1951, début d'une production vouée exclusivement au 4-temps pour au moins 30 ans. Cette même année, Soichira Honda a une idée géniale, le 50 cm^3 4-temps utilitaire Cub (donc contemporain de la Mobylette de chez Motobécane), et qui depuis lors sera construit à 27 millions d'exemplaires, ce qui en fait le véhicule motorisé le plus vendu de toute l'histoire et une des principales rentes financières pour la marque.

Le Cub est également la première Honda exportée dès 1952, puis construite dans des usines délocalisées à Taïwan dix ans plus tard. Cette politique pionnière de mondialisation sera à la base du succès de la marque, mais sa spécificité et son idéologie est la technologie. Soichiro Honda (1906-1991), le charismatique fondateur, était un fou de technologie et de mécanique. Voilà pourquoi ce sont des ingénieurs qui, depuis 50 ans, dirigent cette société qui, au fil de son histoire, a multiplié les centres de recherche et développement au Japon mais aussi en Europe et aux USA.

Ces structures, indépendantes des usines de production et chargées de concevoir de nouvelles technologies, bénéficient pour leur fonctionnement de 5 % du chiffre d'affaires de la marque. Honda ne se contente pas de produire des motos et des autos, mais imagine et développe la machinerie pour les construire, ce qui a permis des records de productivité et une prédominance de l'engineering Honda dans les usines délocalisées. Par ailleurs, Honda dépose chaque année une quantité phénoménale de brevets.

L'histoire de Honda a commencé par la moto puis, dès 1956, se poursuit par la production de moteurs auxiliaires pour motoculteurs, tondeuses... En 1959, Honda commercialise son premier quatre-roues, un utilitaire, mais avec un moteur double ACT, une mécanique que l'on retrouvera ensuite sur le coupé S 500, en 1963.

Aujourd'hui, l'automobile représente 79,2 % du chiffre d'affaires de la marque, la moto 12,8 % et les moteurs auxiliaires, ATV et hors-bord 8 %. Honda est de loin le plus gros des quatre Japonais, avec des moyens financiers et techniques sans aucune mesure avec ceux de ses concurrents.

Cette suprématie (Honda est n° 1 mondial depuis 1963) a imposé à la marque un comportement de leader qui n'a pas toujours été en symbiose avec le marché. Par exemple, après l'avènement des CB 750, Honda a longtemps refusé une escalade à la cylindrée et à la puissance pour promouvoir une image apaisée de la moto, ce qui a fait l'affaire des concurrents.

Autre handicap, le manque de créativité dans les nouveaux concepts. Le trail, c'est Yamaha, la routière sportive et la GT, c'est BMW, l'hypersport, c'est Suzuki, le néo-rétro, c'est Kawasaki. Seul le gros scooter avec le Spazio est une initiative Honda. En revanche, Honda a régulièrement optimisé jusqu'à la perfection chacun de ses concepts. De même, la quête obsessionnelle de la qualité a certainement aiguillonné en ce sens les autres constructeurs.

Hier comme aujourd'hui, les avancées technologiques de Honda, surtout en matière de motorisation, symbolisent le progrès et perpétuent la philosophie maison. Le moteur à pistons ovales est un des plus beaux fleurons de la créativité Honda. Une technologie qui a nécessité une longue mise au point, mais qui apporte un tel plus que les fédérations sportives auto et moto l'ont interdite un temps pour la compétition. Que ce soit en GP moto ou en F1, Honda a toujours fini par dominer les autres compétiteurs et fait figure de rouleau compresseur.

Le potentiel technique de la marque semble sans limite et fascine l'adversité d'autant qu'il s'exerce dans des domaines aussi variés que la moto, l'auto, l'aviation, la robotique, les énergies renouvelables... Honda a même créé un R & D pour la recherche fondamentale. ●

NR 750 ***1991***

C'est encore l'histoire d'un défi, celui de faire gagner le moteur 4-temps en compétition alors que le 2-temps règne en maître dans les GP. Nous sommes en 1979, année du retour de Honda dans les GP 500, dominés par Kenny Roberts et sa Yamaha.

L'arme de Honda sera un V4 mais un 4-temps double ACT, pistons ovales à double bielle et culasse huit soupapes par cylindre. Une technologie totalement inédite, mais qui ne réussira pas à s'imposer en compétition.

Dans la catégorie 500, la NR a dix kilos de trop et il lui manque 20 ch par rapport à la concurrence. Le projet GP sera abandonné en 1982 mais Honda développera une NR 750 pour disputer les courses d'Endurance et de Superbike. La NR fait alors figure d'épouvantail avec, en 1987, 160 ch, une bonne douzaine de plus que la concurrence. Mais la NR 750 n'aura pas le temps de faire ses preuves, les instances fédérales moto et auto interdisant le piston ovale en compétition. Sans l'aval de la compétition, Honda s'est abstenu d'appliquer à la grande série la technologie du piston ovale et le réservera à une moto d'exception vendue en nombre limité à un prix astronomique (375 000 F en 1991).

Les premiers acquéreurs seront toutes les usines concurrentes. La NR de route est une bonne moto, sans plus. Pas très agile mais stable. Le V4 à pistons ovales limité en puissance à 130 ch ne se comporte pas comme un V4 classique mais plutôt comme un V6 ou un V8.

Étrange et intéressant. Une nouvelle dimension mécanique au futur probable avec, à nouveau, l'autorisation du piston ovale en compétition pour 2002.

130 ch. 223 kg. 250 km/h.

LES PLUS

- **L'originalité technique, seul moteur à pistons ovales jamais construit en série.**
- **Performances : supérieures à un 4-temps classique.**

LES MOINS

- **Manque d'agilité pour un 750 sportif.**
- **Série limitée.**

CB 500 *1971*

La petite sœur de la célébrissime CB 750 est en fait la Honda qui, plus que la 4 pattes, a ouvert le marché de la moto. Très belle machine, moins imposante que la 750, elle séduira nombre d'automobilistes. De la 750, elle reprend l'architecture technique tant en moteur qu'en partie-cycle, mais aucune pièce n'est commune.

Dans les années 70, la standardisation n'était pas encore à l'ordre du jour et chaque modèle était d'une construction nouvelle de A à Z. Le moteur de la CB 500 n'a qu'une parenté avec celui de la 750 : c'est un 4 cylindres à simple ACT. Intérieurement, tout a été repensé et le bloc cylindre est à la verticale.

Ce moteur 500 développe près de 100 ch/litre, ce qui est bien pour un 4-temps, et sans pour autant être fragilisé. La fiabilité de cette CB 500 est particulièrement remarquable. Ce n'est pas une pièce de collection comme la 750, mais les CB 500 qui roulent encore sont nombreuses.

La CB 500 sera déclinée en 550 (1974), alors que sa petite sœur, la CB 350 (34 ch, 170 kg, 170 km/h), apparue en 1972, gagne 50 cm³, 3 ch et un échappement 4-en-1 en 1974. **48 ch. 184 kg. 180 km/h.**

LES PLUS

- **Convivialité : par sa petitesse, son agilité et la douceur de sa mécanique.**
- **Fiabilité : moteur qui tourne à 9 000 tr/min sans poblème.**

LES MOINS

- **Manque de puissance dans les bas régimes.**
- **Poignée de gaz au tirage trop long.**

Gold Wing 1000 *1974*

Gold Wing (l'aile d'or), c'est l'emblème de Honda, qui a orné les réservoirs des plus prestigieuses motos de course de la décennie passée. La Gold Wing est à l'opposé d'une moto sportive et symbolise une nouvelle orientation de la marque rendue possible après le départ à la retraite de Soichiro Honda, qui ne jurait que par les motos sportives.

Construite en priorité pour le marché américain, elle vise une clientèle de seniors amateurs de confort, d'onctuosité moteur et de fiabilité à toute épreuve. La Gold sera pour Honda un exercice technique truffé d'innovations. C'est le premier 4 cylindres à plat de la marque (un des rares jamais construits), son premier moteur à refroidissement par eau et doté d'un cardan ; la première Honda qui adopte une position du réservoir d'essence sous la selle et un frein à disque à l'arrière.

Une moto imposante, sans qualité de partie-cycle particulière si ce n'est une étonnante maniabilité pour le poids, mais dont le moteur marquera son époque grâce à son silence de fonctionnement, sa souplesse et son incroyable fiabilité.

Un moteur qui a été dessiné comme une mécanique d'automobile (distribution par courroie crantée) et passera à 1 100 cm³ en 1978 et 1 200 cm³ en 1984. À partir de 1980, la Gold Wing, baptisée Interstate, reçoit un équipement GT avec carénage sacoche et top case. La finalité de cette moto, représentative du GT à l'américaine sauce japonaise, sera également appréciée dans cette configuration de l'autre côté de l'Atlantique.

80 ch. 259 kg. 185 km/h.

LES PLUS

- **Maniabilité : pour le poids et grâce au centre de gravité placé très bas.**
- **Moteur : souplesse, couple, allonge et surtout silence et absence de vibrations.**
- **Confort : des suspensions et de la selle.**

LES MOINS

- **Garde au sol insuffisante, surtout pour l'Europe.**
- **Béquillage sur le central laborieux.**

CX 500 *1978*

La CX, c'est un peu dans l'esprit comme dans la technique une mini-Gold. Une routière plutôt paisible avec transmission secondaire par cardan, qui inaugure une nouvelle configuration moteur pour Honda : un V twin en travers du cadre (à la Guzzi mais avec la boîte sous le moteur), refroidissement par eau, culasse quatre soupapes (le premier quatre soupapes Honda sera le mono 250 XL de 1972) commandées par culbuteurs.

Autre originalité de ce moteur qui se révélera indestructible, des blocs cylindres faisant partie du carter supérieur. Ce moteur a été dessiné par Soichiro Irimajiri, à qui l'on doit, entre autres, la Honda 6 de compétition.

La partie-cycle de type épine dorsale et moteur porteur donnait entière satisfaction sur le premier modèle pour ensuite se dégrader lorsque la CX est passée en 650 cm³. La CX Silver Wing sera déclinée en petite GT (avec le moteur 650 cm³), carénage et sacoches façon Gold Wing.

Une Deauville avant l'heure, plus pratique même, mais à la tenue de route aléatoire. La fiabilité de ce V twin, par ailleurs souple et bien doté en couple, a grandement participé à la renommée et au sérieux de la marque. La CX est, après la CB 500, une des meilleures ventes de Honda. **48 ch. 218 kg. 180 km/h.**

LES PLUS

- **Moteur : un simple V twin culbuté, mais de l'agrément à revendre et une fiabilité à toute épreuve.**
- **partie-cycle : elle aussi toute simple mais efficace, et un confort au-dessus de la moyenne.**

LES MOINS

- **Esthétique : désastreuse, il faudra attendre la version 1982 pour que cela s'arrange.**
- **Consommation et autonomie.**

CB 900 F Bol d'Or *1978*

Elle succède à la célèbre CB 750 et inaugure pour la grande série le premier moteur 4 cylindres double ACT seize soupapes. Ses concurrentes (Kawasaki Z1R, Yamaha XS 1100, Suzuki GS 1000) ont des cylindrées plus importantes mais n'ont que deux soupapes par cylindre et seule la Yamaha est un peu plus puissante. La CB 900 F, trop longtemps attendue par les amateurs de la marque qui ont possédé la 4 pattes, ne connaîtra pas le succès escompté d'autant que cette même année, Honda commercialise sa CBX 1000 6 cylindres.

Avec la CB 900 F, Honda vise prioritairement le marché européen. C'est là encore une première qui est soulignée par le design Euro style de cette moto et qui n'est pas une réussite.

Sa version 750, qui se veut héritière directe de la 4 pattes, ne marquera pas son époque, à cause de son esthétique sans intérêt, mais aussi, parce que alors, nous sommes en pleine escalade de cylindrée et de puissance.

Il faudra attendre l'année 1981 et la CB 1100 R (115 ch) pour que le 4 cylindres en ligne Honda retrouve quelques lettres de noblesses.

91 ch. 233 kg. 214 km/h.

LES PLUS

- **Rapport poids puissance et donc performances.**
- **Maniabilité et confort.**

LES MOINS

- **Freinage perfectible, à-coups transmission.**

CBX 1000 *1978*

La CBX n'est pas la première 6 cylindres de série. Elle sera devancée en 1974 par la Benelli qui a un moteur simple ACT, extra large et moyennement performant. Le 6 cylindres de la CBX (dessiné par Irimajiri) est quant à lui double ACT avec quatre soupapes par cylindre et six carburateurs.

Ce sera le premier moteur de série à dépasser les 100 ch. Plus que sa puissance, c'est son architecture, calquée sur celle des motos de course de l'âge d'or (d'où le refroidissement par air) qui caractérise la CBX.

Pour mettre cette sublime pièce mécanique en évidence, le moteur est suspendu sous une épine dorsale qui se révélera inadaptée à la puissance (et au poids) du 6 cylindres.

On ne tarira pas d'éloges sur le comportement de cette mécanique : souplesse, souffle, allonge, sonorité, mais son exploitation ne sera pas évidente. Passe encore tant que la moto est neuve, mais au bout de quelques milliers de kilomètres, la tenue de route se dégrade irrémédiablement et les louvoiements sont inévitables.

En 1981, avec l'adoption d'un mono-amortisseur arrière, les choses s'améliorent, mais cette CBX redessinée (on lui adapte même un carénage) perd de son prestige. À signaler encore que la CBX (avec la CX) sera la première moto à être équipée de pneus tubeless.

105 ch. 247 kg. 234 km/h.

LES PLUS

- **Moteur : une noblesse et un look jamais égalés.**
- **Esthétique : la première version est la plus réussie.**

LES MOINS

- **Tenue de route : manque de rigidité du cadre.**
- **Comportement au freinage sur l'angle ; se relève violemment.**

VF 750 F *1982*

Fin 1967, Honda se retire de la compétition en GP après s'être imposé avec des moteurs multicylindres en ligne. Douze ans plus tard, retour de Honda en GP 500 avec un V4 à pistons ovales. Cette fois, le succès n'est pas au rendez-vous, mais l'architecture du V4 devient une signature Honda qui sera adaptée à la série fin 1981, avec la VF 750 S qui n'a rien d'une sportive.

Une moto curieusement née, mal définie, décevante en tenue de route, mais qui laisse entrevoir le potentiel moteur du V4. Avec la VF 750 F, le V4 peut enfin s'exprimer dans une partie-cycle sportive dotée d'une roue avant de 16 pouces (une première partagée avec la Suzuki 650 Turbo XN 85) qui confère à cette moto une étonnante agilité. La VF 750 F, qui préfigure la VFR, est un ensemble parfaitement homogène et efficace.

Son moteur V4 double ACT seize soupapes est, après la Gold et la CX, la troisième mécanique Honda à refroidissement par eau. Plus étroit qu'un 4-en-ligne, doté d'un caractère plus marqué et d'une sonorité particulière, il se démarque des concurrents, mais ce n'est cependant pas le succès escompté, d'autant qu'il connaîtra des problèmes techniques de mise au point. Il a même failli être retiré de la production au profit du CBX 750, un 4-en-ligne extrêmement compact et tout aussi performant. Néanmoins, Honda persiste en augmentant la cylindrée à 1 000 cm^3 (la VF 1000 F2 est un autre exemple de moto réussie mais peu vendue) et en s'engageant en compétition, où il s'illustre en Endurance pour y gagner ses lettres de noblesse.

86 ch. 218 kg. 214 km/h.

LES PLUS

- **Homogénéité et polyvalence, une vraie routière sportive.**
- **Maniabilité grâce à la roue avant de 16 pouces.**
- **Agrément moteur V4.**

LES MOINS

- **Usure des pneus et plus particulièrement de l'avant.**
- **Boîte de vitesses perfectible.**

CX 650 Turbo *1983*

La première CX Turbo est apparue en 1981 avec le moteur de la 500. C'était également la première moto de série turbocompressée. Le choix du moteur V twin culbuté à 80° peut paraître surprenant alors que l'exercice est facilité sur un 4 cylindres (ce sera le choix de Yamaha, Suzuki et Kawasaki).

Mais Honda est alors en plein défi technologique. Après la CBX 1000, ce sera la CX Turbo pour laquelle Honda développe un système d'injection électronique très sophistiqué. La 500 CX Turbo développe 82 ch, 34 ch de plus que la version de base, mais le fonctionnement du moteur laissera à désirer, trop pointu, trop brutal, avec pour conséquence une partie-cycle qui ne suit pas.

Bref, la CX 500 Turbo ne sera pas une bonne moto et participera grandement aux désaveux de cette technologie. En 1983, Honda persiste pourtant avec la CX 650 Turbo et là, ô miracle, nous sommes en présence d'une des meilleures motos qu'ait jamais construites Honda. Le moteur est désormais totalement au point avec toutes les qualités de la CX de base, décuplées par la puissance. Vraiment une excellente mécanique, bien adaptée au concept routière sportive et avec cette fois une partie-cycle à la hauteur. Ajoutons encore un carénage efficace, des suspensions confortables, et vous aurez la meilleure des motos. Hélas, la réputation de la Turbo 500 la desservira. **100 ch. 235 kg. 215 km/h.**

LES PLUS

- **Moteur : toutes les qualités et, pour un 650 cm^3, des valeurs de couple identiques aux meilleures 1 100 cm^3.**
- **Comportement routier : sérénité, confort, sécurité.**
- **Esthétique : originale et plutôt réussie.**

LES MOINS

- **Manque de maniabilité sur route sinueuse.**
- **Freinage un peu juste.**

VFR 750 *1986*

Première d'une longue lignée de routières sportives, la VFR 750 cm^3 succède donc à la VF 750 F avec une motorisation nouvelle à 100 %. Il s'agit toujours d'un V4 mais avec distribution par cascade de pignons, calage du vilebrequin à 180° et 15 ch de mieux.

Une mécanique directement dérivée de la RVF championne du monde d'Endurance, et une partie-cycle qui suit la même inspiration.

La VFR s'affirme d'emblée comme une moto parfaite qui, face à ses concurrentes de l'époque (la Yamaha FZ 750 et la Suzuki GSX-R 750), remporte haut la main le comparatif, tant en utilisation citadine que sur la route ou en usage sportif.

Cette domination insolente se poursuivra jusqu'en l'an 2000 avec cinq évolutions consécutives : en 1988, elle adopte les roues de 17 pouces ; en 1990, elle présente une nouvelle partie-cycle avec monobras arrière ainsi qu'une nouvelle distribution avec attaque directe des queues de soupapes par les cames ; en 1994, 500 pièces seront modifiées sur les 2 500 qui composent la moto et gain de 10 kg ; et enfin en 1997, elle passe à 781 cm^3, adopte l'injection et une nouvelle partie-cycle.

Toujours mieux mais sans changement fondamental (idem pour l'esthétique). La VFR est un exemple de valeur sûre. **105 ch. 199 kg. 235 km/h.**

LES PLUS

- **Le compromis proche de l'idéal.**
- **Qualités routières.**
- **Freinage.**

LES MOINS

- **Moteur un peu creux à bas régime.**

Transalp *1987*

Le concept trail s'est longtemps cantonné au monocylindre. En 1983, trois ans après BMW, Honda propose la XLV 750, une bicylindre en V à 45° de 55 ch transmission par cardan (moteur emprunté à un custom), qui se positionne à côté de la plaque.

Aux couleurs de la XLR, qui a remporté le Paris-Dakar 1982, l'imposante XLV trompe son monde, alors qu'avec une hauteur de selle plus raisonnable, elle aurait fait une très bonne routière, ce que sera la Transalp 600, plus discrète esthétiquement, plus légère de 20 kg et aussi puissante. Comme sur la XLV, le V twin à 52° de la Transalp est à maneton décalé, ce qui minimise les vibrations et améliore le confort de conduite. Cette mécanique simple ACT, trois soupapes, à refroidissement par eau, est dans la parfaite lignée des CX et VT, autrement dit des bicylindres indestructibles, plaisants à tous les régimes et bien pourvus en couple pour la cylindrée. Un moteur qui offre à la Transalp de réelles aptitudes routières (bien plus qu'un monocylindre), mais également un agrément de conduite en ville, où elle séduit la même clientèle que celle de la CX dix ans auparavant.

Jusqu'en l'an 2000, la Transalp restera pratiquement inchangée, puis elle recevra un moteur 650 cm^3 (celui de la Deauville), un nouvel habillage pour poursuivre sa carrière de best-seller. **55 ch. 196 kg. 163 km/h.**

LES PLUS

- **Polyvalence : agréable en ville, sur route et dans les chemins roulants, tant en moteur qu'en partie-cycle.**
- **Fiabilité : une réputation qui dure et perdure.**
- **Confort : digne d'une grosse routière.**

LES MOINS

- **Freinage : en progrès sur le modèle 2000.**
- **Protection : nécessite une bulle haute.**

Pacific Coast *1988*

Dès son apparition, elle a défrayé la chronique, tout simplement parce qu'elle était en avance sur son temps.

La Pacific Coast a été conçue pour le marché américain (elle sera d'ailleurs construite aux USA) où elle fera un bide commercial. En Europe, ce ne sera guère mieux car elle vise une clientèle qui n'existe pas encore.

Son allure de gros scooter, son abondante carrosserie plastique, son énorme soute à bagage qui lui confère un fessier rebondi, sont autant d'éléments qui choquent le motard traditionnel et l'incitent au rejet.

Pourtant la PC est une réelle anticipation sur l'avenir, un style de moto adapté à un usage urbain et à laquelle il ne manque que la transmission automatique pour concurrencer le scooter.

Sous l'habillage de la PC, on trouve un V twin 800 cm^3 à transmission par cardan. Une mécanique sans problème et qui sait se faire oublier. Le confort et la protection sont dignes d'une GT, mais son autonomie ridicule grève ses aptitudes routières.

Imaginons une PC avec une transmission automatique et un plus gros réservoir (ou un plus petit moteur), c'est grosso modo ce que prépare Honda pour 2001, afin de conquérir une nouvelle clientèle issue du scooter et de la moto citadine. **56 ch. 262 kg. 176 km/h.**

LES PLUS

- **Aspect pratique : un énorme coffre arrière.**
- **Confort et protection au standard GT.**
- **Concept : d'avenir.**

LES MOINS

- **Tenue de route : perfectible à haute vitesse.**

Gold Wing 1500 *1988*

Après 14 ans de bons et loyaux services, la Gold Wing « quatraplat » laisse place au « sixaplat ».
La nouvelle Gold Wing est en effet motorisée par un 6 cylindres à plat, un superbe moteur parfaitement adapté à ce type de moto, d'une incroyable souplesse.
Il reprend dès 500 tr/min une poussée linéaire et une sonorité extraordinaire. Une mécanique dont on ne se lasse pas, totalement incomparable.
Mais la Gold Wing 1 500 cm³ sous-entend également une profusion d'équipements, dont une marche arrière électrique, des suspensions oléopneumatiques réglables par un compresseur, un cruise control pour croiser sur autoroute sans toucher à la poignée des gaz, un équipement audio. Elle fait-preuve, pour le pilote comme pour le passager, d'un confort exceptionnel.
Imposante et lourde, la Gold est plus à sa place sur le réseau routier américain que sur le nôtre, mais ses qualités de grande routière sont appréciées des deux côtés de l'Atlantique, et la vente des Gold Wing 1500 est d'une étonnante constance (500 unités par an en France).
La BMW K 1200 LT a remis en question sa domination, et Honda finalise une version 1 800 cm³ encore plus richement équipée.
97 ch. 395 kg. 188 km/h.

LES PLUS
- **Confort pullman et protection.**
- **Moteur unique et fort en sensation.**
- **Équipement pléthorique et utile.**

LES MOINS
- **Consommation et autonomie.**
- **Stabilité à haute vitesse.**
- **Freinage perfectible.**

Pan European ST 1100 *1989*

LES PLUS
- **Silence de fonctionnement.**
- **Autonomie et comportement routier.**
- **Fiabilité et confort.**

LES MOINS
- **Duo perfectible.**
- **Moteur un peu creux pour un 1 100 cm³.**

Son nom de baptême n'est pas un hasard. Elle a été conçue par et pour les Européens, afin de contrer le monopole BMW dans le concept GT à l'européenne. Le cahier des charges et la définition seront élaborés en Allemagne au centre de R & D Honda.
Quant à la motorisation, c'est l'affaire de Honda Japon qui, pour l'occasion, se fend d'une nouvelle architecture, un V4 de 1 100 cm³ mais en position longitudinale, ce qui facilite l'alignement pour la transmission par cardan. Comme pour la Gold Wing, la conception de ce moteur fera appel à des technologies automobiles avec pour résultat une fiabilité hors du commun, la conception d'une GT étant ce qu'il y a de plus compliqué et de plus cher.
Il lui faut un moteur solide, avec un minimum d'entretien (donc pourvu d'un cardan), un équipement complet très protecteur, une tenue de route et un freinage sécurisants, beaucoup d'autonomie, un grand confort pour le pilote comme pour le passager, de la bagagerie intégrée. Pour qu'elle mérite son appellation GT à l'européenne, son poids et son volume doivent être mesurés afin d'être en adéquation avec notre réseau routier. La Pan aura tout cela, avec en plus, au fil des évolutions, une option ABS (1992) qui se révélera plus performante que celle de BMW, un système antipatinage (également en 1992), une première sur une moto qui, en jouant sur l'allumage, réduit la puissance lorsque la roue arrière patine.
Enfin, en 1996, la Pan European s'équipe du système de freinage couplé CBS qui complète à la perfection le chapitre freinage. **100 ch. 298 kg. 212 km/h.**

CBR 900 RR *1993*

Honda sera bon dernier à proposer une grosse cylindrée hyper sport, le leader mondial ne souhaitant pas participer à l'escalade à la puissance et à la cylindrée pour une question d'image. Puis, agacé de se voir tailler des croupières par ses concurrents et sous la pression de ses réseaux commerciaux, Honda s'est lâché avec la CBR 900 (une 4 cylindres en ligne), qui ne sera pas la plus grosse cylindrée en hyper sport ni la plus puissante, mais la plus légère.

Honda a vu juste et la CBR 900 sera un grand succès, et qui plus est ouvre une nouvelle ère aux sportives. Désormais, c'est sur la chasse aux grammes que les constructeurs s'affronteront pour leurs modèles sportifs, ce qui requiert l'utilisation de nouvelles technologies tant en moteur qu'en partie-cycle.

Comme pour une moto de course, chaque détail est pensé en gain de poids : cadre et bras oscillant en aluminium, axes de roues creux, tableau de bord à circuit imprimé, emploi de magnésium et de titane...

Après avoir été imposantes dans les années 80 (à l'image de la CBR 1000 R de 1981), les sportives telles que la CBR 900 RR sont de toutes petites motos à l'agilité diabolique et à la tenue de route exemplaire. Elle est de loin supérieure à la capacité de la plupart de ses pilotes. Et ça, c'est nouveau.

124 ch. 185 kg. 240 km/h (en version 100 ch).

LES PLUS

- **Partie-cycle : agilité et sécurité.**
- **Facilité de conduite pour une hyper sport.**
- **Performances : la légèreté compense la cylindrée et la puissance pure.**

LES MOINS

- **Moteur qui manque de caractère.**
- **Frein avant puissant mais brutal.**

VTR SP1 *2000*

Dans les années 90, on assiste à une résurrection de l'industrie moto européenne, et plus particulièrement de Ducati grâce à une prestigieuse machine, la 916, une sportive bicylindre qui ébranle la suprématie des japonaises 4 cylindres en dominant les compétitions de Superbike.

Un concept moteur qui privilégie les sensations pures et que le monde de la moto redécouvre. En 1996, Honda produit la VTR 1000 et Suzuki la TL 1000 S, les premières sportives japonaises bicylindres. Elles n'atteignent pas les performances de la 916, mais se révèlent être de bonne base.

La Suzuki TL 1000 R, évolution plus sportive de la S, se révélera un loupé, alors qu'Honda, avec la VTR 1000 SP1, s'est donné l'arme pour battre la Ducati : moteur en V à 90° double ACT huit soupapes (comme la VTR), mais adoption de l'injection et, pour la compétition, une version 160 ch. Comme la CB 750 en son temps, la SP1 se distingue d'entrée dans les courses de Superbike, au 200 Miles de Daytona et en gagnant les 24 Heures du Mans.

De quoi assurer le succès de la version série déjà bien aidée par une éblouissante esthétique et à un prix équivalent à celui de la Ducati. Dans la gamme Honda, la SP1 remplace la RC 45 V4. Le top des sportives de la marque, qui reste néanmoins utilisable sur la route.

136 ch. 200 kg. 275 km/h.

LES PLUS

- **Facilité de conduite sur route (surtout par rapport à une Ducati).**
- **Douceur de la mécanique et de la transmission.**

LES MOINS

- **Efficacité sur circuit pour la version de série.**
- **Consommation et autonomie.**

Yamaha

Torakusu Yamaha (1851-1916), fondateur de la marque, est totalement étranger à la moto. Ce passionné de mécanique de précision a tout d'abord exercé son talent dans l'horlogerie puis dans la construction d'orgues et de pianos, mondialement renommés dès le début du siècle.

Ce succès l'amènera à s'associer avec des financiers pour créer la société Yamaha Nippon Gakki qui, près d'un demi-siècle après la mort de son fondateur, diversifie ses activités en créant Yamaha Motor en 1955.

La première moto Yamaha, l'YA1, une 125 cm³ 2-temps monocylindre, était une copie conforme d'une D.K.W . La première 250 cm³, l'YD1, un twin 2-temps, très inspirée par la marque allemande Adler. Ainsi, Yamaha a fait l'économie de frais de recherche et de développement pour dégager un budget consacré à la compétition, et donc à l'amélioration de ces copies allemandes.

Dès 1955, la marque aux trois diapasons (qui rappellent ses origines musicales) s'illustre dans les courses du mont Azama, le GP des constructeurs japonais, et se bâtit une image de constructeur de motos sportives. Une illustration parfaite du succès commercial, basé sur les résultats en compétition. Une recette que Yamaha s'empressera de renouveler pour s'implanter hors du Japon, en participant épisodiquement à quelques épreuves du championnat du monde en 1961, puis régulièrement dès 1963 pour remporter son premier titre en 250 cm³ l'année suivante face à Honda.

David a battu Goliath, le 2-temps écrase le 4-temps. Ceci marque le début d'une confrontation entre ces deux marques qui, depuis, n'a cessé tant sur le plan commercial (Yamaha est n° 2 dans le monde) que dans la compétition, la fierté et la motivation de Yamaha étant de pouvoir battre le géant avec moins de moyens. Ce qui est réalisable épisodiquement, mais conduit à un moment ou l'autre à un dérapage technique et financier dont Yamaha a fait les frais début au des années 80.

La commercialisation de modèles techniquement « loupés » tels que XT 550, XV 550 et XV 1000 a provoqué une quasi-faillite de la marque. À ses débuts, Yamaha s'est fait le chantre du 2-temps, tout comme Honda était celui du 4-temps. Ce choix technique, assurément payant en compétition, l'a également été pour les motos de série, d'autant que Yamaha a toujours et rapidement appliqué à la série les solutions techniques acquises en compétition. La RDLC 350 de 1981 étant le parfait symbole de cette philosophie.

Autres points forts de la marque aux trois diapasons : la créativité conceptuelle (DT1, XT 500, RDLC, DTMX, FJ, VMax, GTS, TDR, Virago 125, R1...) et le design. À la différence des autres constructeurs japonais, l'essentiel (46 %) du chiffre d'affaires de Yamaha provient de la moto en 1994 (ce pourcentage était celui de Honda vingt ans auparavant).

Yamaha a diversifié ses activités dans la marine (23 % du CA) en construisant des bateaux de pêche, des voiliers, des jet-skis et depuis 1960 des moteurs hors-bord, mais également dans la production de moteurs pour l'automobile (Toyota est un client depuis 1966), de scooters des neiges, de tondeuses à gazon, de piscines, de voitures de golf, de robots industriels, d'hélicoptères drônes, de karts, d'ATV, de turbines pour éoliennes... Une énumération soulignant l'intérêt de la marque pour l'industrie des loisirs, une autre caractéristique de Yamaha, qui se veut industriel ami de l'homme et qui, dans sa communication, a toujours privilégié les relations humaines alors que Honda renvoie l'image d'une société technocratique.

Dans son histoire, qui est surtout celle du challenger de Honda, Yamaha s'est toujours distingué à son avantage en étant différent. Le dernier exemple en date est celui de la R1, qui tant esthétiquement que techniquement, a permis à Yamaha de recouvrer son image de créativité. ●

R1 *1997*

Yamaha, comme tous les autres constructeurs japonais, a vu son image originelle laminée par le marketing. Les motos qui ont marqué l'histoire de la marque (XT, RDLC, Vmax...) sont tout le contraire de produits marketing.

Des machines à la forte personnalité technique, les conceptuels, et esthétiques, qui ne sont pas obligatoirement de grands succès commerciaux, mais qui marquent les esprits. Pour toujours. Le marketing, en souhaitant vendre au plus grand nombre, cultive le compromis, le consensus et bannit les « fortes têtes ».

Avec la R1, Yamaha renoue, et de belle façon, avec la moto caractérielle : une hyper sport sans concession,la moto, coup de cœur par excellence à l'esthétique envoûtante (c'est la plus belle du genre) et à la technologie extrême. Une 1 000 cm³ de 177 kg à sec. Du jamais vu. La guerre du poids, initié par Suzuki avec sa GSX-R 750 de 1984, est relancée. Mais, cette fois, ce n'est pas au détriment de la tenue de route.

La R1 utilise la technologie du cadre aluminium Deltabox qui, dix ans auparavant sur la FZR 1000, a révolutionné les parties-cycle des sportives. Un Deltabox nouvelle génération, optimisé, plus rigide tout en étant plus léger.

Le moteur 4 cylindres ultra-compact (grâce à la superposition des arbres de boîte) pèse 9,5 kg de moins que celui de l'ancienne génération de 1000 sportive. Il dis-

pose de la culasse vingt soupapes, apparue pour la première fois sur la FZ 750 en 1984 (le cinq soupapes par cylindre est une spécificité Yamaha dont le bien-fondé n'est pas évident par rapport aux quatre soupapes), et du système Exup (une valve dans l'échappement, déjà vu sur la FZR 1000 de 1986) qui favorise le couple à mi-régime. Un moteur qui développe 150 ch en version libre.

La R1 s'impose dès sa sortie comme la référence des grosses hyper sport, et restitue à Yamaha une image perdue depuis la 350 RDLC.

150 ch. 177 kg. 278 km/h.

LES PLUS

- **Esthétique et finition digne d'un objet d'art.**
- **Comportement partie-cycle et moteur au top des sportives.**

LES MOINS

- **Moto exclusive pour pilote égoïste.**
- **Confort et protection du niveau d'une moto de course.**

R5 350 *1970*

Cette 350 cm³ 2 cylindres 2-temps était incontestablement une des plus belles motos du moment. Une perfection dans les lignes, les couleurs, l'équilibre des volumes. Elle n'était pas le symbole de la moto imposante, ni de la frime mais celui de l'élégance, beaucoup d'élégance.

Le moteur, qui développe un peu plus de 100 ch/litre, est une évolution de celui de l'YR1 de 1967 avec un embiellage plus court, des cylindres à cinq transferts qui offrent un meilleur couple et bien sûr un graissage séparé.

Face aux grosses cylindrées 4-temps, la R5 est à la peine en performance pure. En revanche, l'excellence de sa partie-cycle, y compris de son frein avant double came, permettait de combler le handicap puissance sur les routes tortueuses. **36 ch. 154 kg. 161 km/h.**

LES PLUS

- **Esthétique tout simplement parfaite.**
- **Tenue de route et maniabilité très supérieures aux autres motos.**

LES MOINS

- **Autonomie limitée par un réservoir de 11 litres.**
- **Étagement de boîte perfectible entre 1re et seconde.**

Yamaha 650 XS1 *1970*

Il s'agit de la première Yamaha à moteur 4-temps mais, depuis 1966, Yamaha fabrique des moteurs 4-temps pour l'automobile et le moteur de la XS1 est un dérivé du 2000 GT6 de Toyota.

En choisissant une architecture verticale twin qui rappelle les moteurs d'anglaises Yamaha a souhaité se démarquer de Honda, dont les premiers moteurs 4-temps bicylindres étaient d'inspiration germanique. Robustesse et caractère seront les priorités de cette mécanique qui ne prétend pas rivaliser avec le 4 cylindres de la CB 750, mais plutôt avec le 500 twin de Honda et bien sûr avec la Triumph Bonneville.

Ce simple ACT a l'embiellage calé à 360°, et sans balancier d'équilibrage, n'est pas dépourvu de vibrations, que tempère le montage souple dans le cadre. Pour assurer sa fiabilité (qui deviendra légendaire), tous les axes mobiles (ACT, arbre de boîte...) sont montés sur roulement et non bague bronze.

Il ne s'agit pas d'une mécanique très puissante mais bien dotée en couple moteur et dont le démarreur électrique est de type dynastar (modèle 1972). C'est l'alternateur qui fait office de démarreur, une technologie que développent les constructeurs automobile pour 2001. La partie cycle de la première XS1 n'était vraiment pas la hauteur du moteur : freins à tambour inefficaces, cadre guimauve, garde au sol inexistante.

La XS2 de 1972 est en progrès surtout côté freinage, avec pour la première fois l'adoption d'un disque à étrier double pistons. **53 ch. 185 kg. 175 km/h.**

LES PLUS

- **Moteur robuste et riche en sensations.**
- **Maniabilité et freinage (XS2).**

LES MOINS

- **Autonomie ridicule (réservoir 12,5 l).**
- **Tenue de route approximative.**

XT 500 *1976*

Après avoir inventé le concept trail avec la DT 250 en 1969, Yamaha réhabilite, de belle façon, le gros monocylindre 4-temps avec la XT 500 qui deviendra une grande légende.

Le gros monocylindre 4-temps, est, avec le twin, le moteur originel de la moto, celui qui, depuis le début du siècle, a animé le plus grand nombre de motos pour ensuite tomber en désuétude à la fin des années 60. Les derniers défenseurs du gromono (au moins 500 cm^3), sont les Anglais avec Velocette, BSA mais aussi Ducati.

Puis vient le règne du multicylindre initié par les Japonais. Voilà pourquoi la XT 500, pur produit japonais, est un événement. Mais la définition de la moto qu'il équipe permet et même impose ce choix technique.

Le trail est avant tout une moto dont on attend des aptitudes en tout-terrain, légère, étroite et avec un moteur qui tracte, ce que fait très bien un gromono. La XT 500 a d'abord été conçue pour le marché américain et ses grands espaces. Mais c'est grâce aux rallyes africains (Abidjan-Nice puis Paris-Dakar) que la XT acquerra ses lettres de noblesse. Elle symbolise la moto aventure et dans son évolution elle singera, parfois à outrance, les coursiers du désert comme la XT 600 Ténéré de 1982, réplica des motos du Dakar, qui dénaturera l'esprit originel de la 500.

Cette première XT est une petite moto, rustique, dépourvue de démarreur électrique mais pas de vibrations. On la définit presque comme un mono à l'ancienne mais fiable, et dont le comportement routier est bien supérieur à celui qu'elle offre en tout-terrain.

Cette XT 500 sera produite jusque dans les années 90, sans révolution technique et surtout sans changement esthétique majeur. Sa dernière mouture en noir et alu-poli est la plus belle. On retrouvera la mécanique XT sur la SR 500, le mono routier de la marque.

La XT 600 actuelle se différencie techniquement de la 500 par une culasse à quatre soupapes, 13 ch de plus, un démarreur électrique, deux freins à disque et 16 kg de plus. **32 ch. 146 kg. 140 km/h.**

LES PLUS

- **Les sensations moteur, l'agilité de la partie-cycle.**
- **Esthétique indémodable, la beauté dans la simplicité.**

LES MOINS

- **Forme des guidons, pas de repose-pieds passager suspendus.**
- **Pas de démarreur électrique, tenue de route à haute vitesse.**

Yamaha XS 750 *1976*

Après les déboires dus au manque de fiabilité de la bicylindre TX 750 (1972), Yamaha rectifie le tir dans sa gamme 4-temps avec la XS 750. Première moto à moteur 3 cylindres et à cardan de la marque. Une moto pas trop grande, joliment dessinée (chez Yamaha, l'esthétique est une priorité) et qui se veut grande routière. Le choix du 3 cylindres provient encore une fois de la volonté de se démarquer de Honda. Par ailleurs, cette architecture réduit la largeur frontale, la longueur de l'embiellage (un monobloc avec calage à 120°) et favorise ainsi la maniabilité. Comme pour la CB 500 Honda, la transmission primaire est assurée par une chaîne Hi-Vo plus silencieuse qu'une transmission par pignons. Le 3 cylindres a plus de couple qu'un 4 cylindres, autant de souplesse, et une sonorité bien particulière.

Parmi les japonaises, seule la Gold Wing a précédé la XS 750 pour la transmission secondaire par cardan, et sur les deux (grâce essentiellement à leurs embrayages multidiques), on appréciera la douceur de fonctionnement comparé à celle des européennes BMW et Guzzi. En 1980, la XS gagne 100 cm^3 pour parfaire ses aptitudes de routière sportive. **60 ch. 229 kg. 185 km/h.**

LES PLUS

- **Tenue de route sereine, excellent freinage, très bon confort.**
- **Agrément du moteur 3 cylindres et de sa transmission par cardan.**

LES MOINS

- **Béquillage sur la centrale particulièrement pénible.**
- **Autonomie insuffisante pour le concept.**

DTMX 125 *1977*

Authentique best-seller, la DTMX 125 cm³ sera vendue (en France) à 97 000 exemplaires jusqu'en 1993. Ce succès phénoménal tient à la mode naissante du tout-terrain, à la possibilité de conduire une 125 dès l'âge de 16 ans et, jusqu'en 1981, à une dérogation qui permettait aux possesseurs du permis voiture de conduire une 125 cm³ sans autre formalité.

Ce petit monocylindre 2-temps sera par ailleurs la plus attractive esthétiquement et techniquement avec sa suspension arrière cantilever qui lui confère d'étonnantes aptitudes en tout-terrain.

La fiabilité de la DTMX participera pour beaucoup à la renommée de la marque. **14 ch. 92 kg. 120 km/h.**

LES PLUS

- **Polyvalence à l'usage confort des suspensions.**
- **Fiabilité moteur et qualité partie-cycle.**

LES MOINS

- **Selle un peu trop ferme.**
- **Manque de protection moteur en tout-terrain.**

XS 1100 *1978*

Avec la XS 1100, Yamaha sort l'artillerie lourde. Première 4 cylindres de la marque, mais dans la même philosophie conceptuelle que la XS 750. Une moto de grand tourisme mais sans carénage (disponible en option). Son moteur, un classique double ACT à deux soupapes par cylindre se révélera le meilleur du moment en souplesse et couple.

Une mécanique exempte de vibrations (montage souple du moteur dans le cadre) à la puissance toujours disponible, à la fiabilité exemplaire, que renforce une transmission secondaire par cardan.

Une machine certes lourde et pataude sur petites routes tortueuses, mais à la tenue de route sécurisante et au freinage correct, malgré des étriers en régression (simple piston).

Côté équipement, la XS 1100 innove avec un antivol couplé au contact, un phare à iode, un système de démontage de la roue arrière (d'inspiration Guzzi) très pratique et, enfin, une béquille centrale facile à positionner.

À noter que la XS 1100 comme la Kawasaki Z1R, et avant elles la Gold Wing, possède un kick de secours.

Une moto attachante pour ses qualités routières, sans aucune prétention sportive, et qui permet surtout à Yamaha de se placer face à la concurrence (CBX 1000 Honda, Suzuki GS 1000, Kawasaki Z1R 1000). **95 ch. 256 kg. 215 km/h.**

LES PLUS

- **Confort et agrément en utilisation GT.**
- **Moteur au couple réellement impressionnant.**

LES MOINS

- **Moto lourde et guère maniable.**
- **Boîte de vitesses perfectible.**

Yamaha 350 RDLC *1980*

Ce fut un choc. Yamaha a osé fabriquer en grande série et pour la route la réplique de sa moto de course TZ, ce qui lui vaut le qualificatif de première vraie sportive.

Elle possède une partie-cycle directement dérivée de la moto de piste avec suspension arrière canteliver, le top du moment.

Son moteur twin 2-temps à refroidissement par eau (on n'avait pas vu cela depuis la Suzuki GT 750) et un rapport poids/puissance laissent rêveur: 47 ch pour 140 kg (à sec). Et pour couronner le tout, une esthétique à couper le souffle.

À sa sortie, la 350 RDLC fut sujette à polémique. Une moto de course sur la route, est-ce bien raisonnable ? Puis les premiers essais ont révélé un comportement sans faille en tenue de route comme en freinage, mais également qu'elle n'était pas une moto de débutant. En effet son moteur pointu, difficile à maîtriser, et violent dans ses réactions. Le freinage, hyper puissant, est à doser avec circonspection.

Pour ceux qui savent, quel bonheur. L'arme absolue pour les apprentis pilotes et ceux qui le sont déjà. La RDLC connaîtra un beau succès commercial, mais sera classée par les assureurs comme particulièrement accidentogène. Le mythe RDLC sera au moins aussi fort, bien que dans un autre registre, que celui de la XT 500. **47 ch. 140 kg. 180 km/h.**

LES PLUS

- **Le summum de la sportive en tenue de route et comportement moteur.**
- **Freinage diabolique.**

LES MOINS

- **Moto exclusive inapte au voyage.**
- **Consommation et duo.**

Yamaha XJ 650 *1980*

La Kawasaki Z 650 a montré la voie, celle de moto à la cylindrée raisonnable, pas trop lourde, et qui peut être mise entre toutes les mains. La XJ 650 est une petite XS 1100, mais plus élégante et avec un moteur 4 cylindres beaucoup plus compact, très étroit du bas, du fait d'un alternateur positionné derrière les cylindres. Comme sur les Suzuki, le pignon de transmission primaire est solidaire de l'embiellage (monobloc) et attaque directement la couronne d'embrayage.

Par rapport à sa concurrente directe, la XJ 650 est moins sportive, Yamaha ayant favorisé le confort, le duo et l'option transmission secondaire par cardan « bouffe » de la puissance. Reste qu'au niveau performances, elle devance nettement sa rivale en vitesse de pointe tout en faisant jeu égal à l'accélération.

À noter toutefois une petite faiblesse à la reprise, signe d'un moteur manquant de couple, l'inverse de sa grande sœur XS 1100. En comportement routier, la XJ 650 (qui préfigure la XJ 900) est un rail dans les grandes courbes mais moins maniable que la Z 650.

73 ch. 206 kg. 197 km/h.

LES PLUS

- **Tenue de route : sérénité dans les grandes courbes.**
- **Freinage et confort.**

LES MOINS

- **Manque de couple moteur.**
- **Démultiplication finale trop longue.**

FJ 1100 *1984*

Elle succède à la XS 1100 et redore le blason de la marque sérieusement terni par des « loupés » tels que XT 550, TR1, XV 750 et XZ 550.

La FJ 1100, apparue la même année que la Kawasaki Ninja 900, la Suzuki GSX-R 750 et la Honda VF 1000 F2, n'est pas sans rivales et affiche des prétentions sportives. L'abandon du cardan pour une chaîne est révélateur, de même que l'adoption d'une culasse à seize soupapes. Le moteur 1 100 cm³ développe 125 ch, plus puissant que ceux de ses concurrentes. Dans son architecture, il s'inspire de celui de la XJ 650 (même concepteur). Pour exploiter son potentiel moteur, Yamaha adopte pour sa FJ une nouvelle forme de cadre dite périmétrique, et déjà employée, sur les Bimota depuis 1977. En revanche ce sera la première moto à être équipée de roues de 16 pouces à l'avant et à l'arrière, avec une répartition des poids très en avant, ce qui occasionnera des usures inaccoutumées du pneu frontal.

Autre raffinement technique avec des suspensions réglables en compression de ressort et en hydraulique tant à l'avant qu'à l'arrière : le comportement moteur rappelle celui de la XS mais avec plus d'allonge.

Quant à la partie-cycle, elle se singularise par une sûreté totale et une bonne maniabilité malgré le poids de la moto. Curieusement, la FJ 1100, puis plus tard (1985) la 1200, sera plus appréciée pour ses qualités de grand tourisme rapide que pour ses aptitudes sportives. **125 ch. 227 kg. 235 km/h.**

LES PLUS

- **Esthétique, confort des suspensions et protection.**
- **Tenue de route, performance moteur, freinage.**

LES MOINS

- **« Bouffe » du pneu, se relève au freinage sur l'angle.**

Vmax *1985*

Et encore un concept original à l'actif de Yamaha conçu pour « réveiller » le marché américain, qui se détourne de la moto et sombre dans le custom mou. La Vmax longue, basse est construite comme un dragster et se campe sur le plus gros pneu arrière jamais monté sur une moto de série.

Elle arbore un style détonnant, totalement innovant avec ses deux énormes écopes latérales, son mini faux réservoir (le vrai étant situé sous la selle) et son monstrueux moteur V4 1 200 cm³ emprunté à la grosse GT Venture. Le paroxysme de l'agressivité par le design soutenu par une mécanique qui développe 145 ch en version libre. La plus puissante moto de série du monde (mais qui sera vendue en version 100 ch pour la France), capable d'abattre le 400 m D.A. en 11 secondes et de pointer à 240 km/h.

Pour obtenir les 145 ch, la Vmax (version US) est équipée d'un système de suralimentation (V-Boost) qui est effectif au-delà de 6 000 tr/min.

Comme pour un dragster, la Vmax est surtout efficace en ligne droite. Ailleurs, sa tenue de route est médiocre, son freinage insuffisant, son confort moyen. Mais quelle frime. C'est en France que la Vmax connaîtra le plus de succès et une longue carrière qui se poursuit en 2001.

145 ch. 250 kg. 240 km/h (220 km/h en version 100 ch).

LES PLUS

- **Esthétique indescriptible, unique, sidérante.**
- **Moteur explosif (mais difficilement exploitable en « full power »).**

LES MOINS

- **Maniabilité et tenue de route tout juste passables.**
- **Freinage très perfectible (il le sera sur les modèles suivants).**

Yamaha 850 TDM *1990*

Conçue autour du 750 bicylindre parallèle de la grosse trail Super Ténéré qui s'est illustrée dans les Paris-Dakar, la TDM s'inspire dans son concept (inclassable) de la 250 TDR mais se veut beaucoup plus paisible.

C'est une routière polyvalente dont on apprécie le comportement en ville, le confort sur la route, les performances honorables, y compris pour le duo. Bref, une moto à l'aise partout, un peu comme un trail, mais inapte au tout-terrain.

À la différence de la Super Ténéré, la TDM, basse de selle, est accessible pour toutes les tailles de pilote. Son moteur bicylindre de 850 cm^3 s'accommode de tous les styles de conduite et fait preuve d'une remarquable souplesse.

Le cadre est de type Deltabox, comme celle de la sportive FZR 1000, mais fabriqué en acier et non en aluminium. Il assure une grande rigidité à la tenue de route. La TDM est par excellence une moto de compromis, et c'est là le secret de son succès commercial.

77 ch. 201 kg. 197 km/h.

LES PLUS

- **Une esthétique particulière mais qui plaît au plus grand nombre.**
- **Confort des suspensions et prestations moteur.**

LES MOINS

- **Boîte de vitesses bruyante et imprécise.**
- **Protection du carénage perfectible et curieuse position des guidons.**

Yamaha GTS 1000 *1992*

L'innovation dans les concepts caractérise, depuis toujours, Yamaha par rapport à ses concurrents. Sa force, mais parfois sa faiblesse, comme le démontre la GTS. Cette moto, destinée à remplacer la FJ 1200, propose une partie-cycle radicalement différente de tout ce qui existe.

Le train avant abandonne la classique télescopique pour une suspension monobras, et le cadre de type Oméga se compose de deux platines d'aluminium en forme de crosse de part et d'autre du moteur (déjà vu sur la Bimota Tesi).

But avoué de cette partie-cycle révolutionnaire, plus de rigidité et un effet anti-plongée pour la suspension avant. Mais en fait, Yamaha compte sur l'impact « marketing » de l'innovation technologique. Et ce sera une erreur. La majorité des motards est suspicieuse vis-à-vis des révolutions technologiques, surtout si elles n'apportent pas un réel plus par rapport à celles traditionnelles.

Ce sera le cas avec la GTS, dont on louera la tenue de route à grande vitesse et dans les grandes courbes, mais dont le train avant n'a pas convaincu (surtout à cause d'un mauvais choix de dimension de pneus).

Par ailleurs, la GTS était handicapée par son prix, une esthétique particulière, et un positionnement pas très clair. **100 ch. 246 kg. 225 km/h.**

LES PLUS

- **Freinage excellent malgré un simple disque avant.**
- **Agrément moteur en souplesse (grâce à l'injection).**

LES MOINS

- **Prix nettement supérieur à celui de ses concurrentes routières sportives.**
- **Maniabilité perfectible.**

Suzuki

Alors que l'origine de Yamaha se situe dans les instruments de musique, celle de Suzuki est dans les métiers à tisser. Michio Suzuki (1887-1982), fondateur de la marque, a débuté dès l'âge de 17 ans son parcours professionnel en construisant, et surtout en améliorant, des machines à tisser le coton cultivé dans la région d'Hamamatsu, lieu historique qui deviendra plus tard le berceau de la moto japonaise avec l'implantation des usines Yamaha, Honda et bien sûr Suzuki.

La qualité des métiers à tisser Suzuki, comme d'ailleurs celle des instruments de musique Yamaha, ouvrira les portes de l'export à ces marques, ce qui par la suite leur facilitera le commerce international des motos.
En 1936, Michio Suzuki décide de varier sa production et fait construire des petites voitures animées par une 4 cylindres 750 cm^3 4-temps. La guerre mettra fin à ce projet, et Suzuki sera tenu de fabriquer de l'armement dans ses usines.
C'est en 1951 que Suzuki produit son premier moteur 2-temps, un 36 cm^3 destiné à la motorisation des vélos, comme le fut en son temps la première Honda. En 1953, c'est une machine complète que construit Suzuki avec un moteur de 90 cm^3, premier et dernier 4- temps avant 1977. En se cantonnant dans les petites cylindrées utilitaires jusqu'en 1966 (année de commercialisation de la 250 T 20), Suzuki s'est tardivement bâti une image de constructeur de moto.
Comme ses concurrents japonais et même avant Yamaha, Suzuki s'est investi avec succès dans les GP post-seventies (8 titres de 1962 à 1970). Mais là encore, le fait de ne participer que dans les petites cylindrées (50 et 125, la 250 n'étant pas dans le coup) amoindrira l'impact de cet investissement. Par ailleurs, Suzuki ne maîtrise pas du tout l'art de la communication et cultive celui de la discrétion.
On a coutume de coller une image un tantinet péjorative de ruraux aux gens de chez Suzuki, ainsi que celle de suiveurs pour leurs réalisations. Pourtant, si on analyse l'histoire de Suzuki, il y a de nombreux faits objectifs qui prouvent le contraire.
En technique, Suzuki a au moins autant innové que Yamaha dans le 2-temps, en équipant ses 50 et 125 cm^3 de série de distributeurs rotatifs développés en compétition, en utilisant dès 1962 sur ces moteurs automobiles le graissage séparé (deux ans avant Yamaha), un système que Suzuki perfectionnera par le graissage de l'embiellage (le CCI de la T 20). Idem pour le principe de l'admission par clapets opérationnels sur le 3 cylindres automobile, 3 ans avant celui de Yamaha.
La T 20, moto qui a révélé la marque, avait une boîte 6 vitesses, une de plus que chez la concurrence. Avec la GT 750 de 1971, Suzuki propose le premier 2-temps de l'ère moderne (il y a eu des Scott avant) à refroidissement par eau. Sans oublier le défi RE 5 de 1973, première et dernière moto animée par un moteur rotatif, dont l'échec technique et commercial a failli couler la marque qui, durant dix ans, remisera toute velléité d'innovation. Puis, en 1984, retour sur le devant de la scène avec les premières hyper sport, la 500 RG copie conforme de la moto de GP et la GSX-R 750, toutes deux à cadre aluminium.
Autre particularité de la marque : une politique commerciale fondée sur des prix très compétitifs. Suzuki a toujours été la moins chère des 4 marques japonaises en économisant sur les frais de fonctionnement, en pratiquant la standardisation et en ayant moins d'exigences sur la finition.
Comme chez Honda, la moto ne représente que 10 % du chiffre d'affaires de la marque qui, depuis 1955, donc avant Honda, construit (entre autres) des automobiles. Suzuki s'est longtemps contenté de la place de troisième constructeur japonais, mais désormais ambitionne la seconde place en multipliant les modèles et en sachant communiquer, avec par exemple, l'Hayabusa, la première moto de série capable de monter à 300 km/h. ●

Hayabusa 1300 *1999*

Quelque part, historiquement, Suzuki a le don de la provocation. Dans les années 70, avec la RE 5 (une provocation technique), dans les années 80, avec sa gamme hyper sportive RG 500, GSX-R 750 et 1100, et enfin aujourd'hui, avec la 1300 Hayabusa, la moto de série la plus rapide au monde : 300 km/h. Une provocation pas innocente, viser la barre mythique des 300 km/h étant un excellent moyen de faire parler de soi.
Ce n'est pas Suzuki mais Honda avec sa CBR 1 100 XX de 167 ch (1996) qui, le premier, a joué les provocateurs (285 km/h). Suzuki n'a fait que surenchérir avec sa 1 300 cm^3 de 175 ch et son moteur n'a, par ailleurs, rien de révolutionnaire. Un classique 4 cylindres en ligne double ACT seize soupapes à injection qui ne sacrifie pas l'agrément (souplesse et couple) à la performance pure.
Pour la partie-cycle, l'Hayabusa (faucon en Japonais) est dans le standard des sportives actuelles avec un énorme châssis double poutre en aluminium et un carénage spécialement étudié en soufflerie pour la vitesse de pointe.

Paradoxalement, cette moto de record se révèle être une très bonne routière, assez confortable, d'une protection correcte avec une tenue de route et un freinage qui en remontrent à bien des sportives.

Elle sera bientôt un collector car ce genre de monstre ne sera plus produit suite à un « gentlemen agrément » entre les constructeurs. La version 100 ch pointe à 245 km/h. **175 ch. 215 kg. 300 km/h.**

LES PLUS

- **Moteur : tous les agréments d'un gros et puissant 4 cylindres.**
- **Tenue de route : très saine même à 300 km/h (345 km/h au compteur).**

LES MOINS

- **Protection en position assise.**
- **Piège à radar.**

GT 750 *1971*

La première grosse cylindrée Suzuki est en décalage par rapport à la concurrence. La GT 750 est une moto paisible sans aucune prétention sportive à l'inverse de ses contemporaines, la Kawasaki H2 et la CB 750 Honda. Il lui manque seulement un cardan pour être tout à fait GT.

Son moteur 3 cylindres 2-temps à refroidissement par eau est aussi puissant que celui de la Honda, mais la partie-cycle ne suit pas. Le frein avant à tambour est un handicap face aux freins à disque de la Kawasaki et de la Honda. Mais Suzuki se rattrapera en l'équipant du premier double disque avant en 1974.

À cette époque, les moteurs 2-temps étaient réputés moins fiables que les 4-temps, mais la GT 750 fera mentir la légende.

Son moteur à refroidissement par eau (une première sur une moto moderne) bénéficie d'un savoir-faire automobile. Suzuki construit depuis plus de 10 ans ce type de moteur pour ses voitures.

Autre particularité de cette machine, une peinture fuchsia pour le moins surprenante. Si la moto de route n'a pas marqué son époque, sa version compétition, elle remportera quelques beaux succès dans les courses de 750 cm³. **67 ch. 214 kg. 175 km/h.**

LES PLUS

- **Bonne fiabilité du moteur par ailleurs agréable et bien doté en couple.**
- **Consommation raisonnable pour un 2-temps.**
- **Bon confort de suspension.**

LES MOINS

- **Freinage nettement insuffisant (frein tambour).**
- **Tenue de route : nettement perfectible ainsi que la garde au sol.**

RE 5 *1974*

La mode du moteur rotatif sera, comme celle du turbo, éphémère et coûteuse pour Suzuki. La seule marque importante à avoir mené l'expérience jusqu'au bout. Yamaha s'étant contenté de présenter un prototype, le RZ 201, en 1972.

La RE 5 se veut la moto du futur, et pour assurer la promotion de cette mécanique révolutionnaire, Suzuki fait appel au cosmonaute Neil Armstrong. Son moteur rotatif (simple rotor) cube 500 cm³ et développe 62 ch, 2 ch de mieux que la 500 Kawasaki 3 cylindres qui pèse 40 kg de moins.

Dans ces conditions, la RE 5 ne se distinguera pas par ses performances. Elle se veut grande routière, mais il lui manque le confort de suspension, l'autonomie et un minimum de protection.

Le comportement du moteur rotatif est à mi-chemin entre un 2-temps (il n'y a pas de frein moteur) et un multicylindre avec zéro vibration. Le moteur, très creux sous 3 000 tr/min, affirme ensuite un bon petit couple.

Le rotatif n'a pas convaincu et pour couronner le tout, la tenue de route de la RE 5 est du genre louvoyante. Pas de quoi assurer le succès d'une moto, qui par ailleurs coûte très chère.

Pourtant, Suzuki croyait ferme à cette technologie. Le brevet Wankel, acheté en 1970, a ensuite fait l'objet de vingt nouveaux brevets et Suzuki a dépensé une fortune en développement pour ce qui s'achèvera par un enterrement de première classe, moins de deux ans après sa commercialisation.

62 ch. 230 kg. 175 km/h.

LES PLUS

- **Absence totale de vibration moteur.**
- **Équipement original et très complet.**

LES MOINS

- **Tenue de route et confort.**
- **Consommation en huile et en essence.**

GS 750 *1977*

Pour se faire pardonner l'échec RE 5, Suzuki commercialise son premier 4 cylindres en ligne qui est aussi son premier moteur 4-temps.
Rien de révolutionnaire cette fois et même de grandes similitudes techniques avec le 900 Kawasaki, telles que l'embiellage démontable et les bielles qui tournent sur roulement aiguilles, la transmission primaire par pignons et la culasse double ACT avec deux soupapes par cylindre. Bref, de l'éprouve pour un moteur qui se révélera très fiable et néanmoins performant.

Pour son premier 4-temps, Suzuki a la main heureuse. Son moteur est supérieur à ceux de la concurrence (CB 750 Honda, XS 750 3 cylindres Yamaha) mais surtout se marie à merveille avec une partie-cycle de premier ordre (elle est l'œuvre du concepteur de celle de la 500 RG de compétition), ce qui fait de la GS 750 une vraie sportive à qui on reprochera seulement un manque de confort des amortisseurs arrière. C'est sur cette base que Suzuki construira sa GS 1000 (1978), dont la tenue de route sera loin de valoir celle de la 750.

68 ch. 223 kg. 198 km/h.

LES PLUS
- **Moteur : souple, puissant, fiable.**
- **Transmission : exemplaire avec pour la première fois une chaîne à joints toriques.**
- **Tenue de route et agilité.**

LES MOINS
- **Confort de la suspension arrière.**
- **Béquillage trop physique.**

GSX 1100 Katana *1980*

Alors que la GS 1000 peut être considérée comme un semi-loupé, celle qui lui succède, la GSX 1100 (1979), se révèle être une des meilleures grosses cylindrées du moment, tant en moteur (une nouvelle mécanique double ACT seize soupapes) qu'en partie-cycle.
Le couple de ce 1 100 cm^3 est particulièrement impressionnant. C'est sur cette base mécanique et partie-cycle que Suzuki produira la Katana à l'esthétique résolument moderne, surprenante, et qui est l'œuvre d'un designer allemand. Trop avant-gardiste pour lui assurer un succès commercial (surtout en France), la Katana sera pourtant la moto la plus pérenne, puisqu'elle est aujourd'hui encore produite au Japon.
En 1980, on avait donc le choix entre la GSX 1 100 normale et la Katana. Cette dernière, par sa position de conduite, étant nettement plus typée sportive. La GSX normale, très confortable de suspensions sans que pour autant sa tenue de route en soit perturbée, était autrement plus appréciée que la Katana aux suspensions bout de bois et à la selle en béton. De même, on préférait le comportement de partie-cycle de la GSX à celle de la Katana sur les petites routes viroleuses. Mais pour Suzuki, la Katana est bien plus qu'une moto, c'est une façon de montrer ostensiblement que cette marque cataloguée de suiveuse peut faire preuve d'audace et d'imagination, comme ce fut d'ailleurs le cas avec la RE 5.

115 ch. 232 kg. 229 km/h.

LES PLUS
- **Esthétique avant-gardiste et intemporelle.**
- **Moteur : le meilleur des gros 4 cylindres de l'époque en puissance, couple et transmission.**

LES MOINS
- **Confort des suspensions et de la position de conduite.**
- **Moto lourde et peu maniable (à la différence de la GSX normale).**

RG 500 *1985*

Quatre-vingt-quinze chevaux pour 154 kg. À sa sortie en juillet 1985, la Suzuki 500 Gamma fait sensation. Aujourd'hui encore, ses chiffres font rêver. Avec cette machine, Suzuki réalise l'impensable.

Une moto de route on ne peut plus directement dérivée de la compétition. La réplique de la 500 de GP 4 fois championne du monde entre 1976 et 1982.

Sa partie-cycle qui est en aluminium, une technologie inédite qu'elle partage avec la Suzuki GSX-R 750 et 250 RGV représente, la solution pour gagner du poids. Moteur 2-temps 4 cylindres en carré alimenté par quatre distributeurs rotatifs, même architecture que le moteur de course mais une puissance limitée à 95 ch contre 135 ch pour le moteur de course de 1985. Une moto de rêve pour les amateurs de sportives qui sera produite jusqu'en 1989. Le dernier gros 2-temps, ensuite condamné par les mesures antipollution.

La RG 500 n'était pas une moto facile à piloter, du fait de son manque de souplesse moteur, de l'arrivée brutale de la puissance, d'une tenue de route approximative et, pour couronner le tout, d'un freinage manquant de puissance.

En 1985, la RG avait deux concurrentes réplica GP : le 500 V4 Yamaha RDLC et le 400 V3 Honda NSR. Trois motos extrêmes pour jouer au pilote de GP, mais à l'éphémère succès du fait de leur exclusivité.

95 ch. 154 kg. 228 km/h.

LES PLUS

- **Le concept réplica moto de GP.**
- **Les performances pour une 500 cm³.**

LES MOINS

- **Difficile à maîtriser en moteur comme en tenue de route.**
- **Fragilité de la boîte de vitesses.**

GSX-R 1100 *1986*

Tout a commencé avec la GSX-R 750 en 1985 qui, dans toutes ses données techniques et esthétiques, préfigure la 1100.

Cette 750, entièrement nouvelle, est la réplica de la moto d'endurance, comme la RG est celle d'une machine de GP. Avec la GSX-R 750, Suzuki invente la première hyper sport au rapport poids/puissance exceptionnel : 100 ch pour 176 kg, alors qu'une Honda VF 750 F est donnée pour 86 ch et 218 kg, et une Yamaha FZ pour 100 ch et 209 kg.

Le cadre aluminium (une première sur une grosse cylindrée de série) permet de gagner 9 kg par rapport à un cadre en acier, et le moteur de la GSX-R, un 4 cylindres refroidissement par air et huile, est de 20 kg plus léger que l'ancien 750 GSX.

Pour la GSX-R 1100, on retrouve donc les mêmes caractéristiques techniques mais avec un rapport poids/puissance de 130 ch pour 197 kg, le meilleur de toutes les motos. Sur le seul moteur, la nouvelle 1100 gagne 23,6 kg par rapport à l'ancienne (et 7 cm en largeur).

La partie-cycle de la 1100 est d'un dessin identique à celui de la 750, mais avec des tubes de section carrée plus importants.

La loi française qui vient d'entrer en vigueur limite à 100 ch la puissance des moteurs, mais le système de bridage symbolique de cette Suzuki sera régulièrement contourné, ce qui assurera à la GSX-R 1100 un énorme succès commercial. **130 ch. 197 kg. 265 km/h.**

LES PLUS

- **Tenue de route supérieure à celle de la GSX-R 750.**
- **Freinage puissance et endurance.**
- **Performances en version libre.**

LES MOINS

- **Performances en net retrait (228 km/h) en version 100 ch.**
- **Manque de couple (en version 100 ch).**
- **Consommation.**

Bandit 600 *1995*

C'est Yamaha, avec sa Diversion 600, qui a ouvert la voie, celle des moyennes cylindrées 4 cylindres en lignes proposées au prix d'un monocylindre trail et qui offre un net plus en agrément routier et en fiabilité. Le prix étant la clé du succès, Suzuki conçoit en même temps et dans la même définition technique une Bandit 600 et une Bandit 1200.

La motorisation représentant 50 % du prix d'une moto, Suzuki ressort une mécanique éprouvée et amortie, le 4 cylindres double ACT seize soupapes à refroidissement par air et huile qui équipait auparavant la 600 GSX-F (et le 1100 GSX-R pour la Bandit 1200).

Côté partie-cycle, un classique châssis tubulaire en acier fera l'affaire, avec la mise en évidence du moteur comme partie intégrante du design simple et de bon goût.

La Bandit, qui n'a d'agressif que le nom, est une moto basique, comme on les faisait dans les années 70, et qui en plus de son prix attractif offre une polyvalence d'usage qui séduit un large panel d'utilisateurs.

Bonne routière, surtout pour la S équipée d'un carénage tête de fourche, excellente citadine grâce à la souplesse de son 4 cylindres. C'est la moto de la semaine et des week-ends. **74 ch. 196 kg. 197 km/h.**

LES PLUS

- **Rapport prix/performance.**
- **Polyvalence ville/route.**

LES MOINS

- **Confort du passager à cause de la selle et de la suspension arrière.**
- **Suspensions : trop souples à l'avant et trop dures à l'arrière.**

Kawasaki

Dans l'univers des constructeurs japonais, Kawasaki, le plus petit des quatre, a une place à part. D'abord géographiquement par son implantation près de Kobe au sud de Kyoto, et non comme les autres dans la région d'Hamamatsu.

Culturellement, les Japonais de cette région se considèrent comme les dépositaires de la tradition japonaise. Historiquement, enfin, Kawasaki trouve ses racines dans l'industrie lourde. Le fondateur Shozo Kawasaki fut un gros armateur au début du siècle, puis construisit ses premiers avions dans les années 20. C'est alors que Kawasaki établit des liens industriels avec l'avionneur BMW, et que germe l'idée de la moto.

Mais l'histoire force le groupe à intensifier sa production dans tout ce qui peut servir l'effort de guerre. C'est en 1949, après la défaite, que Kawasaki commence à fabriquer des moteurs de moto pour le compte d'autres constructeurs. Puis, en 1960, l'énorme groupe industriel Kawasaki Heavy Industrie décide de créer sa propre marque de moto et rachète Meguro qui alors produit des motos au style très British.

La première Kawasaki exportée en France (en 1967) sera la W1, une copie conforme de la 650 BSA, que Kawasaki produit depuis 1965. Il s'agit alors de la plus grosse cylindrée construite au Japon. Elle sera suivie en 1966 par un twin 2-temps 250 cm^3 à distributeur rotatif plus puissant (31 ch) que ses concurrentes Suzuki et Yamaha. Et dès l'année suivante, par une version compétition client (l'A1R) de 44 ch et 109 kg.

Les marques japonaises ont très vite compris qu'un dérivé compétition de leurs machines de série était un excellent moyen de promotion et dès 1962, Honda et Yamaha vendaient des 250 cm^3 compé client.

C'est avec la 500 cm^3 3 cylindres H1 que Kawasaki acquiert en 1969 une renommée mondiale et, l'année suivante, la compé client H1 R sera vice-championne du monde derrière l'indétrônable MV.

L'image sportive de Kawasaki se dessine et la production n'est pas en reste, avec la surpuissante 750 H2 (1971), puis en 1972 la 900 Z1, le premier 4-temps 4 cylindres de la marque qui, à l'origine, était une 750 cm^3 que Kawasaki devait commercialiser en 1970, un an après la 4 pattes.

Les succès dans les courses d'endurance de la Z1 consolideront définitivement l'image sportive de Kawasaki. Bien plus que son engagement en GP avec des 250 et 350 (8 titres) entre 1978 et 1982. On assiste même à un phénomène propre à la marque, le clanisme Kawasaki, qui génère des passions infaillibles pour ces motos symbolisées par la couleur verte. Mais le segment restricteur des sportives pures et dures ne suffit pas à faire vivre la marque qui tente, avec plus ou moins de réussite, la diversification.

On constate un échec pour les 125 et en général pour les petites et moyennes cylindrées. Ainsi que pour le tout-terrain, excepté en cross où Kawasaki s'illustre depuis 1972.

Puis, en 1989, coup de génie avec la gamme Zephyr, d'abord en 400 pour le Japon où elle se vendra à des dizaines de milliers d'exemplaires, puis en 550, 750 et 1100 pour l'export. Des motos neo-rétro rappelant celles des années 70, pas chères et qui préfigurent la mode (actuelle) du roadster.

Depuis 1984, année de commercialisation de la première Ninja 900 (un 4 cylindres sportif bien sûr), Kawasaki cultive l'esprit Ninja, un guerrier japonais connu pour ses pouvoirs extraordinaires et son adresse. Une philosophie de marque pour le moins agressive, mais qui correspond assez bien à l'état d'esprit des décideurs de chez Kawasaki.

La dernière réalisation de la marque, la ZX 12 R, qui est la plus puissante (179 ch) des motos de série jamais construites, en est la parfaite illustration. ●

Kawasaki ZX 12 R ***2000***

Pour ne pas faillir à sa légende, Kawasaki se devait de commercialiser la plus puissante moto de série de cette fin de siècle. Une spécificité que lui a soufflée Suzuki en 1999 avec sa 1300 Hayabusa de 175 ch. Avant que la ZX-12 R ne soit commercialisée, Kawasaki a laissé entendre qu'elle serait de 10 ch plus puissante que la Suzuki et plus légère de 5 kg. On parlait même de vitesse de 310 km/h réalisée sur les modèles de pré-série.

Des chiffres qui ont agacé les pouvoirs publics, à tel point que Kawasaki a dû revoir à la baisse la puissance de son 1 200 cm^3 4 cylindres à injection qui, avec

179 ch, devance d'une courte tête le 1300 Suzuki dont la vitesse de pointe conserve un petit avantage de 2/3 km/h dans les essais de la presse spécialisée. Cette bataille des chiffres peut paraître puérile, d'autant que sur une moto, le poids du pilote et sa tenue vestimentaire suffisent pour faire perdre une dizaine de km/h mais l'effet médiatique du 300 km/h reste magique. La ZX-12 R a par ailleurs des attraits techniques avec une partie-cycle innovante constituée d'un châssis monocoque en aluminium, qui fait également office de boîte à air, une première sur une moto moderne.

178 ch. 210 kg. 300 km/h.

LES PLUS

- **Très gros caractère moteur en version libre.**
- **Position de conduite et protection pas trop sport.**

LES MOINS

- **Très bonne tenue de route mais manque de maniabilité.**
- **Une moto à ne pas mettre entre toutes les mains.**

750 H2 *1971*

Troisième larron de la famille des 3 cylindres 2-temps, la H2 est aussi celle qui marquera le plus son époque. Avec la 500 H1, Kawasaki n'a pu contrer la CB 750, trop insécurisante.

Avec la 350 S2 et sa coupe de marque, Kawasaki a peaufiné son image sportive. Enfin, avec la H2, les extrémistes de la moto sportive se rallient à Kawasaki, pour ses performances (74 ch, 192 kg) et son refus du compromis.

Il n'y a pas de démarreur électrique sur la H2 et une curieuse boîte de vitesses avec le point mort tout en bas et non entre première et seconde. Un moteur bruyant, vibrant extrêmement gourmand (jusqu'à 15 litres au cent), mais oh combien généreux en sensations.

La H2 est alors la plus puissante des motos de série. Une particularité qui se poursuivra tout au long de l'histoire de cette marque. Lorsque Kawasaki sort un nouveau modèle sportif, il se doit d'être le plus puissant, c'est génétique et culturel.

Alors que la H1 (premier modèle) se révèle désastreuse en tenue de route et freinage, sa grande sœur, dont la partie-cycle s'inspire de la H1 R, donne toute satisfaction et le prouve jusque dans les compétitions nationales réservées aux motos de série.

74 ch. 192kg. 200 km/h.

LES PLUS

- **Moteur explosif, la quintessence d'une sportive.**
- **Tenue de route à la hauteur des performances.**

LES MOINS

- **Consommation astronomique.**
- **Équipement minimaliste.**

900 Z1 *1972*

La petite histoire raconte que Kawasaki s'est fait griller la politesse par Honda sur la sortie du premier 4 cylindres en ligne, de quelques jours. Lorsqu'au salon de Tokyo 1968, Honda a présenté la CB 750, Kawasaki finalisait son prototype.

Plutôt que de passer pour un copieur en sortant juste après, Kawasaki a préféré attendre 3 ans, modifier la cylindrée en 900 cm^3 et commercialiser en 1972 la plus puissante moto du moment. Techniquement, la Z1 est assez différente de la Honda : culasse à double ACT, embiellage démontable avec bielles montées sur aiguilles, lubrification par carter humide et un graisseur automatique de chaîne secondaire pour éviter de la retendre tous les 1 000 km.

Esthétiquement, la Z1 est encore plus belle que la Honda, et en comportement routier, elle fait tout pareil mais en mieux, tenue de route, freinage, maniabilité... La plus grosse différence est au niveau moteur. Le 900 cm^3 double ACT apporte un réel plus en douceur, couple et performances.

Ce premier moteur 4-temps made in Kawasaki est une grande réussite qui aujourd'hui encore pourrait surprendre par son agrément. La Z1 ne sera pas seulement la meilleure routière du moment mais également la moto qui permettra à Kawasaki de s'imposer dans les courses d'endurance. **82 ch. 230 kg. 200 km/h.**

LES PLUS

- **Esthétique : la perfection dans l'ensemble et dans le détail.**
- **Moteur : les performances de la H2 mais en douceur.**

LES MOINS

- **Consommation : plus de 10 litres au cent.**
- **Équipement électrique sujet aux pannes.**

Z 650 *1976*

La Z 650 de 1976, c'est un peu comme la ZR-7 750 aujourd'hui. Une moto simple, passe-partout, dans la norme esthétique du moment, plutôt économique à l'achat et à l'entretien, et qui à l'époque a bousculé la hiérarchie des cylindrées. À savoir qu'une petite 650 cm^3 s'est révélée aussi performante que les 750 voire 1 000 cm^3.

Une recette qui a plu et qui dans la constitution des gammes constructeur deviendra incontournable pour, aujourd'hui, représenter les best-sellers. Le concepteur moteur de la Z 650, M. Inamura, a déjà commis la Z1 900, et sera à l'origine de la plupart des 4 cylindres sportives de la marque, y compris de la dernière ZX-9R. Les constructeurs japonais, à l'inverse des Italiens, ne médiatisent pas leurs ingénieurs.

Inamura est une exception, comme le fut Yokouchi chez Suzuki (concepteur RG 500 et GSX-R), et Irimajiri chez Honda. Le moteur de la Z 650 est d'une toute nouvelle conception technique, avec l'adoption de l'embiellage monobloc et des bielles à chapeau.

Pour le reste, que du classique et une innovation, l'emploi d'une chaîne secondaire autolubrifiée. Un détail qui change la vie des motards. Une durée de vie multipliée par trois (donc économique), et un entretien divisé par autant. Face à ses rivales de plus grosse cylindrée, la Z 650 fait valoir son agilité, son excellente tenue de route, un confort correct et des performances équivalentes. Normal lorsqu'on considère le rapport poids/puissance. **64 ch. 211 kg. 195 km/h.**

LES PLUS

- **Homogénéité et efficacité dans tous les domaines.**
- **Le rapport prix/performances.**

LES MOINS

- **Suspensions arrière trop fermes.**
- **À-coups de transmission.**

Z 1300 *1978*

« Join the force ». C'est avec ce slogan (rejoignez la force) que Kawasaki introduit sa Z 1300 6 cylindres sur le marché. Et la force, c'est la puissance ; 120 ch, 15 de plus que tout ce qui existe sur le marché. Et à nouveau Kawasaki ne faillit pas à sa réputation. Mais encore faudrait-il que cette puissance soit exploitable, et c'est là que le bât blesse.

Cette énorme machine, haute de selle, pèse 300 kg à sec. Ce qui n'est pas léger à balancer, et pire encore avec l'effet gyroscopique du long embiellage. La Z 1300 est plus à l'aise sur autoroute qu'ailleurs, une bonne base pour une GT à l'américaine, et donc moins sportive que sa rivale la Honda CBX. D'autant qu'elle est équipée d'un cardan (une première pour Kawasaki), et d'un refroidissement par eau (autre première pour un 4-temps de grande série) qui favorise la douceur de fonctionnement de ce puissant 6 cylindres.

Un moteur souple, coupleux, alerte dans les montées en régime, mais que l'excédent de poids de la moto castre un tantinet en sensations. Le juge de paix du chrono montre néanmoins que c'est alors la moto qui accélère le plus fort (12 secondes au 400 D.A.) et qui use le plus ses pneus (en moyenne tous les 4 000 km). Six ans plus tard (1984), la dernière évolution de la Z 1300 sera équipée de l'injection et conserve son titre de plus puissante moto de série. Ses qualités routières sont en progrès grâce à une amélioration de la partie-cycle. **120 ch. 300 kg. 215 km/h.**

LES PLUS

- **Les prestations du 6 cylindres.**
- **Les aptitudes GT.**

LES MOINS

- **Lourdeur et maniabilité.**
- **L'absence d'équipement GT.**

750 Turbo *1983*

Honda a défriché le sujet Turbo, Yamaha a suivi dans la précipitation, Suzuki en a fait un au cas où et enfin, Kawasaki crée le turbo sportif avec sa 750 ZT : la moto la plus rapide du moment grâce à ses 5 km/h de plus que la Kawasaki ZX 1100.

Techniquement, la ZT est dérivée de la 750 ZX, mais adopte l'injection de la 1100, qui fut en 1981 la première moto de série à en être équipée. Le moteur turbo s'exprime pleinement au-dessus de 6 000 tr/min, rageusement, ce qui fait dire aux essayeurs de l'époque que Kawasaki a inventé le 2-temps à soupapes.

Une mécanique délicate à exploiter, exigeante pour le pilote (surtout sur le mouillé) et qui s'adresse à une clientèle experte. Heureusement, la tenue de route est tout à fait à la hauteur des performances et, en 1983, la ZT est le summum de la sportive tant en moteur qu'en partie-cycle.

Mais le turbo est une technologie suspecte dans le milieu de la moto, et la ZT ne connaîtra pas le succès commercial qu'elle mérite. D'autant qu'en 1984, Suzuki sort sa GSX-R 750, qui rafle la mise auprès des amateurs de sportives. **112 ch. 233 kg. 236 km/h.**

LES PLUS

- **Les performances et les sensations en accélération.**
- **Le comportement sportif de la partie-cycle.**

LES MOINS

- **L'autonomie en usage sportif (réservoir 18 l).**
- **La mollesse moteur à bas régime.**

Ninja 900 *1984*

En France, la 900 Ninja s'est d'abord appelée GPz 900 R, le terme « Ninja » (du nom d'une élite de guerriers japonais) étant réservé au marché U.S. Cette 900 cm^3, nouvelle à 100 %, préfigure l'actuelle génération des sportives Kawasaki.

Le moteur adopte le refroidissement par eau, la culasse à seize soupapes, la boîte de vitesses à six rapports. Pour minimiser la largeur du moteur (le 900 Ninja est de 12 cm plus étroit que le 900 Z1), l'alternateur est rejeté derrière les cylindres et la chaîne de distribution n'est plus entre les deux paires de cylindres (comme sur les moteurs à air) mais à gauche du bloc cylindres.

Malgré le refroidissement par eau, ce 900 n'est que de 9 kg plus lourd que le 750 à refroidissement par air. Le cadre de type « Diamond » est une solide épine dorsale sous laquelle le moteur monté rigide est suspendu et fait office d'élément rigidificateur.

L'absence de montage souple a nécessité un arbre d'équilibrage pour supprimer les vibrations secondaires. Le choix de la cylindrée de 900 cm^3 n'est pas seulement un rappel de la fameuse Z1, mais offre à la Ninja les performances d'une 1100 avec la maniabilité d'une 750. **115 ch. 228 kg. 235 km/h.**

LES PLUS

- **Tenue de route et maniabilité grâce, entre autres à la roue AV de 16 pouces.**
- **Le bon compromis en cylindrée.**

LES MOINS

- **Confort de suspension perfectible.**
- **Moteur un peu creux dans les bas régimes.**

W 650 *1999*

Depuis la 500 H1 de 1969, Kawasaki n'a cessé d'entretenir une image sportive qui, par ailleurs, a enfermé la marque dans une sorte de ghetto restricteur.

Pour élargir sa gamme, Kawasaki s'est essayé, sans grand succès, aux trails, aux GT, au custom. Puis, en 1990, apparaît la 750 Zephyr, grande sœur de la 400 Zephyr, qui se vend à des dizaines de milliers d'exemplaires au Japon, et sauve la marque de la faillite. Concept esthétique néo-rétro d'inspiration années 70, moto simple et pas chère avec moteur 4 cylindres à refroidissement par air largement amorti en fabrication, et qui préfigure les roadsters modernes. Avec la W 650, Kawasaki est allé bien au-delà de ce retour aux sources en s'inspirant carrément des anglaises des années 60, pour exploiter la nostalgie qui marque cette fin de siècle.

La W 650 est un judicieux mélange esthétique de Triumph, BSA avec même une touche Ducati du côté moteur. Si le look est rétro, la mécanique vertical twin est en revanche moderne, avec simple ACT commandé par arbre à renvoi conique (la touche Ducati) et culasse huit soupapes.

Pour l'esthétique le refroidissement est par air, et pour les sensations moteur, le calage de l'embiellage est à 360° mais sans les vibrations grâce à un arbre d'équilibrage. Côté partie-cycle, le classicisme est de rigueur mais des composants modernes, tel le frein à disque avant, et de qualité.

L'esprit classique pour une efficacité actuelle et un authentique plaisir de conduite à l'ancienne.

50 ch. 194 kg. 174 km/h.

LES PLUS

- **Esthétique et finition.**
- **Moteur souple sans être anémique et belle sonorité d'échappement.**

LES MOINS

- **Confort perfectible ; mériterait des guidons moins grands.**
- **Tenue de route un peu trop louvoyante à haute vitesse.**

BMW

L'immense notoriété de cette marque repose essentiellement sur son image sérieuse, voire austère. La BMW est souvent la dernière moto que s'offre un motard. Elle est chère mais bien finie, a une réputation de fiabilité et garde la cote sur le marché de l'occasion.

Des motos trop sérieuses, les BMW ? Cette vision par trop restrictive est loin de refléter la réalité BMW. Il est vrai que BMW a (trop) longtemps été synonyme de tradition, d'évolution à pas comptés, voire même de stagnation dans les années 60, comme cela fut vrai alors pour toutes les marques européennes.
De plus, BMW, en tant que principal fournisseur des forces de l'ordre, peut générer un phénomène de rejet de la part d'une clientèle jeune qui par ailleurs n'a pas les moyens financiers d'accéder à la marque. Pourtant, depuis 30 ans, BMW est un des constructeurs qui a le plus innové au monde, mais cela ne se sait pas. Historiquement, BMW a toujours cultivé la différence.
Sa première moto, la R 32 de 1923, était déjà particulière. Elle proposait un moteur flat twin de 500 cm³ et 8,5 ch (seule la marque anglaise ABC, elle aussi issue de l'aviation, avait adopté cette configuration moteur), une transmission secondaire par cardan, une fourche à ressort à lames.
Depuis, BMW n'a cessé de se démarquer de la concurrence en adoptant des solutions techniques originales. Mais cette philosophie maison s'est parfois révélée catastrophique financièrement.
Heureusement, le département moto qui est à l'origine de la marque a toujours pu compter sur le support de l'automobile, déjà très rentable dans les années 60. BMW, plus que tout autre constructeur d'autos et de motos, a entretenu et continue d'entretenir la synergie entre ces deux secteurs, développant ainsi le concept de mobilité globale et faisant bénéficier la moto des extraordinaires avancées technologiques de l'auto.
C'est aujourd'hui le seul constructeur à oser vendre dans une même concession des autos et des motos. Le récapitulatif des innovations BMW de ces 30 dernières années révèle une prolifération de nouveaux concepts : sport-GT (R 100 RS), GT (R 100 RT), gros trail (R 80 GS) et le C1, premier scooter à pouvoir être conduit sans casque.
En attendant, probablement, la première moto modulable ébauchée en 1978 avec le prototype K2 « Modulo ». ●

R 75/5 *1969*

La série 5 qui se déclinait en 500 cm³ (R 50/5), 600 cm³ (R 60/5) et 750 cm³ (R 75/5) marque le renouveau de BMW après dix années de stagnation technique. Bien que peu spectaculaire à l'œil et en performances moteur (32 ch pour la 500, 40 pour la 600 et 50 pour la 750), cette gamme innove tant en partie-cycle qu'en moteur.
L'arbre à cames est désormais sous le vilebrequin à palier lisse. Ce nouveau moteur flat twin enfin équipé d'un démarreur électrique évoluera dans le détail jusqu'à l'apparition du Boxer en 1993. La lourde fourche type Earles a disparu au profit d'une télescopique, et le cadre est considérablement allégé par l'emploi de tubes ovales à étirage conique et est relié à une partie arrière boulonnée. Cette technique se retrouvera bien plus tard sur les motos japonaises.
En revanche, la boîte ne renferme que quatre rapports, et le frein avant est encore à tambour. Face aux aguicheuses motos japonaises, la gamme 5 manquera d'atouts et séduira moins le motard que les marchés d'État. **50 ch. 190 kg. 175 km/h.**

LES PLUS

- **Confort : la R 75/5 est la moto la plus confortable de l'époque.**
- **Silence : sonorité d'échappement étouffée et peu de bruit mécanique.**
- **Maniabilité : grâce à son flat twin, la BMW est la plus maniable des grosses cylindrées.**

LES MOINS

- **Boîte : très bruyante et pas très précise.**
- **Freins : le frein avant à tambour n'est pas progressif et est sensible à l'échauffement.**
- **Embrayage : le monodisque à sec est brutal.**

K 1200 LT *1998*

Avec la K 1200 LT, BMW s'attaque directement aux grosses GT américaines que sont les Harley Electra et surtout la Honda Gold Wing.

La K 1200 LT, construite autour du moteur et de la partie-cycle de la K 1200 RS, est le vaisseau amiral de la marque, pour lequel rien n'est trop beau ni trop cher. Comme la Gold Wing, elle est équipée d'une marche arrière, utile étant donné son poids ; d'un cruise control qui permet de régler la vitesse jusqu'à 160 km/h alors que sur la Gold la limite est à 130 km/h ; d'un pare-brise électrique réglable depuis les guidons ; de l'ABS ; du pot catalytique ; d'un ordinateur de bord donnant des informations sur la consommation, la moyenne, la température extérieure... ; d'un système audio d'une qualité inégalée sur une moto ; de poignées chauffantes et, suprême raffinement, d'une selle chauffante (à 2 vitesses) pour le pilote et pour le passager.

En comportement, la K 1200 LT est moins agréable que la Gold Wing en moteur, mais bien plus sécurisante en tenue de route et freinage. Elle remplace la K 1100 LT dans la gamme BMW dans laquelle le rôle de GT à l'européenne est désormais dévolu à la R 1100 RT.

100 ch. 378 kg. 204 km/h.

LES PLUS

- **Équipement : on n'a jamais rien fait de plus complet et de plus rationnel.**
- **Confort : le summum pour le pilote comme pour le passager.**

LES MOINS

- **Garde au sol perfectible.**
- **Moteur moins magique que le 6 cylindres de la Gold Wing.**

R 90 S *1973*

Elle sert la première BMW de l'ère nouvelle à revendiquer une connotation sport, soulignée par un carénage tête de fourche et un dosseret de selle en série. La première japonaise à être ainsi équipée sera la Kawasaki Z1R de 1978.

Le moteur passe à 900 cm^3 et la puissance à 67 ch, ce qui permet à cette moto de 205 kg d'atteindre les 200 km/h chrono. La boîte est enfin à cinq rapports, et la roue avant est équipée d'un double disque percé de nombreux trous ce qui améliore le freinage sous la pluie. En plus des classiques compteur/compte-tours, le tableau de bord intégrait dans le tête de fourche un ampèremètre et une montre. La 90 S sera également la première moto à être équipée d'un phare H4. Cette très belle moto construite, à 17 500 exemplaires, est un must pour les collectionneurs. Ce sera la première BMW à vraiment rivaliser avec les japonaises.

65 ch. 205 kg. 200 km/h

LES PLUS

- **Performances : elle est aussi rapide que les superbike japonaises genre Kawasaki Z1 900.**
- **Finition : sublime peinture, trousse à outils très complète, équipement du tableau de bord, rangement sous la selle...**
- **Freinage : puissance du double disque.**

LES MOINS

- **Poignée de gaz : tirage trop long et insuffisamment doux.**
- **Protection : la tête de fourche n'est guère efficace.**
- **Prix : beaucoup plus chère que ses concurrentes.**

R 100 RS *1976*

Avec cette moto, BMW invente le concept sport-GT. C'est la première machine à être équipée d'origine d'un carénage intégral, qui soit étudié en soufflerie. Une révélation pour les motards de l'époque qui offre une protection réellement efficace, y compris pour les bras grâce à sa partie haute enveloppante et plus large que les guidons bracelets.

Le moteur passe à 980 cm³ et la puissance à 70 ch. Cependant, en vitesse de pointe, la R 100 RS n'est pas plus rapide que la R 90 S. Le frein à disque arrière apparaîtra en 1978.

Des roues en alliage seront proposées en option dès sa sortie. Techniquement tant en moteur qu'en partie-cycle, la R 100 RS est identique à la R 90 S.

70 ch. 210 kg. 200 km/h.

LES PLUS

- **Protection : une des meilleures protections jamais réalisées sur une moto sportive.**
- **Tenue de route : grande stabilité à haute vitesse grâce au carénage.**
- **Poignée de gaz : enfin douce mais tirage encore long.**

LES MOINS

- **Béquille latérale.**
- **Retour automatique : gare aux chutes et aux dégâts des plastiques (une caractéristique BMW qui durera des années).**
- **Clé de contact : différente de celles des autres serrures.**

R 100 RT *1978*

Conçue pour le marché américain, la R 100 RT est la première vraie GT. Son carénage est encore plus protecteur que celui de la R 100 RS. Elle propose un pare-brise réglable manuellement et des ouïes d'aération pour rafraîchir le pilote.

La bagagerie, en option, est spécialement conçue pour cette machine. Le moteur est identique à celui de la RS, mais du fait de la surface frontale du carénage et du supplément de poids (217 kg), elle est nettement moins rapide (185 km/h).

À noter que pour une GT, le poids de 217 kg avec les pleins est plus que raisonnable. Elle était 50 kg plus légère que les actuels flat twins R 1100 RT. Ce modèle sera apprécié jusque dans les années 90 en 1 000 cm³ mais également en 800 cm³. La dernière version en 1987 est livrée avec les sacoches de série.

70 ch. 217 kg. 185 km/h.

LES PLUS

- **Protection : meilleure même que celle des actuelles GT.**
- **Maniabilité : la plus agile des GT.**
- **Confort : une spécificité BMW qui ne durera pas.**

LES MOINS

- **Performances : les accélérations manquent de vigueur.**
- **Mode d'emploi : une BMW ne se conduit pas comme une autre moto, il faut assimiler un mode d'emploi.**

R 80 GS *1980*

BMW participe aux compétitions tout-terrain (ISDT) depuis les années 50. Mais c'est à partir des années 70 que les protos d'usine feront office de laboratoire pour les motos de série.

La R 80 GS, premier gros trail multicylindre commercialisé, est directement issue de ces motos de course qui ne pesaient que 136 kg pour 871 cm³. La suspension arrière monobras à un seul amortisseur très incliné de la GS est directement dérivée de la compétion. Avec la GS 800 cm³ (50 ch pour 186 kg), on découvre que le concept gros trail est encore plus polyvalent que le trail monocylindre grâce à ses aptitudes routières (vitesse de pointe 168 km/h). De plus, elle sera le premier trail à être équipé d'un frein à disque à l'avant.

La GS recevra un moteur 1 000 cm³ en 1987 puis d'un 1 100 cm³ avec suspension Télélever en 1994 pour aujourd'hui culminer à 1 150 cm³. Cette ultime version développe 85 ch, pèse 255 kg et pointe à 195 km/h.

Les GS, qui ont toujours été d'excellentes motos, n'ont pas connu (du moins en France) le succès commercial qu'elles méritaient, à cause de leur prix mais aussi d'une esthétique très discutable.

50 ch. 186 kg. 168 km/h.

LES PLUS

- **Polyvalence : elle est taillée pour le voyage avec à son terme de réelles capacités tout-terrain.**
- **Tenue de route : où l'on découvre qu'un gros trail est aussi efficace voire plus qu'une routière.**
- **Confort : en solo comme en duo, un gros trail est aussi confortable de suspension qu'une GT.**

LES MOINS

- **Esthétique : depuis sa création, la GS a toujours eu une esthétique très discutable.**
- **Prix : surtout par rapport aux autres trails qui sont des monos.**
- **Autonomie : insuffisante en usage routier.**

K100 *1983*

Soixante ans après la R 32, BMW fait sa révolution avec ce 4 cylindres à plat très inspiré de la technologie automobile. Le proto qui servira à valider cette mécanique sera d'ailleurs un moteur de voiture, la mécanique de la 104 Peugeot. La K 100 est la symbolique d'une nouvelle politique maison instituée par des cadres venant de l'automobile et qui vise une clientèle haut de gamme, pour ne pas dire déjà acquise à la marque via l'automobile. Encore une façon de se différencier des autres constructeurs, mais avec pour conséquence un clivage entre les BMWistes et les autres motards.

La K 100, avec son 4 cylindres en ligne à plat, propose une configuration moteur inédite pour une moto. Le vilebrequin forgé repose sur cinq paliers, la distribution est à double arbre à came en tête (une première pour une BMW de série ainsi que l'alimentation à injection électronique). Seuls Kawasaki avec sa Z 1000 H de 1980 et Honda avec sa CX 500 turbo de 1981 devanceront BMW dans la monte de l'injection sur un moteur de moto. Mais ces deux marques ne généraliseront pas ce système, alors que la série K de BMW l'adoptera définitivement.

Cette BMW sera également équipée d'une boîte de vitesses enfin exemplaire et d'une partie-cycle tout à fait originale. Le moteur porteur participe grandement à la rigidité de l'ensemble, et le monobras oscillant est directement fixé sur le carter de la boîte de vitesses.

La série K 100 se déclinera en RS, modèle plus sportif dès 1983, et en RT, modèle GT dès 1987. En 1986, BMW présente la K 75, même base technique que la K 100, mais avec seulement trois cylindres. Avec 75 ch, elle est la première BMW à atteindre les 100 ch/litre.

En 1988, BMW équipe sa K 100 d'un freinage ABS, une première mondiale.

90 ch. 239 kg. 215 km/h.

LES PLUS

- **Moteur : encore plus souple que les 4 cylindres japonais.**
- **Boîte de vitesses : jugée alors meilleure que celles des japonaises.**
- **Transmission : plus facile que les flat-twins au rétrograde.**

LES MOINS

- **Confort : la K 100 est plutôt moins confortable de suspension que certaines japonaises.**
- **Sonorité : le sifflement caractéristique du moteur ne fait pas l'unanimité.**
- **Commodos : pour qui est habitué aux standards japonais, les commodos BMW sont déroutants.**

K1 *1988*

BMW a conçu cette moto comme une vitrine technologique et pour montrer qu'une européenne était tout à fait capable de performances (moteur et partie-cycle) identiques à celles des meilleures japonaises d'alors, les Honda CBR 1000, les Kawasaki Tomcat et autres Yamaha FJ 1200. Le moteur reçoit une culasse à seize soupapes, développe 100 ch et gagne en couple. Désormais, toutes les K seront à seize soupapes. La K1 sera la première BMW (du moins pour la France) à être équipée d'un ABS en série accouplé à un freinage dont la puissance fera référence.

C'est aussi la première BMW à adopter le système Paralever à l'arrière qui supprime les effets de couple à l'accélération. L'habillage, très enveloppant, a fait l'objet de longues études en soufflerie et procure une intéressante vitesse de pointe à la K1 (232 km/h).

Une esthétique et un choix de couleurs pour le moins osés (plus un prix exorbitant) précipiteront son retrait de la production. Elle sera une des rares BMW à ne pas connaître une carrière de longue haleine à une époque où les japonaises commencent à durer dans le temps après avoir été des objets trop rapidement périssables.

100 ch. 236 kg. 232 km/h.

LES PLUS

- **Performances : comparables aux meilleures productions nippones.**
- **Freinage : puissances des 3 disques Brembo plus ABS, l'efficacité et la sécurité.**

LES MOINS

- **Confort : des suspensions qui manquent notoirement de souplesse.**
- **Protection : la bulle trop basse ne protège pas le haut du corps.**
- **Esthétique : discutable dans les formes du carénage et le choix des couleurs.**

K 1100 LT *1992*

La Honda Pan European, apparue en 1989, s'est révélée meilleure GT que la K 100 LT. La réponse de BMW sera la K 1100 LT qui reprend la mécanique de la K1 mais avec 105 cm³ de plus obtenus par augmentation de l'alésage, ce qui en fait la plus grosse cylindrée jamais construite par BMW.

Ce moteur bien coupleux a du caractère, ce qui n'était pas vraiment le cas des précédents 4 cylindres, et permet à la K 1100 LT de reprendre l'avantage sur la Honda.

Avec une bulle réglable électriquement, la K 1100 LT propose une innovation réellement pratique, permettant d'optimiser la protection à haute vitesse (vision au travers de la bulle) alors qu'ailleurs, on règle précisément la hauteur en fonction de la taille du pilote pour permettre une vision juste au-dessus de la bulle.

Bien que classifiée comme GT à l'européenne (à l'opposé de la Honda Gold Wing représentative de la GT « à l'américaine »), la K 1100 LT est suréquipée justement pour séduire la clientèle américaine : sacoches, top case, ABS, catalyseur et, en option, tout un système audio.

100 ch. 268 kg. 210 km/h.

LES PLUS

- **Équipement : la plus complète en la matière avec, en plus, une astucieuse bulle réglable.**
- **Moteur : en passant à 1 100 cm³, le 4 cylindres a enfin gagné en caractère.**
- **Comportement routier : maniabilité étonnante malgré le poids, tenue de route saine.**

LES MOINS

- **Boîte de vitesses : elle fonctionne parfaitement mais on souhaiterait un sixième rapport overdrive.**
- **Vibrations : un peu trop sensibles autour de 5 000 tr/min pour ce type de motos.**

F 650 *1993*

Le dernier monocylindre BMW, un 250 cm^3, a cessé d'être fabriqué en 1966. Depuis, on ne trouvait plus aucune BMW pour débutant qui soit proposée à un prix d'entrée de gamme.

La F 650 Funduro est un sacré coup de canif dans l'éthique BMW. Son moteur est autrichien, avec toutefois une culasse quatre soupapes dessinée chez BMW. La transmission secondaire est à chaîne, du jamais vu chez BMW ; et cette moto sera assemblée en Italie chez Aprilia.

Résultat : un mono trail techniquement sans grande originalité, mais qui remplit parfaitement son office, à savoir proposer une moto siglée BMW à un prix concurrentiel. Cela permet à la marque de pratiquer une politique de conquête qui se révélera efficace (en 7 ans, la F 650 sera vendue à 65 000 exemplaires). La dernière version, la F 650 GS, a plus la « patte » BMW avec son alimentation par injection et son pot catalytique de série. **48 ch. 172 kg. 163 km/h.**

LES PLUS

- **Moteur : le mono le plus performant du moment.**
- **Tenue de route : un trail pensé pour un usage prioritairement routier.**
- **Confort : un moelleux de selle exceptionnel.**

LES MOINS

- **Boîte de vitesses : manque de douceur.**
- **Leviers : trop éloignés des poignées.**

R 1100 RS *1993*

Soixante-dix ans après la R 32, BMW repense totalement sa gamme flat twin que l'on a crue un moment condamnée, faute d'évolution depuis 1969 et à cause du développement des 4 et 3 cylindres.

La réhabilitation du flat twin, moteur emblématique de la marque, souligne une double volonté : d'une part, reconstruire une gamme autour d'une mécanique à fort caractère ; d'autre part, reconquérir une clientèle de motards passionnés plus sensibilisés par les performances que par les aspects pratiques. Voilà pourquoi la première « Boxer » sera une RS (tendance sport) plutôt qu'une GT, la R 1100 RT, qui apparaîtra l'année suivante.

Le nouveau flat twin n'a rien à voir avec l'ancien si ce n'est le refroidissement par air. Et encore, ce nouveau « boxer » combine-t-il le refroidissement par air et huile. Les culasses renferment désormais quatre soupapes avec un système de distribution double ACT particulier destiné à réduire la largeur hors du moteur.

Comme pour la série K, ce moteur fait office de point d'ancrage pour la partie-cycle qui est réduite à son minimum. La R 1100 RS adopte une toute nouvelle suspension avant, le Télélever, synthèse d'une télescopique et d'une suspension à bras oscillant, dont l'avantage est de réduire la plongée au freinage, l'interférence sur l'empattement et le phénomène de relevage à la prise de frein sur l'angle. Autre innovation importante, les possibilités de réglage de la position de conduite au niveau des guidons, des repose-pieds et de la hauteur de selle. De 1993 à 2000, la gamme « boxer » va s'enrichir de 12 nouveaux modèles, soit l'essentiel de la production. Le Boxer permettra à BMW d'explorer de nouveaux concepts dont celui du custom avec le très beau R 1200 C.

90 ch. 216 kg. 215 km/h.

LES PLUS

- **Moteur : un flat twin vitaminé et alerte dans les montées en régime.**
- **Position : la possibilité de réglage permet de trouver la position de conduite idéale.**
- **Suspension AV : le Télélever est au moins aussi efficace qu'une très bonne télescopique.**

LES MOINS

- **Coût : ces innovations technologiques ont un prix.**
- **Boîte de vitesses : moins agréable et plus bruyante que celle de la série K dont elle est pourtant issue.**
- **Protection : la bulle réglable manuellement manque de surface.**

Harley Davidson

Celle qui est l'une des plus anciennes marques au monde (elle fêtera son centenaire en 2003) est aussi l'une des plus traditionalistes. C'est à la fois sa force et sa faiblesse.

Durant ces trente dernières années, HD nous a joué décadence et grandeur. Dans les années 70 et avant, HD était moribond et a bien failli se faire racheter par Honda, pour être ensuite sauvé de justesse par l'État américain, qui a instauré une surtaxe de 50 % pour l'importation de motos supérieures à 700 cm^3. Ceci précipitera la construction de grosses cylindrées japonaises (Kawasaki et Honda) sur le territoire américain.

La longue histoire d'Harley est ainsi jalonnée de hauts et de bas qui correspondent à des conjonctures économiques plus ou moins favorables, avec des bas lorsque l'industrie automobile est en pleine expansion entre les deux guerres, et des hauts lorsque Harley participe à l'effort de guerre. Harley s'effondrera de nouveau après le second conflit mondial, surtout quand seront massivement importées aux USA des motos japonaises moins chères et surtout plus fiables.

Lorsque HD est racheté par AMF en 1969, les critères de rentabilité ont une incidence catastrophique sur la qualité, et le célèbre V twin (le premier fut réalisé en 1909), qui n'était déjà pas très évolué techniquement, y gagnera une réputation de grande fragilité. Au début des années 80, Harley recouvre son indépendance et entame sa reconquête avec le nouveau moteur Evolution, toujours un V twin culbuté et refroidissement par air mais dont la fiabilité a beaucoup progressé.

Pour Harley, pas question de rompre avec la tradition. La clientèle, fidèle à la marque, ne l'accepterait pas, et les projets de moteur à refroidissement par eau et d'un 1 500 cm^3

« Captain America », la Harley du film culte *Easy Rider*.

6 cylindres sont remisés. À cette époque, Harley vend essentiellement aux USA, où ce type de moto correspond à l'usage et au réseau routier. Ailleurs dans le monde, elles n'ont aucune chance face à la production japonaise et européenne, et il faudra attendre un extraordinaire phénomène de mode pour que Harley soit à nouveau une marque de premier plan.

Ce phénomène prend sa source en 1969 dans un film à succès, devenu aujourd'hui légendaire : *Easy Rider,* dans lequel les héros roulent sur des Harley, ne sont pas des voyous, symbolisent la liberté et dénoncent l'intolérance de l'Amérique profonde. Une image sympathique qui profitera à la moto et à Harley en particulier, un symbole qui sensibilisera les Américains et auquel ils adhéreront en roulant Harley. Par ailleurs, Harley Davidson a été précurseur dans le domaine de la customisation, proposant dès les années 80 une gamme pléthorique d'accessoires et de tenues vestimentaires labélisées, qui aujourd'hui représentent un bon tiers du chiffre d'affaires.

C'est également en 1983 que Harley crée le HOG (Harley Owner Group), le club des propriétaires de Harley, qui prendra une dimension internationale et qui aujourd'hui est le plus important club de moto du monde avec 500 000 adhérents.

Ce club qui a favorisé le sentiment d'appartenance à la légende Harley, propose des activités liées au voyage à moto, ce qui est essentiel pour entretenir la passion, et les gros concessionnaires de la marque font office de relais en organisant des sorties pour leur clientèle.

Cette politique fédératrice se révélera extrêmement payante. De plus, Harley bénéficie depuis toujours d'un support inconditionnel du show-biz et des magazines de mode, qui assurent une promotion gratuite et mondiale à la marque.

Dans les années 90, Harley détrône les Japonais sur le marché des grosses cylindrées aux USA, réussit une fulgurante percée à l'export, et aujourd'hui produit 170 000 motos par an, dix fois plus que dans les années 80 et toujours avec la même gamme. En France, il s'est vendu 120 Harley en 1985 et 2 300 en 1990.

Cette spectaculaire réussite fait que le constructeur américain est le plus rentable de la profession.

Il entame une diversification avec le rachat de Buell (qui produit des sportives motorisées par Harley) et commercialise une 500 monocylindre, ce qui ne s'était pas vu depuis 1934. ●

Dyna Super Glide Sport *1998*

Comme pour la 883, l'appellation sport est un peu exagérée. Toutefois, la Dyna est un cas à part dans la gamme Harley, qui s'articule autour de quatre parties-cycle différentes : celle des Softail avec suspension arrière cantilever, celle des Electra, celle des Sporster et celle des Dyna, la plus récente (fin des années 80). C'est, de loin, la meilleure partie-cycle Harley et la Dyna Super Glide Sport est la meilleure moto de la gamme. Surtout depuis qu'elle est équipée (1998) du moteur 1450 twin cam qui est une grande réussite. Comme quoi un moteur culbuté, donc techniquement dépassé, peut encore être une grande source de plaisir (idem pour la mécanique Guzzi et le nouveau V twin 1 600 cm^3 de la Yamaha Wild Star).

La Dyna est confortable de suspension, freine correctement (double disque avant), tient très bien la route et possède une honorable garde au sol. Autant de qualités séduisantes pour le motard européen.

En revanche pour qu'il soit totalement satisfait il faudrait qu'Harley modifie la position de conduite de sa Dyna qui, par ailleurs et ce qui ne gâche rien, est une très belle moto. **68 ch. 279 kg. 176 km/h.**

LES PLUS

- **Une Harley qui a un comportement routier de japonaise ou d'européenne.**
- **Moteur : très bon couple et peu de vibrations grâce au montage souple.**
- **Esthétique : un sans-faute.**

LES MOINS

- **Position de conduite, pieds et guidons trop en avant.**
- **Boîte de vitesses : moins agréable que celle des Softail.**

Softail Fat Boy *1999*

Apparu en 1990, le Fat Boy, troisième moto de la lignée Softail, est une des Harley les plus vendues dans le monde, mais aussi une des plus belles. De fait, elle a inspiré esthétiquement toute la nouvelle génération de gros customs japonais. Ces clones n'auront jamais l'aura du modèle original, mais leur comportement routier, leur facilité d'utilisation et leur prix ont de quoi séduire les amateurs du genre. D'autant plus que les anciens Softail sont réputés pour leur freinage médiocre, leur tenue de route aléatoire et leur moteur vibromasseur.

Le nouveau Softail apparu en 1999 hérite enfin du moteur 1 450 cm³ twin cam, plus performant que l'ancien 1340 Evolution et, spécialement pour la gamme Softail, doté d'un arbre d'équilibrage qui réduit les vibrations. Autres progrès : la tenue de route, le freinage et le fonctionnement de la boîte de vitesses.

Les inconditionnels, qui ont érigé les anciens défauts du Softail en qualités, seront probablement déçus par les nouveaux Softail, trop policés à leur goût. Mais Harley ne cache pas ses ambitions : 200 000 motos en 2003, l'année du centenaire de la marque.

62 ch. 320 kg.165 km/h.

LES PLUS

- **Esthétique : la Fat Boy, c'est la Joconde des customs.**
- **Moteur : avec son arbre d'équilibrage et sa nouvelle boîte, c'est le meilleur moteur Harley.**
- **Comportement routier : en progrès pour la tenue de route et le freinage.**

LES MOINS

- **Garde au sol toujours insuffisante.**
- **Sélecteur double branche mal dessiné.**
- **Position de conduite à cause des guidons trop en avant.**

Sportster 883 *1999*

La plus petite des Harley est aussi la moins chère, moitié moins chère que les 1 450 cm³. Une façon d'accéder au monde Harley sans se ruiner. L'origine du Sportster remonte à 1957, et si la technique a évolué, le look, lui, n'a guère changé.

Son appellation, Sportster, est trompeuse : cette moto n'a rien d'une sportive, comme aucune Harley d'ailleurs, mais dans la gamme, elle est celle qui s'en approche le plus (de même que sa grande sœur 1 200 cm³).

Le V twin de 883 cm³ ne peut renier son origine, par sa sonorité caractéristique, ses vibrations, son vigoureux couple dans les bas régimes et sa petite allonge qui le fait s'essouffler passé 5 000 tr/min.

Un moteur en symbiose avec une moto faite pour musarder et dont la vitesse de croisière recommandée est de 130 km/h. La 883 se comporte en moteur mais également en partie-cycle comme une moto à l'ancienne : bonne tenue de route tant que le revêtement est lisse, puis embardée des suspensions lorsque ça se dégrade.

Côté freinage, même registre avec un résultat moyen si on n'y met pas la poigne. Mais tout cela fait partie du charme Harley pour ceux qui y sont sensibles.

50 ch. 220 kg. 165 km/h.

LES PLUS

- **La légende : c'est une Harley et pas une Harley au rabais.**
- **Couple moteur, le meilleur de cette mécanique d'un autre âge.**
- **Prix à l'achat en neuf et de plus elle garde la cote.**

LES MOINS

- **Confort : les suspensions redoutent les mauvaises routes.**
- **Poids : fine et petite mais 220 kg tout de même.**
- **Performances : 165 km/h pour une 900 cm³ et bien moins en croisière à cause des vibrations.**

Electra Glide *1999*

Dans les années 70, lorsqu'on parlait Harley, on pensait Electra Glide, la plus grosse, la plus chère, celle qui a initié le concept GT à l'américaine dont les spécificités seront reprises plus tard par la Gold Wing et la K 1200 LT. Ces spécificités donnent la priorité au confort, à la protection, à l'équipement surtout. Des motos pachydermiques dont le terrain de jeu est essentiellement constitué d'autoroutes parcourues à vitesse limitée, et qui en Europe sont un peu déplacées.
L'Electra Glide créée en 1965 a certes évolué mais, comme la Guzzi California, pas fondamentalement.

L'équipement s'est enrichi (système audio, cruise control, allume cigare...) de tout ce que l'on trouve dans les voitures américaines, à l'exception de la boîte automatique, qui ne sera jamais réclamée par le motard américain.
En France, l'Electra connaîtra des ventes anecdotiques comme les Harley jusqu'à la fin des années 80, puis ensuite l'amateur du genre lui préférera la Honda Gold Wing. En évoluant, le gros custom japonais s'équipe de sacoches, de pare-brise et prend l'appellation « cruiser » : ces motos ne sont plus très loin de l'Electra.

62 ch. 324 kg. 165 km/h.

LES PLUS

- **Valorisante par son volume, son look et parce que c'est une Harley.**
- **Confort : un pullman pour le pilote comme pour le passager.**
- **Équipement digne d'une voiture à deux roues.**
- **Moteur depuis la monte du nouveau twin cam.**

LES MOINS

- **Tenue de route aléatoire à grande vitesse.**
- **Garde au sol sur route sinueuse.**
- **Freinage insuffisamment puissant et sans assistance.**

Buell X1 *1999*

Imaginez un préparateur, Eric Buell, qui dans son coin bidouille une moto bien sûr artisanale : une sportive avec un moteur d'Harley 1200 Sporster.
Nous sommes en 1993, et les premières Buell à moteur Harley défraient la chronique. 40 % de puissance en plus pour le V twin, une partie-cycle inédite avec amortisseur arrière à l'horizontal sous le moteur monté souple dans un cadre treillis et un habillage au look Art Déco. Nous sommes loin de l'esprit Harley et pourtant, cette année-là, Harley rachète Buell. La marque change de politique, veut rajeunir son image et prouver qu'un moteur Harley peut aussi être performant.

En 1999, la Buell X1 développe 100 ch et possède toujours une transmission secondaire par courroie. C'est un roadster méchant, pas très confortable, assez chahuteur sur mauvaise route, mais vif comme une moto de course dans le sinueux. Ce n'est pas la moto de n'importe qui ; d'autant qu'esthétiquement, c'est une provocatrice. Pour Harley, une autre façon de se faire remarquer, et surtout de s'accorder quelques fantaisies dans la réalisation de nouvelles machines.
C'est ainsi que naîtra la 500 Blast monocylindre (34 ch, 163 kg), une machine destinée aux débutants qui n'ont pas encore les moyens de s'acheter une grosse Harley. **100 ch. 200 kg. 217 km/h.**

LES PLUS

- **Originalité de la partie-cycle et de l'habillage.**
- **Moteur : souple, puissant et qui prend des tours (un miracle).**
- **Vivacité à la conduite dans le sinueux.**

LES MOINS

- **Fiabilité : si on roule longtemps à fond sur autoroute.**
- **Confort : spartiate.**
- **Freinage : perfectible par rapport à la concurrence.**

Ducati

Le fondateur de la marque, Adriano Cavaleri Ducati, était un ingénieur en radiotélégraphie qui, avec l'aide de ses frères, fonda en 1926 une société pour produire des radios, des condensateurs et des machines à calculer…

Lors de la Seconde Guerre mondiale, la production sera entièrement dévolue à l'armée et l'usine rasée par les bombardements alliés. Après la guerre, Ducati reprend ses activités en y ajoutant la construction d'un cyclomoteur, le Cucciolo, qui sera en Italie ce que fut notre Mobylette.
C'est à partir de 1954 que Ducati sépare ses activités en Ducati Meccanica, voué à la moto, et Ducati Electronica. C'est également cette année que le destin de Ducati bascule avec l'arrivée d'un jeune ingénieur, Fabio Taglioni, qui sera à l'origine de toutes les avancées technologiques de la marque, dont le monocylindre 4-temps (de 100 à 450 cm³) avec distribution par arbre conique.
La distribution desmodromique, d'abord sur des motos de course en 1957, puis sur la série à partir de 1968, c'est encore lui. Le V twin à 90° 750 cm³ de 1971 c'est toujours lui, de même que sa version sport, la fameuse 750 SS desmodromique puis le 500 V twin Pantah à commande de distribution par courroie crantée sans oublier quelques protos comme le 1300 V4 Apollo de 1963 destiné au marché US, une 125 4 cylindres de GP (1958), un parallèle twin 500 en 1965…
Taglioni, figure emblématique de la marque bolognaise, passe la main en 1983 à Massimo Bordi à qui nous devons le V twin 4 soupapes refroidi par eau qui, depuis 1990 (premier titre Superbike avec Raymond Roche), truste les victoires dans cette catégorie.
L'image de Ducati, le « Ferrari de la moto », est intimement liée à la compétition. Mais Ducati ne dispose pas du groupe Fiat pour le soutenir. En 1983, c'est la faillite et le rachat en 1986 par le groupe Cagiva des frères Castiglioni à qui Ducati vendait déjà des moteurs. Les Castiglioni, fous de compétition, ont perpétué la tradition et perdu des fortunes mais on leur doit des modèles exceptionnels, tel que la 916 et la Monster, qui à la fin des années 90, assurent l'essentiel de la production.
Lorsque les Castiglioni jettent l'éponge, Ducati est racheté (en 1996) par un groupe financier américain, TPG, qui, probablement influencé par le succès de Harley Davidson, développe une politique basée sur la customisation et le merchandising tout en perfectionnant et en élargissant la gamme existante. ●

916 *1994*

Lorsqu'elle est apparue, ce fut un vrai choc émotionnel pour les amateurs de sportives mais aussi pour les autres. La beauté de l'engin lui vaut le titre de chef-d'œuvre.
Son concepteur, Massimo Tamburini, a rejoint Ducati après avoir créé la plupart des modèles de la gamme Bimota. La 916, qui succède à la 851, hérite de la même motorisation, le bicylindre en V à 90° double ACT (entraînés par courroie) et culasse quatre soupapes à rappel desmodromique et alimentation par injection. Ce moteur champion dans les courses de Superbike est l'œuvre de Massimo Bordi.
La 916, extraordinairement fine, possède un cadre treillis, une spécificité Ducati, et un monobras arrière. Une sportive sans concession, taillée pour la piste (elle sera 5 fois championne du monde) et qui en usage routier s'avère exigeante et peu confortable pour le pilote ainsi que coûteuse en entretien. Elle a grandement contribué au renouveau de la marque.
100 ch. 198 kg. 232 km/h.

LES PLUS
- **Esthétique : indémodable parce que superbe dans le moindre détail.**
- **Moteur : le V twin est généreux en sensations.**
- **Comportement : sur piste, elle a toutes les qualités d'une moto de course.**

LES MOINS
- **Prix : à l'achat et à l'entretien.**
- **Confort : suspensions inadaptées pour la route.**
- **Exclusivité : moto d'égoïste et que l'on apprécie sur bon revêtement.**

750 SS *1973*

C'est par une victoire aux 200 Miles d'Imola, en 1972, que la carrière de la 750 SS a débuté. Une victoire surprise face aux puissantes japonaises et qui fera pour longtemps la gloire de cette nouvelle bicylindre en V à 90° (jusqu'alors Ducati produit que des monocylindres). La 750 SS est une sportive d'abord conçue pour la piste et dont la version routière ne s'embarrasse pas de compromis.

Elle est très inconfortable de selle comme de suspension, déteste les mauvaises routes, est peu maniable dans les petits coins, inutilisable en ville, d'une finition médiocre mais si joliment dessinée. Le vrai « Café Racer », une moto passionnante pour ceux qui savent l'apprivoiser, et ils sont rares, et restent de bonne composition face à ses caprices de diva. La 750 SS symbolise l'anti-japonaise. Elle est le contraire de la moto facile mais récompense son acquéreur par une tenue de route exemplaire (sur bonne route) et un freinage puissant. **72 ch. 180 kg. Plus de 220 km/h.**

LES PLUS

- **Moteur : peu de vibrations, bonne boîte de vitesses et bon couple.**
- **Freinage : digne de celui d'une moto de course.**
- **Tenue de route : en grande courbe et sur du billard.**

LES MOINS

- **Confort : pas de suspensions ni de confort de selle (monoplace).**
- **Position : inadaptée aux parcours routiers.**
- **Fiabilité : une source permanente de problèmes techniques.**

900 Monster *1992*

Avec la Monster, Ducati a inventé le roadster moderne : sa selle et son réservoir, superbement dessinés, personnalisent à eux seuls cette intéressante moto, de ce fait indémodable. La Monster, d'abord apparue en 900 cm³, s'est ensuite déclinée en 600 (la meilleure vente Ducati) et en 750 cm³. Une famille esthétiquement et techniquement identique, avec comme partie-cycle, un cadre treillis cher à la marque.

La Monster, petite moto plutôt légère est amusante à conduire, vive, parfois trop sur mauvais revêtement et dotée d'un moteur alerte qui correspond bien à l'idée du concept roadster.

Avec la Monster, Ducati est sorti du ghetto de la sportive et s'est découvert une nouvelle clientèle. La Monster est une moto coup de cœur que l'on s'offre d'abord pour son esthétique, et à qui on pardonne quelques imperfections de finition et de comportement. **75 ch. 184 kg. 202 km/h.**

LES PLUS

- **Esthétique : une réussite incontestable et qui fait l'unanimité.**
- **Moteur : la dernière version à injection allie douceur et vivacité.**
- **Freinage : très puissant surtout à l'avant.**

LES MOINS

- **Position de conduite : le pied est trop écarté en raison de la largeur du moteur.**
- **Embrayage : à la commande, trop ferme.**
- **Confort : sur les premiers modèles les suspensions sont sèches.**

ST2 *1997*

Pour s'affirmer comme une marque généraliste à part entière, Ducati se devait d'étoffer sa gamme par des concepts nouveaux pour un constructeur longtemps cantonné dans les sportives pures et dures.

Il y eut la Monster, puis la ST2, première routière sportive Ducati. Cette moto a reçu un accueil mitigé. Les fans de la marque ne reconnaissent pas une Ducati en ce modèle et les amateurs de routières sportives, très soucieux de fiabilité, mettent en doute cette qualité sur la ST2. Il faudra donc qu'elle fasse ses preuves.

Conscient de l'impact de sa forte image sportive, Ducati a très vite proposé la ST4, identique esthétiquement à la ST2 (et c'est là une erreur), mais animée par le moteur de la 916.

Elle sera la plus sportive des routières sportives mais aussi la plus chère, ce qui limitera sa diffusion. La plupart des routières sportives ont des moteurs 4 cylindres et, avec son V twin, Ducati tente d'imposer une motorisation qui privilégie grandement les sensations. **83 ch. 212 kg. 228 km/h.**

LES PLUS

- **Moteur : bien vivant, bien coupleux et plus souple sur la ST2 que sur la ST4.**
- **Tenue de route : digne d'une sportive et plus facile.**
- **Confort : excellente qualité des suspensions.**

LES MOINS

- **Protection : le carénage ne couvre pas assez.**
- **Position de conduite : trop sportive.**
- **Duo : limité à de petits parcours.**

Aprilia

En 1969, lorsque la CB 750 est apparue, la marque italienne Aprilia venait tout juste de naître. C'est en 1969 qu'Ivano Beggio, le fondateur, fait adapter un moteur Franco Morini sur des bicyclettes vendues par son père.

Jusque dans les années 85, la production Aprilia se cantonnera aux petites cylindrées 50 et 125 cm³ avec une forte prédominance des modèles tout-terrain. L'originalité de cette marque est que, depuis ses débuts, rien n'est fabriqué chez Aprilia où on procède seulement à l'assemblage.
Pour commencer, Ivano Beggio se contentait d'acheter des éléments existants et de faire fabriquer par des sous-traitants, nombreux en Italie, le cadre et l'habillage. Puis les techniciens de l'usine dicteront aux sous-traitants leurs propres créations. Aprilia se transforme ainsi en usine virtuelle, en fournisseur de matière grise. Par exemple, Aprilia, qui travaille depuis 1983 avec le motoriste autrichien Rotax, est de plus en plus intervenu sur la conception des nouveaux moteurs, définissant le cahier des charges, faisant mettre en application des solutions techniques élaborées par les ingénieurs maison, ce qui au bout du compte revient à une création inédite très personnalisée, mais qui ne sera pas réalisée dans l'usine de Noale, près de Venise. Il en est de même pour tous les autres éléments de la moto. Ce processus industriel novateur, apparemment moins coûteux que le traditionnel (celui où tout est intégré dans l'usine), sera adopté par d'autres constructeurs, dont Voxan.
De 1969 à 1985, afin de promouvoir les ventes de ses motos tout-terrain, Aprilia s'est investi dans les compétitions de cross, d'enduro et de trial sur le plan national et international. Puis, à partir de 1985, changement de cap avec une production plus axée sur la route (mais toujours avec des 125 cm³) et un engagement dans les compétitions de vitesse en 125 et 250 cm³ avec des moteurs Rotax.
À partir de 1990, Aprilia se dote d'un vrai département compétition, dirigé par Jan Witteveen pour conquérir dès 1992 le titre mondial 125 puis, deux ans plus tard, celui des 250 cm³ qui était dominé depuis 16 ans par les constructeurs japonais. Un titre qui sera reconduit 5 fois jusqu'en 1999, ridiculisant le n° 1 mondial Honda.
La belle histoire de David contre Goliath offrira en un temps record une notoriété mondiale à Aprilia qui vend essentiellement des scooters, une 650 trail à partir de 1994, et une 250 sportive (à moteur Suzuki) en 1995. La première grosse cylindrée Aprilia, un 1 000 cm³ V twin (sportif bien sûr) n'apparaîtra qu'en 1998. Son moteur fabriqué chez Rotax est le parfait exemple de la collaboration technique instituée par Aprilia avec ses fournisseurs. En 30 ans, la production Aprilia est passée de quelques machines à 350 000 unités dont 95 % de scooters. Une réussite grandement due à la compétition. ●

Aprilia SL 1000 *1999*

La deuxième « grosse » Aprilia n'est somme toute guère différente de la première. C'est une douce sportive qui reprend la motorisation de la RSV logée dans une partie-cycle différente, moins onéreuse à construire et mieux adaptée à un usage routier.
La philosophie de la SL 1000 est celle d'une routière sportive mais il faut bien reconnaître que c'est le côté sport qui l'emporte, comme si Aprilia était quelque peu prisonnier de son image de compétiteur.
En France, où la loi limite la puissance des moteurs à 100 ch, les performances de la SL sont très proches de celles de la RSV. Ailleurs, la RSV offre 128 ch et la SL, 10 de moins. Le bridage à 100 ch n'est pas bien réussi et l'agrément de conduite en pâtit. Comparée à ses concurrentes directes, les japonaises VTR Honda et Suzuki TL 1000, l'italienne s'impose grâce à l'excellence de sa partie-cycle. **100 ch. 190 kg. 244 km/h.**

LES PLUS

- **Tenue de route : agréable et sécurisante en toutes circonstances.**
- **Esthétique : plaisante, quel que soit l'angle sous lequel on la regarde.**

LES MOINS

- **Moteur : manque de souplesse à cause du bridage.**
- **Confort : suspensions perfectibles.**

650 Pegaso *1991*

Elle succède à la 600, déjà animée par un moteur Rotax mais à refroidissement par air, et qui n'a guère connu de succès commercial. Avec la 650, pour la première fois, Aprilia est maître d'œuvre du moteur qui sera néanmoins fabriqué en Autriche chez Rotax.

Ce monocylindre très moderne (double ACT, cinq soupapes, double carburateur, refroidissement par eau) est une réussite et BMW l'achètera pour sa F 650 en transformant la culasse en quatre soupapes (jusqu'en l'an 2000, cette BMW sera d'ailleurs fabriquée dans l'usine Aprilia).

La 650 Pegaso, à l'esthétique élégante et à la finition soignée, dévoile des qualités routières (confort, tenue de route et performance) qui n'ont rien à envier aux meilleures japonaises du genre. C'est la première Aprilia à concrétiser les ambitions de la marque, qui sont d'accéder au statut de constructeur de motos.

49 ch. 161 kg. 160 km/h.

LES PLUS

- **Esthétique : le design italien dans toute son efficacité.**
- **Comportement routier : de nombreuses qualités de voyageuse.**
- **Fiabilité : le moteur n'est pas seulement performant, mais aussi solide.**

LES MOINS

- **Hauteur de selle : comme sur la plupart des trails, la selle est trop haute.**
- **Freinage : manque de mordant, pénalisé par la souplesse de la fourche.**

Moto 6.5 *1995*

Ivano Beggio est un amateur d'art et, à ce titre, s'intéresse au design. De la rencontre avec Philippe Starck naîtra la 6.5. Une moto qui ne ressemble à aucune autre, très dessinée jusque dans le moindre détail et qui dégage une émotion réelle même si elle n'est pas partagée par tous.

Philippe Strack qui est un motard de longue date a souhaité créer une moto bien sûr originale, en dehors des courants marketing et dont l'apparence dégage un pouvoir plus affectif qu'agressif. Une moto conviviale mais qui s'adresse à une clientèle esthète qui sera peu nombreuse.

Par ailleurs la 6.5 présente des défauts de tenue de route qui lui seront défavorables, alors que la motorisation dérivée, de la 650 Pegaso, est plutôt enjouée. La 6.5, du fait de la renommée de son créateur, sera abondamment médiatisée mais cela ne suffira pas à lui assurer un succès commercial.

42 ch. 150 kg. 150 km/h.

LES PLUS

- **Esthétique : on aime ou on n'aime pas, mais dans 30 ans elle sera toujours belle.**
- **Facilité d'usage : petite, légère, bonne souplesse moteur.**

LES MOINS

- **Tenue de route : aléatoire au-dessus de 130 km/h.**
- **Rayon de braquage : trop important, un comble pour une citadine.**
- **Finition : perfectible.**

RSV 1000 *1998*

Avec cette moto, Aprilia entre dans la cour des grandes et démontre son savoir-faire en matière de grosses cylindrées. Comme pour la Pegaso, le moteur, un 1 000 cm^3 V twin à 60°, est issu d'une étroite collaboration technique entre Aprilia et Rotax.

Cette mécanique performante sera utilisée pour les courses de superbike et des versions plus apaisées animeront toute une gamme. Mais la première est une vraie sportive, concurrente de la Ducati 916 mais moins extrême pour offrir un peu plus de polyvalence d'usage.

La RSV 1000 est enfin la moto qui justifie tout l'investissement d'Aprilia en compétition. Jusqu'alors la seule sportive était une 250 à moteur V twin Suzuki. La RSV se veut vitrine technologique de la marque et innove par son système d'équilibrage à double balancier, son alimentation par injection, un astucieux système pneumatique lié à l'embrayage et qui évite le blocage de roues au rétrogradage et enfin une partie-cycle tout aluminium très inspirée des motos de course. **100 ch. 189 kg. 243 km/h.**

LES PLUS

- **Moteur : souple, grande plage d'utilisation, performant.**
- **Protection : pour une sportive, elle offre un bon confort de carénage.**
- **Polyvalence : elle est moins extrême et exigeante qu'une Ducati.**

LES MOINS

- **Freinage : manque de mordant en utilisation piste.**
- **Suspensions : un peu trop sèche, pour la route.**

Moto Guzzi

À l'origine de cette prestigieuse marque, trois copains engagés dans l'armée de l'air italienne ; Giorgio Parodi, riche fils de famille, Giovanni Ravelli, pilote moto dans le civil et Carlo Guzzi, ingénieur autodidacte qui dès 1914 avance un projet de moto techniquement révolutionnaire.

L'emblème de la marque, un aigle aux ailes déployées, est un hommage à Ravelli, décédé dans un accident d'avion. Le projet sera néanmoins poursuivi et en 1921 la première Moto Guzzi est commercialisée : un 500 cm^3 4-temps dont le monocylindre est placé en position horizontale. Son imposant volant moteur extérieur lui vaut le surnom de « coupe-jambon ». Cette architecture moteur perdure jusqu'en 1971, déclinée en 250, 350 et 500 cm^3. Les versions compétition de ce mono 250 et 350 remporteront huit titres de champion du monde entre 1949 et 1957.

Durant l'entre-deux-guerres, Carlo Guzzi avait réalisé pour la compétition d'incroyables 500 cm^3 : un 4 cylindres horizontal face à la route (1930) ; un bicylindre à 120° en V dans le sens du cadre (1933) ; un 3 cylindres face à la route (1939) ; un 4 cylindres en ligne dans le sens du cadre et à injection, que l'on doit à l'ingénieur Gianini (1952) ; et en 1955 le 500 cm^3 V8 dessiné par le génial Giulio Carcano.

Toutes ces motos extraordinaires seront cependant moins performantes (par manque de mise au point) que les monos de la marque et n'auront aucune descendance en série. Moto Guzzi, tout comme Gilera et MV, construira les plus fabuleuses motos de course des années 50 pour ne commercialiser que des machines somme toute banales et essentiellement destinées au marché intérieur.

Moto Guzzi bénéficie par ailleurs de la bienveillance des marchés d'État italiens dont celui de l'armée pour lequel Carcano conçoit un moteur V twin à 90° destiné à un engin à trois roues motrices. Ce moteur équipera en 1967 la première V7 et que l'on retrouve aujourd'hui sur toute la gamme Guzzi.

Comme pour toutes les marques européennes, la fin des années 60 sera périlleuse pour Guzzi, mis en faillite puis racheté par De Tomaso, qui fond Guzzi et Benelli, et commercialise sous la marque Guzzi des 4 cylindres 250, 350, 400 cm^3 et une gamme 2-temps créée chez Benelli. Ce sera un fiasco. Puis Guzzi, lâché par De Tomaso, se recentre sur ses gros V twin, son image de marque, pour créer en 1971 la 850 California destinée au marché américain et en 1972 la superbe 750 V7 Sport.

Ces motos sont toujours d'actualité : elles perpétuent, aujourd'hui en version 1 100 cm^3, la tradition Guzzi. Ultime rebondissement de la vieille marque lors de son rachat par Aprilia en 2000. ●

V11S *1999*

Elle est née par hasard, de l'envie de quelques nostalgiques travaillant chez Guzzi qui ont eu l'idée de rééditer la V7S. Le résultat est tout simplement sublime. La V11S est la parfaite illustration de la beauté de la moto par la simplicité du design. Un clin d'œil pas trop appuyé vers le passé pour une machine au goût du jour.

Ce qui était une sportive il y a 30 ans doit aujourd'hui être considérée comme un roadster qui séduit davantage par ses qualités esthétiques que dynamiques. Le moteur, dérivé de celui de la 1100 Sport, reçoit une nouvelle boîte de vitesses à six rapports qui fait oublier tous les désagréments de la boîte cinq vitesses.

La partie-cycle, également empruntée à la Sport, est modifiée pour favoriser l'agilité hélas au détriment de la tenue de route à haute vitesse. Mais la V11S s'apprécie ailleurs, par ses sensations moteur autour de 5 000 t/mn et sur des routes tortueuses.

Comme toutes les Guzzi, c'est une moto épicurienne qui se déguste du regard et parle aux sens avec un plus rare et précieux : la force de la tradition.

91 ch. 219 kg. 213 km/h.

LES PLUS

- **Esthétique : encore plus belle que le modèle original.**
- **Boîte de vitesses : enfin douce et silencieuse.**

LES MOINS

- **Tenue de route : à haute vitesse, elle se désunit.**
- **Position : perfectible au niveau de l'assise et des genoux.**

V7S *1972*

Concurrente, dans l'esprit, de la Ducati 750 SS, la Guzzi 750 V7S appartient toutefois à un tout autre monde. Alors que la Ducati est une sportive sans compromis, la Guzzi, elle, fait preuve de bienséance, malgré son esthétique et sa position de conduite résolument sportives. Son moteur V twin issu de la paisible 700 GT affiche une bonne souplesse, mais peu de chevaux sous 5 000 tr/min.

La transmission par cardan est un souci en moins pour l'entretien, le passager est plutôt confortablement installé et la V7S dispose de nombreux détails pratiques (guidons réglables, garde-boue arrière articulé pour sortir la roue, deux coffres à outils, inversion des commandes au pied...). Une moto pensée pour un usage au quotidien et qui plus est confortable de suspensions.

Avec la V7S, Guzzi aborde le sport d'une nouvelle manière et poursuivra en ce sens avec les Le Mans. Plus « civilisée » que la Ducati, la V7S et sa descendance seront des motos marginales connues de tous mais seulement achetées par des originaux inconditionnels de la marque. **72 ch. 206 kg. 190 km/h.**

LES PLUS

- **Esthétique : belle depuis 30 ans.**
- **Confort : exceptionnel pour une sportive de l'époque.**
- **Tenue de route : adore les grandes courbes.**

LES MOINS

- **Freinage : le tambour avant est un ralentisseur.**
- **Boîte de vitesses : indigne d'une sportive.**
- **Fiabilité : inexistante en dehors du bloc moteur.**

California 1100 EV *1997*

C'est la moto emblématique de la marque, qui fut créée en 1970 pour le marché américain et qui, depuis, s'est construite à plus de 40 000 exemplaires. Au début, la California était une 850 cm³. Elle cube aujourd'hui à 1 100 cm³ mais toujours avec la même architecture moteur, d'ailleurs la seule qui existe actuellement chez Guzzi.

Ce moteur est vraiment à sa place sur une moto telle que la California (bien plus que sur une sportive). Généreux en couple, ce moteur est également très agréable dans les mi-régimes et est doté d'une transmission secondaire par cardan.

La California s'est toujours singularisée par une position de conduite très relax, adaptée au style de conduite des Américains. Dans son évolution, elle s'est enrichie de chromes et d'accessoires pour séduire la clientèle américaine, mais jamais la California n'a versé dans le style custom à la Harley. De ce fait, elle offre un comportement routier digne d'une GT tant en tenue de route qu'en garde au sol et freinage. En résumé, une moto réellement plaisante à piloter sur tous les types de routes.

En 1975, Guzzi commercialise la Convert, un modèle dérivé de la California doté du premier freinage intégral et d'une transmission automatique par convertisseur de couple. Seul le freinage intégral subsistera dans le temps, participant à l'agrément de conduite de la California. **75 ch. 251 kg. 185 km/h.**

LES PLUS

- **Esthétique rétro moderne indémodable.**
- **Moteur : tout le charme du gros V twin.**
- **Freinage : efficacité du système intégral.**

LES MOINS

- **Finition : en progrès mais pas encore au niveau des japonaises.**
- **Boîte de vitesses : d'un autre âge, elle a tous les défauts.**
- **Positionnement des commandes aux pieds.**

Bimota

Connue mais peu vendue en France, la marque italienne Bimota a fêté ses 25 ans en 1998. On doit à ce constructeur atypique, spécialisé dans la sportive de haute-couture, de spectaculaires innovations techniques dans le domaine de la partie-cycle.

Tout a commencé en 1973, par la vente d'accessoires (commandes reculées, bras oscillants) puis, cette même année, par la commercialisation de la première Bimota HB1 (H pour Honda, le moteur étant un CB 750, B pour Bimota et 1 pour le premier modèle de la série). Cette moto est l'œuvre de Massimo Tamburini (le TA de BimoTA) qui, suite à un accident survenu avec sa CB 750 de série, a redessiné un cadre.
Les motos japonaises d'alors étaient perfectibles en tenue de route, y compris, d'ailleurs, celles de compétition, et c'est en ce domaine que Bimota acquit ses lettres de noblesse avec les YB1-2-3 (250 et 350 Yamaha) et, entre autres, un titre de champion du monde 350 en 1980.
En 1977, Bimota commercialise la SB2, une Suzuki Bimota révolutionnaire en partie-cycle. Le cadre est de type périmétrique. Ses tubes chromes molybdène enserrent latéralement le moteur.
Cette architecture sera ensuite reprise par Yamaha (en 1984) pour sa FJ 1100. La colonne de direction a un angle de colonne réglable. Pour éliminer les effets de chaîne, l'axe du bras oscillant est en avant du pignon de sortie de boîte et enfin, la SB2 est équipée d'un mono-amortisseur à progressivité variable (la première japonaise à en être dotée sera une Kawasaki de cross en 1980).
Toutes ces innovations sont dues à Tamburini. Au milieu des années 80, la commercialisation des premières hypersport japonaises (GSX-R, FZR...), qui coûtent la moitié du prix d'une Bimota, met la marque en péril. C'est à nouveau grâce à la compétition (l'YB4 est championne du monde de TTF1 en 1987) que Bimota redore son blason. Cette moto dessinée par Federico Martini (Tamburini étant chez Ducati) est la première Bimota à cadre aluminium, mais techniquement ne se démarque guère des productions japonaises (la Yamaha FZR 1000 de 1986 a déjà un cadre alu à double longeron).
Il faudra attendre 1990 pour qu'à nouveau Bimota se distingue avec la Tesi, une moto à moyeu directionnel et cadre Omega réalisée par Pier Luigi Marconi. Cette étrange machine motorisée par le V twin Ducati ne sera pas convaincante, ni en course ni en série, mais le cadre Omega se retrouvera sur la Yamaha GTS de 1992.
Avec 11 320 motos construites depuis 25 ans, Bimota est un petit constructeur, mais l'originalité de sa production est grande. ●

SB2 *1977*

Alors que les motos de grande production sont pour la plupart dépourvues de tout carénage (excepté la R 100 RS), que les sportives sont des routières traficotées, il existe au bord de l'Adriatique, exactement à Rimini, une toute jeune société qui fabrique du rêve.

La SB2, S pour Suzuki, B pour Bimota et 2 parce qu'il s'agit là de la seconde Suzuki Bimota (la première étant une moto de course), cumule les innovations technologiques comme aucune autre moto. Ces innovations ne concernent que la partie cycle car le moteur est un classique 4 cylindres 750, celui de la GS Suzuki.

Le cadre en chrome molybdène de type périmétrique (première originalité) se démonte en deux parties avec jonction par joints coniques. La suspension arrière est un mono-amortisseur à progressivité variable (deuxième innovation). L'axe du bras oscillant s'ancre en avant du pignon de sortie de boîte (encore une trouvaille), et le tout est superbement réalisé par Massimo Tamburini qui, plus tard, commettra la Ducati 916 et la MV F4.

Plus que son comportement routier très (trop) sportif, c'est la beauté de l'objet qui fait la valeur de la SB2, pas seulement dans la réalisation technique mais aussi dans la beauté de l'habillage et le soin du détail. De la très haute couture. **67 ch. 185 kg. 221 km/h.**

LES PLUS

- **Technologie : des innovations qui seront reprises par de grandes marques.**
- **Esthétique : plus belle qu'une moto de course.**
- **Originalité : produite seulement à 140 exemplaires.**

LES MOINS

- **Prix : deux fois plus chère que la GS 750.**
- **Exclusivité du comportement : elle est déconseillée en ville.**

SB8 R *1999*

La SB8 est donc la huitième Bimota motorisée par une mécanique Suzuki, en l'occurrence le 1 000 cm³ V twin de la TL 1000 R. Avec cette moto, Bimota recadre sa production sur des parties-cycle plus traditionnelles que celles de la Tesi et s'engage dans le championnat du monde de superbike.

L'originalité technique de la SB8 R est le mariage de l'aluminium et du carbone. La partie basse du cadre sur laquelle vient s'ancrer le bras oscillant est constituée de deux pièces en carbone. L'avantage technique n'est pas évident mais esthétiquement c'est une belle pièce, comme tout le reste de la machine.

Jadis, on s'offrait une Bimota pour ses avancées technologiques par rapport aux motos de grande série. Aujourd'hui, l'atout Bimota est surtout d'ordre esthétique. **134 ch. 178 kg. 270 km/h.**

LES PLUS

- **Esthétique pour sa ligne générale mais surtout pour la qualité de sa finition.**
- **Comportement sur piste sachant qu'elle a d'abord été conçue pour la compétition.**

LES MOINS

- **Prix : la SB8 coûte deux fois plus cher que la Suzuki TL 1000 R.**
- **Confort : position et suspension pensées pour la compétition.**

Tesi 1 D *1991*

Cette étonnante machine est le résultat de la thèse universitaire d'un jeune ingénieur, Per Luigi Marconi, qui a mis dix ans à réaliser son projet.

L'originalité de la Tesi, animée par un moteur V twin Ducati, est donc son train avant à moyeu directionnel (comme sur la française Majectic des années 30), dont la finalité est de supprimer la classique fourche télescopique ancrée sur une colonne de direction à la position immuable : sous les guidons. S'il n'y a plus de colonne de direction, le cadre change complètement de configuration. Celui de la Tesi, de type Omega, ressemble schématiquement à deux crosses placées de part et d'autre du moteur, et la rigidité de ce cadre est de loin supérieure à celle de n'importe quelle autre partie-cycle.

Par ailleurs, la suspension avant comme celle de l'arrière peut être assurée par un seul amortisseur positionné plus près du moteur, pour un meilleur centrage des masses. La fixation de la roue avant fait appel à un bras oscillant (comme à l'arrière), ce qui supprime tout changement d'empattement au freinage. En théorie, cette partie-cycle n'a que des avantages mais dans la pratique, aussi bien en course que sur route, la Tesi n'a jamais démontré de supériorité. Un jour peut-être... **113 ch. 188 kg. 248 km/h.**

LES PLUS

- **Stabilité à haute vitesse.**
- **Comportement au freinage.**
- **Originalité technique.**

LES MOINS

- **Complexité des réglages.**
- **Maniabilité moins bonne qu'avec une télescopique.**
- **Pas de nette supériorité par rapport à une partie-cycle classique.**

Cagiva/MV

Cagiva est, avec Voxan, la plus jeune marque de moto, fondée en 1978 par les frères Claudio et Gianfranco Castiglioni. Le nom Cagiva est formé de CAstiglioni GIovanni (le prénom du père), VArèse (le nom de la ville où étaient fabriquées les Aermacchi-Harley Davidson).

Le père de Claudio et Gianfranco, un industriel ayant fait fortune dans la fabrication de fermetures métalliques pour bagagerie, a offert à ses fistons une marque italo-américaine. Aermacchi est à l'origine un constructeur d'avions qui, après guerre, se « recycle » dans la moto.
Dans les années 60, les Aermacchi Ala Verde sont de remarquables 250 sportives à moteur 4-temps culbutés, des monocylindres horizontaux dont la version compétition-client Ala d'Oro (en 250 et 350 cm³) est très prisée par les pilotes privés. Puis Aermacchi est racheté par Harley Davidson dans l'optique d'enrichir sa gamme de petites (Aermacchi fait aussi des 125 cm³) et moyennes cylindrées.
Aux USA, les Aermacchi sont vendues sous le nom Harley Davidson mais le succès commercial n'est pas au rendez-vous, et Harley doit revendre sa production italienne aux Castiglioni en 1977.
Entre temps, la marque Aermacchi Harley Davidson a connu son heure de gloire en GP avec trois titres consécutifs en 250 (de 1974 à 1976) et un en 350 (1976), tous remportés par Walter Villa.
Ces motos étaient des twin 2-temps très semblables aux Yamaha TZ alors que la production de série abandonne le 4-temps pour des monos 2-temps sans grande personnalité. Elles seront rebaptisées Cagiva en 1978.
En 1980, Cagiva se lance dans le grand bain des GP en 500 cm³, d'abord avec un 4 cylindres en ligne, puis un V4, comme tout le monde.
Il faudra attendre 1992 pour qu'une Cagiva gagne son premier GP. Un tonneau des Danaïdes pour les Castiglioni, qui par ailleurs ont racheté Ducati en 1985, Husqvarna (la marque suédoise spécialisée tout-terrain) en 1986 et Morini en 1987.
Pour cette dernière marque fondée en 1937, et qui a connu son heure de gloire en 1963 avec le 250 Rebello de GP piloté par Provini puis Agostini, ce sera le début de la fin.
Le groupe Cagiva poursuit ses emplettes avec le rachat de CZ en 1992 puis de MV (pour l'aura du nom). Cette boulimie d'acquisitions fragilisera financièrement le groupe Cagiva qui revend Ducati aux banques américaines (1996). La production est alors restructurée autour de Cagiva et de MV.
Pour célébrer dignement la renaissance de cette célébrissime marque, les Castiglioni font appel à Massimo Tamburini, le créateur de la Ducati 916, qui, avec la MV F4, réalise la plus prestigieuse moto de cette fin de siècle. Cagiva a ensuite entrepris de refondre complètement sa gamme, en utilisant des moteurs achetés à Suzuki. ●

V Raptor *2000*

La Ducati Monster peut être considérée comme l'initiatrice du concept (moderne) du roadster, et le designer de la Monster Miguel Galuzzi est également celui de la Raptor. Ce qui explique une certaine similitude d'identité. En revanche, en offrant à la V Raptor un tête de fourche et un habillage de selle facilement démontables, et d'un design très « manga », Miguel Galuzzi a vraiment innové esthétiquement. Pour Cagiva, marque profondément italienne, il s'amuse à singer la culture japonaise en utilisant ses codes esthétiques et, ce qui n'est pas la moindre des choses, un moteur japonais. Le V twin est le 1 000 cm³ de la Suzuki TL 1000 S. Suzuki vend ses moteurs à Cagiva qui avec la V Raptor crée un modèle manquant dans la gamme Suzuki. Bizarre, non ?

Pour le constructeur italien, c'est l'assurance d'une bonne et fiable motorisation et, en comportement mécanique, la Raptor est un régal, de même en comportement partie-cycle. Le tout forme un ensemble homogène et bien dans l'esprit roadster. Autrement dit joueur. **100 ch. 197 kg. 236 km/h.**

LES PLUS

- **Esthétique qui ne laisse pas indifférent mais que l'on peut détester.**
- **Moteur : souple et vif dans les montées en régime.**
- **Homogénéité : du moteur de la partie-cycle et douceur des commandes.**

LES MOINS

- **Freinage perfectible en puissance et en mordant.**
- **Finition laissant à désirer.**

Navigator *2000*

La première grosse cylindrée Cagiva était déjà un gros trail : le modèle Éléphant animé, par un moteur Ducati 750, puis 900 cm³, et dont la version compétition a gagné le Paris-Dakar en 1990.

Ducati ayant cessé toute coopération avec Cagiva, c'est une motorisation Suzuki (la même que celle de la Raptor) qui animera le nouveau gros trail Cagiva Navigator. Une fois encore, on peut s'étonner que Suzuki, qui ne possède pas de gros trail dans sa gamme, ait accepté cette réalisation d'un concurrent.

La Navigator joue dans un registre éprouvé. On ne distingue pas d'effet de style particulier, juste une véritable élégance. Si elle ne présente pas de solution technique novatrice, elle fait toutefois preuve, en comportement, d'une efficacité redoutable, dans les petits virages comme dans les grandes courbes, ce qui permet à la Navigator (et aux autres gros trails) de se jouer des routières et même des sportives.

La recette est simple : un poids raisonnable, des pneus de routière, une géométrie de partie-cycle elle aussi routière et surtout des grands guidons qui offrent l'agilité et un grand pouvoir de correction. La Navigator bénéficie, en plus, de la vivacité du moteur Suzuki (il s'agit à la base d'un moteur de sportive), et de sa souplesse (injection). Une série d'accessoires permet de transformer ce gros trail en GT.

97 ch. 210 kg. 200 km/h.

LES PLUS

- **Le concept gros trail qui offre la polyvalence la plus aboutie.**
- **Moteur : un des plus performants de la catégorie.**
- **Partie-cycle : sans défaut et de plus confortable en suspension.**

LES MOINS

- **Protection du carénage perfectible.**
- **Selle ferme et trop haute pour les petits gabarits.**

MV F4 *2000*

Avec un nom aussi prestigieux (37 titres de champion du monde et 275 victoires en GP), la MV de route se devait d'être exceptionnelle, et le sera. Ce chef-d'œuvre qui, à peine sorti des chaînes de montage, fut exposé dans le musée Guggenheim de Bilbao aura connu une longue gestation : six ans pour faire le moteur, un 750 cm³ 4 cylindres en ligne double ACT 16 soupapes radiales à injection et qui développe 126 ch en version libre. La partie-cycle et l'habillage sont l'affaire de Massimo Tamburini, l'auteur de la 916, qui s'est surpassé pour la F4.

Du classique dans la technique avec un cadre treillis, un monobras arrière, une télescopique avant ; mais dans la réalisation, c'est du grand art. Idem pour l'habillage. Une moto sur laquelle on s'use les yeux en murmurant respectueusement. La première série de F4, millésimée à 300 exemplaires, représentera pour les amateurs fortunés de belles mécaniques ce que fut la NR de chez Honda.

La série, plus abordable financièrement (guère plus chère qu'une Ducati 996), ne sera pas moins bien finie et d'un comportement identique. La MV F4 est une sportive extrême, par la position de conduite déjà et, comme toutes ses rivales, requiert un style de pilotage particulier (celui des coureurs) pour être efficace.

Ceux qui conduisent « à l'ancienne » sans sortir les genoux ni bouger sur la selle risquent d'être déçus. Pour les autres, c'est un nirvana auquel ne manque qu'un peu de coffre moteur. Ce n'est qu'un 750 en attendant une version 900 cm³.

126 ch. 184 kg. 273 km/h.

LES PLUS

- **Élue plus belle moto par tous les motards de la Terre.**
- **Finition de moto de GP.**
- **Comportement routier excellent pour ceux qui ont le mode d'emploi.**

LES MOINS

- **À objet d'exception, prix (presque) unique.**
- **Moteur linéaire, pas très coupleux, mais un beau bruit.**

Triumph

Chez Triumph en 1902, comme chez Harley en 1903 ou chez Honda et Suzuki en 1948 et 1951, tout commence par un vélo à moteur. Puis, comme toutes les marques nées au début du siècle, Triumph connaîtra les fluctuations engendrées par la conjoncture économique et l'effort de guerre.

Entre les deux guerres, Triumph, au plus mal, est vendu au fondateur de la marque Ariel, qui charge Edward Turner, le concepteur de la fameuse Ariel Square Four, de redresser la marque. C'est chose faite dès 1937 avec la Speed Twin, un 500 vertical twin qui engendrera toute une gamme, dont la célèbre 650 Bonneville.
À cause d'un record du monde de vitesse (342,4 km/h en 1956) battu sur le lac asséché de Bonneville aux USA, la T120, qui entre en production deux ans plus tard, sera ainsi nommée. Le modèle phare de la gamme sera produit jusque dans les années 70.
Triumph, comme tous les autres constructeurs anglais, n'a pas réagi à la montée en puissance des Japonais. La société est mise en faillite en 1973 pour ensuite survivre un temps sous forme de coopérative.
En 1983, le nom de Triumph est racheté par un certain John Bloor. Cet industriel du bâtiment s'est lancé un défi : ressusciter la marque. Bloor est un autodidacte pas spécialement versé dans l'univers moto, mais qui sur ses fonds propres se donne les moyens de créer de toutes pièces une nouvelle gamme, et l'outil industriel qui va avec.
En 1990 sont commercialisées les premières Triumph 750 et 900 cm³ 3 cylindres de la nouvelle génération, qui techniquement n'ont rien à voir avec les anciennes.
En moins de dix ans, Triumph s'est constitué une gamme complète de 600 à 1 200 cm³ avec des modèles parfaitement concurrents des meilleures productions japonaises. John Bloor détient 100 % du capital. Triumph est un exemple atypique de l'industrie moto. ●

900 Trident *1991*

« Bravo ! » c'est par ce titre que *Moto Journal* salue le premier essai de la Triumph Trident. Pour son renouveau, la marque anglaise n'a pas loupé son coup avec cette 900 cm³ assez banale esthétiquement mais bourrée de qualités routières.
La Trident de 1991 est dans son concept la continuité de la Trident des années 70. En revanche, techniquement, ces deux motos n'ont rien à voir, si ce n'est le nombre de cylindres.
Le choix du 3 cylindres, tombé en désuétude depuis le Laverda 1000 et le Yamaha XS 750, est une originalité qui ne manque pas d'intérêt. Ce type de moteur allie les avantages du bicylindre, quant au caractère moteur, à ceux du 4 cylindres pour sa souplesse et ses montées en régime.
Ceci lui confère un charme particulier que le 3 cylindres de la nouvelle Triumph exploite au mieux.
Pour se constituer une gamme rapidement et à moindre coût, Triumph utilise alors la même motorisation et la même partie-cycle (un gros tube en épine dorsale) pour la 900 Trident et sa petite sœur la 750 Trident.
La réputation de fragilité des anciennes Triumph a fait que la clientèle ne s'est pas précipitée sur ces nouveautés, et il faudra un certain temps pour que les Triumph gagnent la confiance des motards.
100 ch. 212 kg. 216 km/h.

LES PLUS
- **Moteur : du caractère, de l'allonge, bref un moteur avec du tempérament.**
- **Confort : une des motos les plus confortables en suspension.**
- **Tenue de route : bien équilibrée.**

LES MOINS
- **Agilité : à cause d'un centre de gravité haut placé.**
- **Rayon de braquage : excessif et gênant en ville.**

Trophy 1200 *1996*

LES PLUS
- **Moteur : le meilleur gros 4 cylindres des années 90.**
- **Équipement et esthétique extrêmement valorisant.**
- **Confort des suspensions et de la selle.**

LES MOINS
- **Vibrations moteur trop présentes pour une GT.**
- **Pas de cardan, ce qui peut être rédhibitoire.**
- **Consommation et donc autonomie.**

La première Trophy 1200 date de 1991. Déjà équipée d'un carénage mais nettement moins protecteur que la version 1996, ce qui classait cette première Trophy dans la catégorie des routières sportives plutôt que dans celle des GT. Le 1 200 cm³ est un 4 cylindres, même architecture que le 3 cylindres, mais avec un cylindre de plus. Une mécanique très démonstrative, au couple époustouflant et supérieur à celui de ces concurrentes japonaises. Une excellente base pour une moto GT. Voilà pourquoi, dès 1996, Triumph transforme sa Trophy en vraie GT, à laquelle il manque seulement un cardan pour être au top de la catégorie.
La Trophy 1200, secondée par un modèle 900 à 3 cylindres en tout point identique en carrosserie, est une imposante machine qui, par ailleurs, lui vaut une excellente protection. Plus joliment dessinée que la première Trophy et bien pourvue en équipement, cette GT offre à Triumph une image de constructeur de moto sérieuse et aboutie. **100 ch. 235 kg. 207 km/h.**

Speed Triple *1996*

La première Speed Triple date de 1994. Elle est une évolution un peu plus sportive de la 900 Trident, dont elle reprend le moteur et l'essentiel de la partie-cycle.
À partir de 1996, Triumph change de cap, abandonne l'idée originelle de la standardisation des parties-cycle et des moteurs, pour créer une nouvelle gamme avec des caractéristiques spécifiques à chaque modèle.
Ainsi, la Speed Triple hérite d'une nouvelle partie-cycle tubulaire en aluminium avec monobras arrière et d'un tout nouveau moteur, un 885 cm³ à injection transformé qui passe à 955 cm³ l'année suivante. Mais surtout, la Speed Triple se singularise par une esthétique osée, agressive, provocatrice.
Enfin une Triumph qui a de la personnalité, et pas seulement dans son look, car en comportement, le ramage vaut le plumage. La Speed Triple se révèle un méchant roadster, certes pas très confortable mais qui se pilote comme une sportive.
D'ailleurs la Daytona T 595, qui est le modèle le plus sportif de la gamme, a grosso modo les mêmes caractéristiques techniques. **100 ch. 196 kg. 226 km/h.**

LES PLUS

- **Esthétique : on aime ou on déteste mais elle ne laisse pas indifférent.**
- **Moteur : une vraie mécanique de moto sportive, très vif et rageur.**

LES MOINS

- **Frein arrière inexistant.**
- **Rayon de braquage démesuré.**
- **Confort de suspension très médiocre.**

Sprint ST *1999*

Dans la famille des routières sportives, un modèle, la Honda VFR, domine outrageusement depuis 1986, d'abord en 750 puis 800 cm³. La Triumph Sprint ST de 955 cm³ détrône la reine, de peu il est vrai, et crée l'événement de l'année 1999.
Cette Triumph hérite du moteur de la Speed Triple (pour rappel, un 3 cylindres double ACT douze soupapes et injection made in France) juste modifié pour favoriser le couple moteur, et c'est sur ce terrain qu'elle domine la VFR, mais pas seulement.
La Sprint ST se révèle tout aussi excellente en tenue de route et freinage. Une moto parfaite sur laquelle on est tout de suite à l'aise, et qui dispense un sentiment de grande sécurité.
Ce petit chef-d'œuvre, confirmé sur le modèle Sprint RS, qui en est une version un peu plus sportive, démontre que l'industrie européenne a complètement comblé son retard par rapport aux Japonais, et ceci en une dizaine d'années.
Il faut néanmoins préciser que quelques composants de cette moto, entre autres les suspensions, et les freins, viennent du Japon. **100 ch. 207 kg. 220 km/h.**

LES PLUS

- **Moteur : un agrément supérieur à celui d'un 4 cylindres.**
- **Tenue de route : la sécurité quels que soient le profil et l'état de la route.**
- **Équipement : n'a rien à envier à une japonaise.**

LES MOINS

- **Confort de suspension arrière perfectible.**
- **Protection du carénage moyennement efficace.**
- **Esthétique sans grande personnalité.**

LA MOTO FRANÇAISE

Les gloires d'antan

Le premier deux-roues motorisé est de nationalité française. Il s'agit du vélocipède de Michaux et Perraux, mû par un moteur à vapeur et qui, en 1968, revendique une vitesse de 30 km/h.

Le premier moteur 4-temps de grande série est le monocylindre De Dion-Bouton (1895), produit sous licence dans toute l'Europe, et qui, en France, équipe un tricycle qui connaîtra de nombreux succès sportifs dans les Paris-Bordeaux, Paris-Marseille, etc.

La première « Motocyclette », nom déposé par les frères Werner en 1898, sera également, dès 1901, le premier engin utilisant un moteur placé entre les deux roues et commercialisé à plusieurs milliers d'exemplaires.

À partir de 1902, date de création de la marque, jusqu'à la Première Guerre mondiale, Peugeot a vendu 26 000 motos, un record. Dès 1905, Peugeot construit des V twins de 500 à 1 489 cm³. C'est un V twin Peugeot monté dans un cadre Norton qui remportera le premier TT en 1907 . En 1914, la Peugeot V2 350 cm³, avec 3 vitesses dans le moyeu arrière, est la moto française la plus populaire.

Au début des années 30, Peugeot opte pour le bloc moteur avec boîte de vitesses intégrée, alors que la concurrence ne jure encore que par la boîte séparée.

En 1934, Peugeot invente le « scrambler » avec échappements relevés. La dernière Peugeot digne de figurer parmi les motos prestigieuses est la 500 cm³ P 515 de 1934.

Le premier V4 fut construit en 1903 par Adolphe Clément. Il s'agit d'une moto de course dont le V est dans le sens du cadre comme sur la VFR Honda. Le premier twin en tandem, la Rochet qui date de 1907, est également la première moto sans pédales.

Le premier constructeur français de toute l'histoire de la moto est Terrot. Cette marque, créée en 1902, a déjà vendu 100 000 motos en 1929, essentiellement des monos 350 et 500 cm³. Fin de l'aventure en 1961 avec une 175 sportive et un rachat par Peugeot.

La plus prestigieuse marque française de ce premier demi-siècle est Koehler-Escoffier, grand spécialiste du V twin sportif dès 1914, qui entre dans la légende avec le 1000 « Monneret » de 1935. Un monstre de 50 ch (75 ch au méthanol) imbattable en course de côte. Une Vincent Egli avant l'heure !

René Gillet acquiert une notoriété avant la Première Guerre mondiale grâce à la compétition, pour ensuite connaître un succès commercial comme fournisseur officiel de l'armée et des pompiers, toujours avec un V twin.

En ce début de siècle, les moteurs 2-temps n'ont aucune noblesse et n'équipent que des petites cylindrées bas de gamme. Seul nom à retenir : Monet & Goyon, qui, de 1922 à 1928, a fait la promotion du 2-temps en remportant de nombreuses courses et en battant de nombreux records avec sa 175 cm³ à moteur anglais Villiers.

La Majestic de 1930, entièrement carrossée, a comme autre singularité une roue avant à moyeu directionnel. Sous la carrosserie sont présentes de multiples motorisations, dont le V4 de la Dollar.

Cinquante-cinq ans avant Suzuki, MGC propose, en 1929, une partie-cycle en alliage léger qui, dans sa réalisation, intègre le réservoir d'essence. Motobécane, marque née pendant l'entre-deux-guerres, sera avare de motos prestigieuses, si ce n'est un mono 500 à quatre soupapes en 1932. Après la Seconde Guerre mondiale, l'avènement de la « Mob » tuera la moto chez Motobécane et ailleurs.

Le flat-twin Ratier construit en 1955 sur base de BMW sera un temps la moto emblématique de la gendarmerie, qui, bientôt, lui préférera le modèle original.

Ce rapide survol de la production française des motos de prestige permet de découvrir deux stades. Au début du siècle, les entreprises françaises sont réellemnt pionnières. Et durant l'entre-deux-guerres les machines originales prolifèrent. Mais la crise de la fin des années 20 étouffera cet essor. ●

La Peugeot V twin, de 1910, le meilleur moteur de l'époque.

La Majestic de 1930 symbolise l'originalité et l'imagination des producteurs français.

MOTO ET AVIATION

En France comme ailleurs, les industries de la moto et de l'aviation ont souvent eu partie liée. Les constructeurs d'avions ou de moteurs d'avions, enregistrant une chute de la production après la Première Guerre mondiale, transfèrent leur savoir-faire vers la moto.
En 1920, Blériot construit une 500 cm^3 parallèle twin, dont les roues sont entièrement flasquées. Gnome et Rhône, célèbre constructeur de moteurs d'avions, rachète en 1922 la licence d'un flat-twin anglais (ABC) à transmission par chaîne, soit un an avant la sortie de la BMW R 32.
En 1930, Gnome et Rhône transforme radicalement l'ABC avec une transmission par arbre et un cadre en tôle emboutie. La vraie rivale de BMW établira cent huit records du monde, dont un 50 000 km à 109,380 km/h de moyenne, avant de disparaître avec la Seconde Guerre mondiale.
En 1930, le constructeur d'avion Train produit un 500 cm^3 4 cylindres dans le sens du cadre avec démarreur électrique en option, mais sans succès commercial.
C'est en 1933 qu'apparaît une des plus étonnantes motos françaises construite à quelques exemplaires, la Dollar 750 V4 dont le moteur, un V façon Honda Pan European mais très refermé (14°), est l'œuvre d'un technicien de l'aviation. Louis Clément (aucun lien avec Adolphe et son V4), sous-traitant pour l'aviation, a conçu en 1920 une moto particulièrement originale, une V twin de 543 cm^3, mais n'ayant qu'une seule culasse à simple ACT commune aux 2 cylindres. Bloc moteur s'ouvrant sur un plan horizontal, roues flasquées interchangeables, freins à tambour avant et arrière, transmission sous carter étanche, cadre mixte tube et tôle emboutie, fourche oscillante inédite (comme la plupart des éléments cités) : cette anticipation de la Yamaha GTS connaîtra la même destinée que le V twin technologique du constructeur japonais.

La Michaux et Perraux,
le premier deux-roues motorisé.

La MGC de 1932, un réservoir-cadre en aluminium et un moteur anglais J.A.P.

Terrot est le plus grand constructeur français.

La Gnome et Rhône de 1933, le flat twin à la française créé par des techniciens de l'aviation.

La moto Dollar V4 1932, qui préfigure la future Honda Pan European.

Innovation en compétition

À peine nées, les deux premières motos apparues sur Terre étaient déjà rivales. Et depuis le début du siècle, la compétition a toujours été le meilleur moyen, pour un constructeur, d'acquérir une réputation.

Il n'est pas une seule marque française ou étrangère historiquement célèbre qui n'ait, à un moment donné, touché à la compétition.

C'est en France, en 1895, que seront organisées les premières courses qui réunirent quatre-roues, trois-roues et deux-roues : ces courses sur route avaient pour point de départ Paris et ralliaient des villes de France (Bordeaux, Marseille, Dieppe, Toulouse...) ou des capitales étrangères (Madrid, Vienne, Amsterdam...) ; courses de longue haleine (1 700 km de Paris à Marseille) courues par un seul pilote, dangereuses (huit morts en 1903 lors du Paris-Madrid), dominées par les marques françaises Griffon, Peugeot, Alcyon...

En 1904, le Motocycle Club de France organise en région parisienne sa première course internationale sur un circuit routier de 54 km fermé à la circulation. La suprématie des marques françaises est nette : trois Griffon montent sur le podium.

Parallèlement aux courses sur route, des records de vitesse pure avec des classements par cylindrées ou par poids (moins de 30 kg, de 30 à 50 kg et plus de 50 kg) sont organisés. Des motos sont tout spécialement construites pour ces records, telle la Fournier-Buchet, une monstrueuse bicylindre de 3 litres et 22 ch, capable de rouler à 120 km/h en 1903.

Peugeot s'attaque au record des moins de 50 kg avec un V twin de 12 ch et de 1 489 cm^3 de cylindrée. Le moteur seul pèse 27 kg ; reste moins de 23 kg pour la partie-cycle. Les jantes sont en bois. En 1905, cette moto établit un record du monde à 123 km/h.

Les compétiteurs français répugneront à sortir des frontières de l'Hexagone (deux seules participations de l'écurie Peugeot au TT en 1909 et 1923). Un mal endémique qui se poursuivra tout au long du siècle, du moins jusque dans les années 70.

En revanche, les épreuves nationales, elles, se multiplieront sur circuits routiers et en courses de côte, ainsi que les épreuves d'endurance. En 1922 naît le Bol d'Or.

La 250 Pernod remporte son premier GP en 1983, pilotée par Jacques Bolle.

C'est en 1914 qu'est apparue la 500 Peugeot conçue par Ernest Henry. Ce bicylindre parallèle double arbre à cames en tête est entraîné par une cascade de pignons entre les deux cylindres et dispose d'une culasse en toit à quatre soupapes par cylindre. Du jamais vu sur une moto ! Elle battra d'ailleurs un record du monde de vitesse, à 122,5 km/h. Après guerre, nouvelle salve de victoires puis une première transformation technique importante avec la cascade de pignons sur le côté droit des cylindres et, dès 1922, l'adoption d'une distribution par arbre et couple conique. En 1923, cette 500 développait 27 ch à 5 200 tr/min et cumulera victoires et records (157,9 km/h) face aux meilleures motos françaises et étrangères de l'époque.

La 1000 Koehler Escoffier de Georges Monneret présentée par son fils Philippe.

Entièrement financée par le pétrolier et dessinée par André De Cortanze, la ELF innove en partie-cycle (elle recevra différentes motorisations japonaises 2-temps, 4-temps, 3 et 4 cylindres) en adaptant à la moto des technologies automobiles : moteur porteur, donc plus de cadre, double bras superposé en guise de fourche pour annihiler les phénomènes de plongée au freinage et de cabrage à l'accélération, direction par biellettes. Elle fera ses (timides) débuts en compétition en 1979. L'année suivante, l'adoption d'un monobras arrière fera école. La ELF, engagée dans les courses d'endurance, obtiendra son meilleur résultat aux Six Heures de Mugello 1983 en finissant troisième. En 1986, la ELF s'attaque aux records de vitesse et décroche neuf records du monde en 500 et 1 000 cm³.

Innovation en compétition

Les motos françaises étaient souvent pilotées par des employés et non par des professionnels entraînés pour la compétition, comme c'était le cas à l'étranger. Ce handicap explique les contre-performances des marques françaises.

Mais il y a des exceptions comme l'historiquement célèbre GP des Nations, couru à Monza en 1923, qui fut mené de bout en bout par la 500 Peugeot bicylindre devant tout le gratin de l'élite motocycliste. Le même marque la fin de la présence technique française au plus haut niveau international, pour exactement cinquante-cinq ans.

C'est en 1979 qu'une 125 Motobécane pilotée par Guy Bertin remporte son premier GP à Brno. L'année suivante, elle est vice-championne du monde en remportant trois GP sans le soutien de Motobécane qui, en plein marasme financier, s'est désengagé de la compétition.

Le savoir-faire français en matière de compétition s'exprime également dans la catégorie 250 et 350 cm^3 avec la Chevallier à moteur dérivé d'une Yamaha, qui remportera sept victoires, et la 250 Pernod, moto artisanale entièrement française, gagnante du GP de Silverstone en 1983 et la But d'Offenstadt.

Depuis, plus rien. Personne en France pour défier la technologie japonaise alors qu'en Italie, Aprilia a réussi à s'imposer en 125 et 250 cm^3 face à Honda et Yamaha.

Aujourd'hui, seule une usine peut se donner les moyens de gagner en GP et nos deux constructeurs français, Peugeot et MBK, faiseurs de petites cylindrées utilitaires, n'ont aucune envie de s'investir dans la compétition. Peut-être, un jour, trouverons-nous Voxan en Superbike. ●

La But d'Éric Offenstadt de 1978 innove en partie-cycle.

La Pernod 250 est l'œuvre de Jean Bidalot, un moteur parallel twin à distributeur rotatif.

La Elf, comme la But, a tenté sans succès de révolutionner les parties-cycle.
La 125 Motobécane, autre réalisation Bidalot, est la 1re française à remporter un GP en 1979.

Les faux pas

Le déclin de la moto française a commencé, entre les deux guerres, par un feu d'artifice de machines techniquement innovantes (voir chapitre « Les gloires d'antan »). Ceci n'est pas un paradoxe. Cette créativité prolifique n'ayant pas eu de succès commercial, l'industrie moto a récolté une image de produit à risque pour les investisseurs.

Par ailleurs, avec la naissance de l'État providence (congés payés, droits sociaux...), l'argent public a connu d'autres priorités qu'une aide à l'industrie de la moto. De plus, les grands constructeurs français, tels que Peugeot et Terrot, n'ont jamais eu une politique soutenue à l'export et ont d'abord créé des motos pour un marché intérieur de masse, sans se préoccuper de modèles plus prestigieux qui auraient permis de séduire une clientèle internationale. Enfin, il faut bien le reconnaître, historiquement, le Français est beaucoup plus attiré par l'automobile et considère la moto comme un bien socialement inférieur. Tout cela fait qu'en 1935, il se vend en France 18 000 motos.

Après la Seconde Guerre mondiale, l'industrie de la moto française se limite à deux constructeurs majeurs : Peugeot et Motobécane, dont la production s'oriente vers les petites cylindrées. Là, il faut bien dire que c'est un succès. La France devient rapidement le premier producteur européen de 50 cm³ (jusqu'à 1 400 000 unités en 1974) mais se désintéresse de plus en plus de la moto.

La popularité du 50 cm³, qui s'est substitué au vélo, est due essentiellement à ses aspects pratiques. La suite logique du 50 cm³ n'est donc pas la moto mais l'auto.

Dans les années 50 et 60, il y a eu un court temps de transition par le scooter (de production italienne), jusqu'à ce que cette clientèle ait les moyens financiers de s'offrir la petite voiture d'occasion. Dans ces années-là, entre une production nationale massive de 50 cm³ et celle de petites voitures abordables, la moto est complètement marginalisée.

Cependant, au début des années 1970, Motobécane, qui a fait fortune avec la « Mob », tente de contrer l'invasion des japonaises avec tout d'abord une 125 twin puis une 350 cm³ 3 cylindres 2-temps, qui ne sera qu'une pâle copie des Kawasaki, et dont la production se limitera à 600 unités.

Il y aura même en projet une 500 3 cylindres à injection. Mais l'âge d'or du 50 cm³ touche à sa fin et les problèmes financiers naissant (Motobécane sera racheté par Yamaha en 1982) sonneront le glas de cette tentative. Vient ensuite l'aventure BFG/MF – car il s'agit bien là d'une aventure avec moult rebondissements – qui durera de 1974 à 1983.

L'idée des concepteurs est de réaliser une grosse GT animée par un moteur de voiture flat four 1 300 cm³ de GS Citroën. Un premier proto raté plus un problème de transmission retarderont le projet. Le responsable technique sera congédié et créera ensuite sa propre marque, MF, qui reprend les mêmes principes que la BFG, mais avec un moteur flat twin 650 cm³ de Visa Citroën.

Les deux projets se feront concurrence, d'autant que les responsables chassent sur le même terrain (les subventions d'État) et visent tous deux des marchés administratifs plutôt que civils. La BFG sera finalement construite à 500 exemplaires et la MF à quelques dizaines. Les deux sociétés déposeront le bilan en 1983.

Ce double échec, qui va longtemps décrédibiliser toute tentative de produire des motos françaises, s'explique simplement.

La greffe d'un moteur de voiture sur une moto n'est pas une bonne idée et ne l'a jamais été. L'argument du faible coût à l'entretien et du faible coût des pièces détachées est insignifiant (surtout avec la fiabilité des moteurs de moto actuels). En revanche, les inconvénients sont nombreux : la puissance est limitée (55 ch pour le GS 1300 et 32 ch pour le Visa), les moteurs sont disgracieux et difficiles à dissimuler derrière un carénage.

Enfin, l'esthétique générale et le niveau de finition de ces deux motos les mettaient hors jeu. Ignorer que l'esthétique d'une moto est son principal argument de vente est une erreur fondamentale. Autre projet sans suite et à la limite de l'escroquerie, la Boccardo à moteur de Peugeot 205, en version essence et diesel.

La BFG, avant tout un flop esthétique.

Martin construira des parties-cycles sportives pour moteurs japonais.

La 350 Motobécane 3 cylindres, une Kawasaki en moins bien.
La MF, les mêmes erreurs que pour la BFG.

Autre erreur, déjà commise par Ratier dans les années 60, celle de compter sur les marchés d'État (police, gendarmerie, armée...) pour se développer.

L'exemple de Bimota (partie-cycle italienne et moteur japonais ou autre) ne s'est jamais imposé de manière durable en France. On a connu les motos Martin, les Barigo, les Gauthier, les Portal... autant de marques éphémères et qui n'ont pas pu ou pas su évoluer.

BMW a, depuis toujours, su faire cohabiter en parfaite harmonie l'auto et la moto au sein de l'entreprise, développant même une notion globale de mobilité tant dans la communication que dans les produits.

En France, Peugeot aurait pu faire de même, mais, depuis la création de la marque au début du siècle, auto et moto vivent séparément (histoire de famille) et sans la moindre synergie. Pire encore, le groupe PSA voit d'un mauvais œil le développement de la moto, estimant peut-être que chaque fois qu'une moto est vendue, il perd une occasion de vendre une voiture.

Depuis trente ans, voire plus, la direction de Peugeot deux-roues ne croit plus en la moto et se concentre sur les petites cylindrées. ●

La renaissance avec Voxan

Cela fait plus d'un demi-siècle qu'on l'attendait. Depuis les Peugeot 515 et Motobécane S5C de 1934 (des monocylindres 500 cm³), et la 1000 V twin Koeheler-Escoffier de 1935 qui n'était, hélas, qu'une moto de course. Soixante années durant lesquelles les motards français n'avaient pas d'autre choix que d'acheter américain, anglais, allemand, italien et japonais, les seuls pays à avoir soutenu régulièrement leur industrie moto depuis le début du siècle.

Après les nombreuses tentatives avortées d'un renouveau (voir chapitre « Les faux pas »), les motards français n'y croyaient plus. Aussi lorsque l'hebdomadaire de référence *Moto Journal* annonce la naissance de la Voxan en 1996, c'est l'événement de l'année. Cette 1000 V twin de conception entièrement française eut une vraie grosse cylindrée avec une forte personnalité et qui, de plus, est bien spécifique tant en esthétique qu'en moteur et partie-cycle.

Elle n'est en aucun cas une copie de ce qui existe ailleurs. Concevoir et surtout industrialiser une moto est un challenge osé en France, pays qui a perdu puis oublié sa culture moto et qui de ce fait cumule les handicaps industriels. Les investisseurs sont réticents, les fournisseurs absents ou plus pressés de travailler avec l'industrie automobile.

En revanche, en France, on possède du savoir-faire et le concepteur du moteur de la Voxan est un ingénieur motoriste en F1. Quant à l'inventeur de la partie-cycle, il a fait ses preuves en remportant des GP avec des châssis de sa poropre conception. La première Voxan sera un roadster, concept à nouveau en vogue en cette fin de siècle, mais un roadster musclé, performant, à l'image du savoir-faire de ses géniteurs.

Le coup d'essai sera tout de suite une réussite. La Voxan l'emportera régulièrement sur ses concurrentes dans les essais comparatifs organisés par la presse spécialisée.

Le moteur de la Voxan est un V twin 1 000 cm³ ouvert à 72°, comme le V des moteurs de F1 Peugeot et Renault. Une valeur d'ouverture inédite en moto. La culasse double ACT est à quatre soupapes par cylindre. Sur les prototypes ont été essayées la distribution par linguets (comme sur la F1) et les soupapes titane. Mais elles représentent des solutions trop chères pour la production.

L'alimentation par injection permet de juguler la consommation et d'avoir la possibilité d'augmenter facilement la puissance en intervenant sur la gestion électronique de l'injection. Le moteur de la Voxan développe 100 ch en version française et 25 ch de plus dans les pays où la puissance est libre. Le Roadster atteint 240 km/h en pointe, ce qui en fait la machine la plus rapide de sa catégorie. La partie-cycle particulièrement ingénieuse et simple se compose de deux gros tubes d'acier (en guise de cadre poutre), boulonnés sur deux structures en aluminium.

Celle de l'avant intègre la colonne de direction et le filtre à air alors que celle de l'arrière fait office de réservoir d'huile et de point d'accroche pour le bras oscillant en aluminium. Enfin, l'amortisseur de suspension arrière est logé à l'horizontale sous le moteur.

Cet ensemble de solutions techniques jamais vu permet d'utiliser la même partie-cycle pour toute la gamme à venir ; Café Racer, Scrambler, gros trail, routière...

À l'origine il y a Jacques Gardette, un patron de PME d'Issoire, fan de moto et qui, dès 1995, s'investit et investit ses fonds propres dans l'aventure. Objectif : créer une moto entièrement française, haut de gamme, avec à terme une production de 2 000 à 3 000 unités par an. Le moteur sera conçu à Magny-Cours par la Sodemo, un motoriste spécialisé dans la compétition automobile.

Pour la partie-cycle, la gestion de tous les ensembles et les évolutions techniques, Gardette fait appel à Alain Chevallier, bien connu dans le milieu de la compétition pour avoir élaboré des 250 et 350 cm³ qui ont remporté 7 GP. C'est lui le maître d'œuvre de la Voxan, dont le premier modèle sera dessiné par Sacha Lakic.

Le sérieux du projet a ensuite séduit des investisseurs et partenaires techniques tels que Michelin et Dassault. ●

La Voxan Roadster met fin aux faux pas de la moto française.

VOXAN
daytona

Roadster *1999*

La première Voxan est une moto toute simple, avec une signature esthétique singulière, surtout pour la partie arrière. La Voxan ne ressemble à aucune autre moto. Elle met en évidence son moteur V twin qui mérite bien ce traitement de faveur. Cette mécanique inédite se révèle être un vrai chef-d'œuvre. Souple, coupleux, puissant allègre dans les montées en régime, il prend d'autorité l'ascendant sur tous les moteurs V twin concurrents. Une réussite stupéfiante pour une première réalisation.

La partie-cycle, elle aussi très innovante, n'est pas en reste et confère à la Voxan une grande sûreté de tenue de route, tout en lui conservant une grande agilité de direction. La Voxan Roadster est une moto charmeuse destinée à une clientèle de connaisseurs, mais qui peut être appréciée par tous. Une machine sur laquelle on se sent bien tout de suite et que l'on apprécie de plus en plus au fil du temps. **100 ch. 190 kg. 234 km/h.**

LES PLUS

- **Moteur : un V twin magique, bourré de caractère et sans défaut de transmission.**
- **Tenue de route : accepte tous les styles de conduite sans mauvaise surprise.**
- **Freinage : digne d'une sportive.**

LES MOINS

- **Quelques vibrations dans les hauts régimes.**
- **Finition en progrès mais encore perfectible.**
- **Esthétique qui ne fait pas l'unanimité.**

Café Racer *2000*

Esthétiquement le Roadster est discutable, alors que le Café Racer dû au designer maison Stéphane Valdant est de toute beauté.

Ce subtil mélange de lignes du passé et du présent adopte des formes douces sans être mièvres.

Le Café Racer est plus sportif que le Roadster, dans sa position de conduite surtout. Le moteur a sensiblement les mêmes performances et la partie-cycle est identique à celle du Roadster à quelques détails près. Le Café Racer, comme d'ailleurs le Roadster, se révèle particulièrement confortable de suspension. Moins agile que le Roadster à cause de la position de conduite et des petits guidons, il offre cependant encore plus de stabilité à haute vitesse.

Pour son second modèle, Voxan a considérablement amélioré la finition, désormais comparable à celle des meilleures réalisations japonaises. Pour la France, le Café Racer est limité à 100 ch, mais pour l'export, le V twin développe 25 ch de plus.

100 ch. 185 kg. 236 km/h.

LES PLUS

- **Esthétique : originale, émotionnelle, audacieuse.**
- **Comportement routier, comportement moteur.**

LES MOINS

- **Rayon de braquage trop important.**
- **Démultiplication secondaire trop longue.**

La Voxan Scrambler sera commercialisée en 2001.

CONFIGURATION MOTEUR ÉVOLUTION

Durant les années 60, le choix des configurations moteur se limitait au monocylindre et au bicylindre vertical, à plat ou en V pour les Harley. Ces deux types d'architecture, depuis le début du siècle, ont les faveurs de la plupart des constructeurs de moto.

Puis, durant ces trente dernières années, ce choix s'est considérablement enrichi avec des configurations inédites ou, enfin, appliquées à la grande série. Cette multiplication des configurations moteur a été le plus souvent dictée par le besoin de se distinguer, plutôt que par des impératifs techniques.
Pour les constructeurs japonais, ce sera un moyen d'exprimer leur savoir-faire. Par exemple, Honda a, durant ces trente dernières années, réalisé une bonne douzaine de configurations moteur différentes. ●

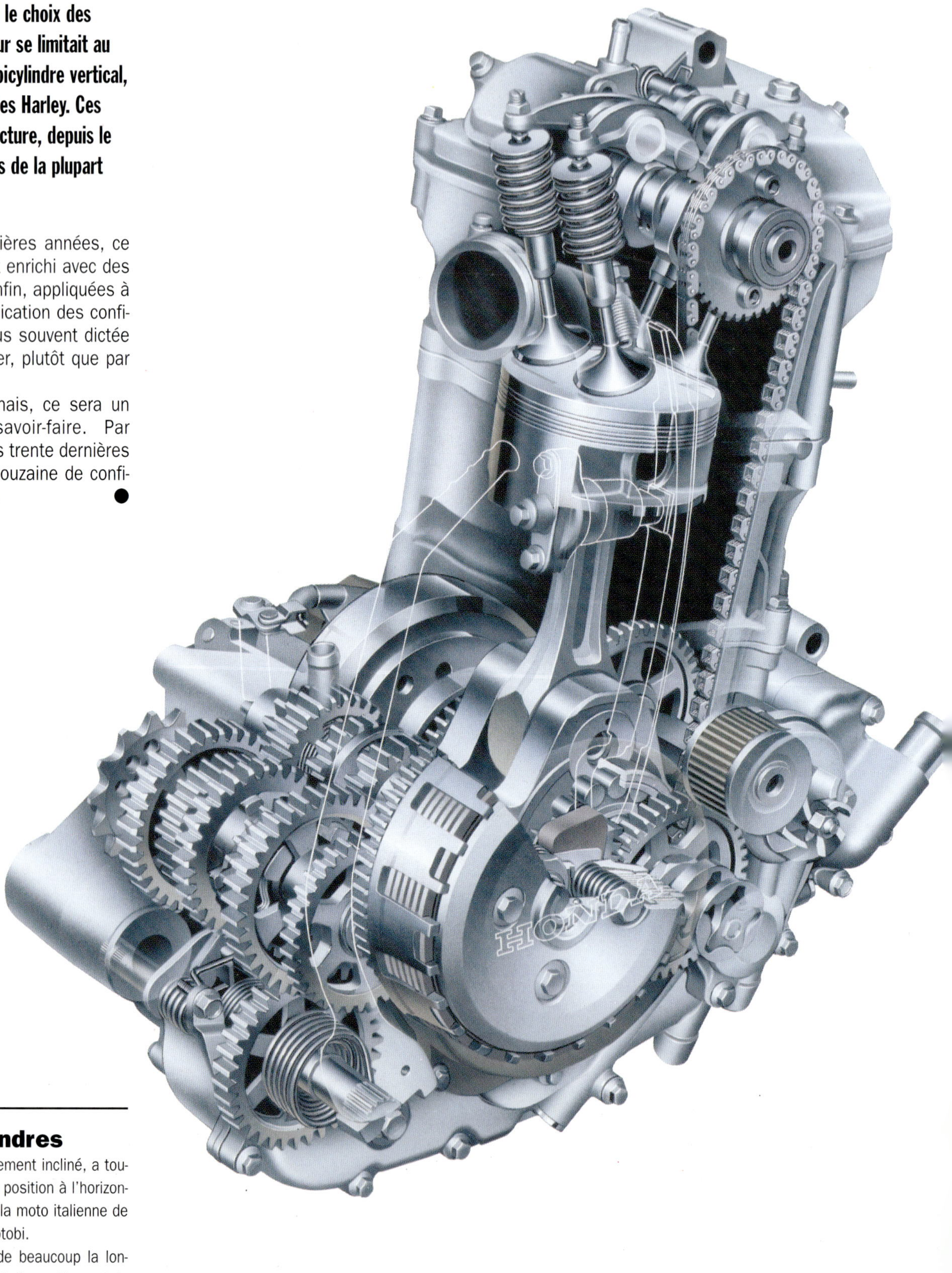

Le monocylindre de la Honda 650 XR.

Les monocylindres

Le monocylindre, vertical ou légèrement incliné, a toujours été et reste le plus usité. La position à l'horizontale a connu son petit succès sur la moto italienne de moyenne cylindrée, Aermacchi, Motobi.
Un cylindre horizontal augmente de beaucoup la longueur du moteur et, par conséquent, l'empattement de la machine.

LES PLUS

- **Simplicité, poids, sensations à bas régime, prix.**

LES MOINS

- **Régime limité, fiabilité, puissance, vibrations.**

Les bicylindres parallèles

Le parallel twin est typiquement anglais lorsqu'il est vertical, comme sur les Triumph AJS et BSA. Honda reprendra cette architecture pour sa CB 450, Yamaha pour sa XS 1, Kawasaki pour sa KZ 400 et sur la néo-classique W 650.

Le parallel twin légèrement incliné est plus courant. Il apparaît chez Honda avec les CB 72. En inclinant les cylindres, on abaisse légèrement le centre de gravité et cela permet de verticaliser les conduits d'admission pour une meilleure alimentation.

Pas de parallel twin horizontal, si ce n'est sur des petites cylindrées (Rumi) ou sur une moto de course, la Linto.

LES PLUS

- **Caractère, bonne souplesse, look rétro pour le vertical twin.**

LES MOINS

- **Passé de mode.**

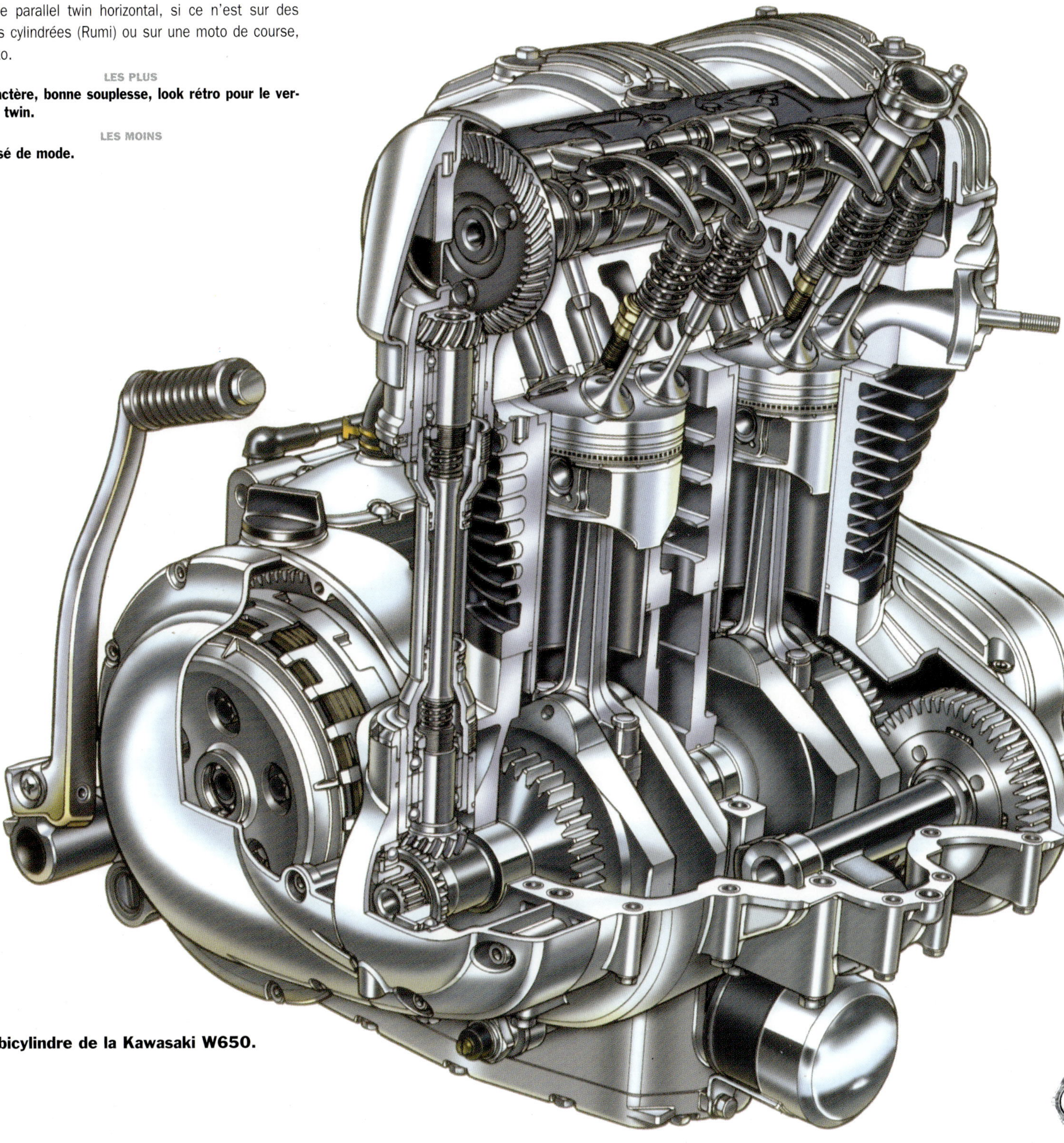

Le bicylindre de la Kawasaki W650.

Les bicylindres en V

Le V twin se prête à une multitude d'architectures avec des positionnements dans le sens du cadre (Harley) ou en travers (Guzzi) et avec des angles d'ouverture très variables de 45° pour les Harley, à 90° pour les Ducati. Un V dans le sens du cadre favorise l'étroitesse de la moto. Le moteur V twin est une image de marque pour Harley, Ducati et Guzzi.

Le premier V twin japonais de l'ère moderne est celui de la Honda CX (1978), un V en travers du cadre, à la Guzzi. Le premier V twin japonais dans le sens du cadre apparaît sur la XZ 550 Yamaha de 1981. Suivront les XLV 750 (Honda, 1983) et le VX 800 (Suzuki, 1989).

LES PLUS

- **Esthétique, historique, performant, étroit.**

LES MOINS

- **Moins souple qu'un 4 cylindres, plus sensible aux vibrations.**

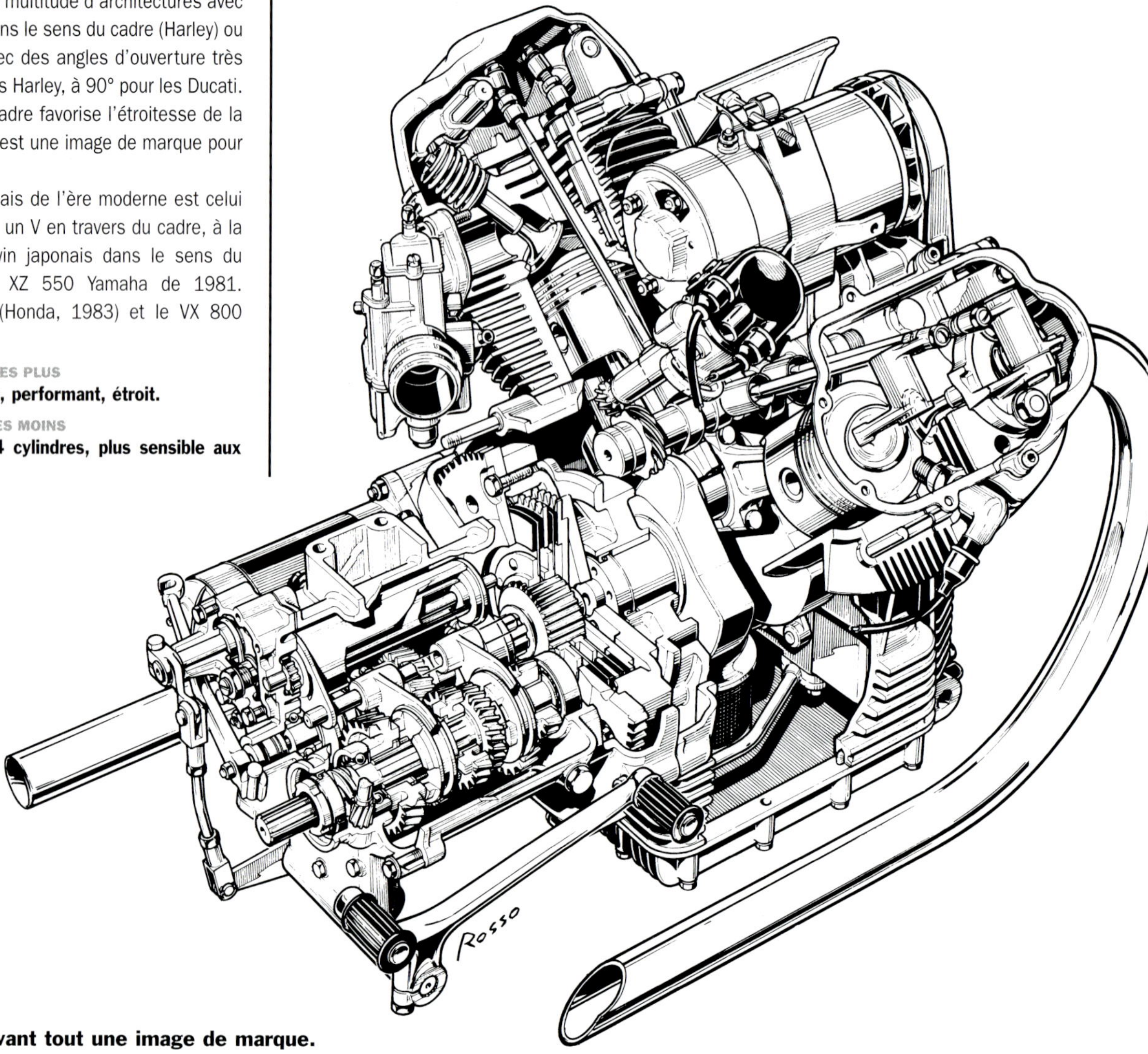

Le V twin Guzzi, avant tout une image de marque.

Le bicylindre à plat

C'est le moteur de la BMW qui caractérise cette marque depuis 1923.

Depuis 40 ans, aucun autre constructeur n'a osé copier cette architecture particulière.

Le futur gros scooter Honda sera un flat twin comme le fut la Honda 125 M 80 de 1960.

LES PLUS

- **Originalité, protection, bon refroidissement.**

LES MOINS

- **Largeur, couple de renversement.**

Le flat twin BMW est si caractéristique que personne n'ose le copier.

Les 3 cylindres

La plupart des 3 cylindres sont face à la route. Vertical comme le 750 Triumph de 1969, légèrement incliné comme le Laverda 1000 de 1973 et les nouveaux moteurs Triumph.

Les premiers 3 cylindres japonais sont des 2-temps : Kawasaki 500 H1 de 1969 puis Suzuki GT 750 de 1971. Le premier 3 cylindres 4-temps japonais est le Yamaha XS 750 de 1976.

Le premier (et dernier) 3 cylindres Honda importé en France est un 2-temps, la NS 400 R (1984), avec une disposition des cylindres en V, deux à la verticale et un à l'horizontale, alors que pour le marché japonais Honda a fait un 250 V3 avec 2 cylindres en bas et un au-dessus.

Enfin, dernière architecture, le 3 cylindres à plat dans le sens du cadre de la BMW K 75 de 1986.

LES PLUS

- **Le caractère du bicylindre avec la souplesse du 4 cylindres.**

LES MOINS

- **À peine moins volumineux qu'un 4 cylindres.**

Le 3 cylindres Benelli, un 900 cm³ double ACT 12 soupapes, équipera la gamme en 2001.

Seul 3 cylindres à plat, le BMW de la K 75.

Les 4 cylindres face à la route

La CB 750 Honda sera la première d'une longue lignée de motos japonaises 4 cylindres face à la route. Kawasaki suivra avec la 900 Z1 en 1972, Suzuki avec la GS 750 en 1977, Yamaha avec la XS 1100 en 1978. En Europe, on trouve du 4 cylindres face à la route en Italie, où le précurseur fut MV avec la 600 en 1966, suivi de la 750 en 1969.
Les premiers 4 cylindres japonais, avec l'alternateur en bout de vilebrequin, étaient larges alors que ceux de la dernière génération (Yamaha R1, Honda CBR 900, Kawasaki ZX-9R, Suzuki GSX-R 750) ne sont pas plus larges que des twin modernes.

LES PLUS

- **Fiabilité, souplesse, puissance.**

LES MOINS

- **Manque de caractère et couple en moyenne cylindrée.**

Le GSX-R Suzuki construit en 1984 est encore d'actualité.

Le 4 cylindres de la Yamaha R1, exemple symbolique du progrès en compacité.

Le 4 cylindres à plat

Le premier 4 cylindres à plat en travers du cadre équipe la Honda Gold Wing de 1974. Aucun autre constructeur n'utilisera cette configuration. Il en sera de même pour le 4 cylindres à plat dans le sens du cadre des BMW série K (1983).

LES PLUS

- **Même chose que le 4 en ligne, mais avec le centre de gravité abaissé.**

LES MOINS

- **Il n'y a pas de 4 cylindres à plat de moyenne cylindrée, alors !**

Technologie automobile pour le 4 cylindres à plat de la BMW.

Le 4 cylindres en carré

Directement inspiré des 500 cm^3 de GP, le moteur 4 cylindres en carré 2-temps de la RG 500 Suzuki (1984) reste un exemple unique de cette configuration moteur.

LES PLUS

- **Compact, l'image GP.**

LES MOINS

- **2-temps gourmand et pointu.**

Depuis l'Ariel, le seul 4 cylindres en carré est celui de la Suzuki RG 500.

Les 4 cylindres en V

Honda commercialise son premier V4, le VF 750 S, en 1981. Le moteur est dans le sens du cadre, de même que les V4 Yamaha et Suzuki qui apparaîtront sur de grosses GT « à l'américaine » en 1984.
L'année précédente, Yamaha avait réalisé le premier V4 2-temps pour sa 500 RDLC.
Autre première pour Honda avec un V4 en travers du cadre sur la ST 1100 Pan European de 1989.

LES PLUS

- **La fiabilité, la sonorité, l'originalité, l'étroitesse.**

LES MOINS

- **La complexité, le prix.**

Le V4 face à la route est une signature Honda. Ici le V4 de la NR à pistons ovales.

Le V4 en travers du cadre est encore une configuration Honda avec le moteur de la Pan European.

Les 6 cylindres

Le premier 6 cylindres ne sera pas japonais mais italien. En 1974, Benelli commercialise un 750 cm³ 6 cylindres simple ACT.

Quatre ans plus tard, ce sera au tour de Honda (CBX 1000) et de Kawasaki (Z 1300), ce dernier se singularisant par un refroidissement par eau.

Seul 6 cylindres en V, le Laverda sera réservé à la compétition.

En 1988, Honda équipe sa Gold Wing d'un 6 cylindres à plat de 1 520 cm³.

LES PLUS

- **La sonorité, la souplesse et le couple, la noblesse mécanique.**

LES MOINS

- **Encombrement et poids.**

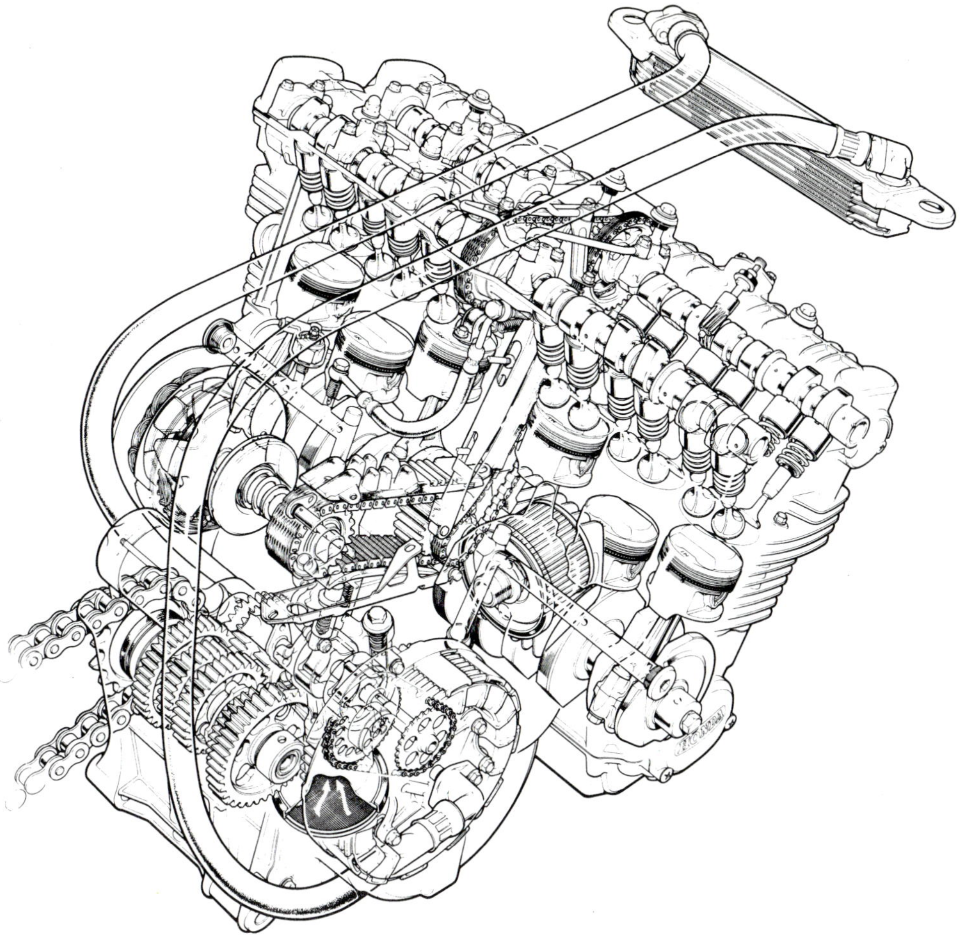

Le 6 cylindres de la Honda 1000 CBX, un chef-d'œuvre technique et esthétique.

Le 6 cylindres à plat de la Gold Wing.

Le 6 cylindres en ligne de la Kawasaki Z 1300 (1978), le 1er 4-temps japonais à refroidissement liquide.

LES MÉCANIQUES ÉVOLUTION TECHNIQUE

Cette évolution, orchestrée par les quatre marques concurrentes japonaises, a tout d'abord été dictée par la quête de puissance. D'où la multiplication du nombre de cylindres, l'augmentation de la cylindrée et la généralisation des culasses avec plusieurs soupapes.

Parallèlement, il fut nécessaire de fiabiliser les mécaniques et de faciliter leur emploi. Apparurent les allumages électroniques, les carbus indéréglables, la technologie qui simplifie l'entretien. Ensuite, au début des années 80, les Japonais souhaitèrent se démarquer techniquement les uns des autres. Honda multiplia les configurations moteur au point de créer des confusions (ex : CBX 750, VF 750 F produites en même temps), et Yamaha, qui voulut contrer le roi Honda, s'est copieusement planté avec ses moteurs V twin (XZ 550 et TR1).

C'est également l'époque de l'éphémère épopée des moteurs turbo : Honda CX 500 en 1981, Yamaha XJ 650, Kawasaki Z 750 et Suzuki XN 85 en 1982. Une technologie imparfaite qui fera un bide commercial.

C'est ensuite le retour, avec pour chacun une solide gamme de 4 cylindres pour animer les différentes évolutions des concepts routiers.

Dans les années 90, la multiplication des concepts et la renaissance de la moto européenne, qui se singularise par un caractère moteur bien affirmé (Ducati, Triumph...), obligent les constructeurs japonais à réagir dans deux directions.

C'est la nouvelle escalade à la puissance, avec des 4 cylindres hyper sport et la construction de bicylindres pour les grandes sensations. ●

Air forcé et boîte à air

Un enseignement de la compétition appliqué à la série par Kawasaki dès 1986 sur sa ZZR 1100 (Ram Air Intake System). Il s'agit de gaver les carbus par de l'air frais, donc très chargé en oxygène, capté à l'avant de la moto puis dirigé en force, via des conduits, vers la boîte à air.

Ce système ne fonctionne qu'à haute vitesse, où il permet une augmentation importante de la puissance (de 10 % environ pour les plus élaborés). Une façon de « tricher » avec les puissances maxi puisque les mesures au banc, qui déterminent légalement la puissance des moteurs, ne font pas entrer en ligne de compte les effets bénéfiques de l'air forcé.

Les dernières évolutions des systèmes à air forcé intègrent différents conduits qui s'ouvrent automatiquement en fonction de la vitesse, afin d'optimiser en permanence l'apport d'air aux carbus ou à l'injection.

Les boîtes à air dans lesquelles se loge le filtre à air ont un rôle prépondérant pour le rendement moteur des motos sportives. Leur positionnement, jadis sous la selle, se fait désormais sous le réservoir, les multicylindres en ligne et les V twin ayant des conduits d'admission plus rectilignes et donc pointés vers le dessous du réservoir.

Afin d'obtenir un rendement optimum, le volume de ces boîtes à air a fortement augmenté (de 7 à 8 litres pour un 1 000 cm³), ce qui crée des problèmes d'aménagement et rend les motos plus encombrantes.

À gauche. Le système d'admission d'air forcé de la Suzuki TL 1000 S.
À droite. Désormais la boîte à air est au-dessus du moteur et non plus sous la selle.

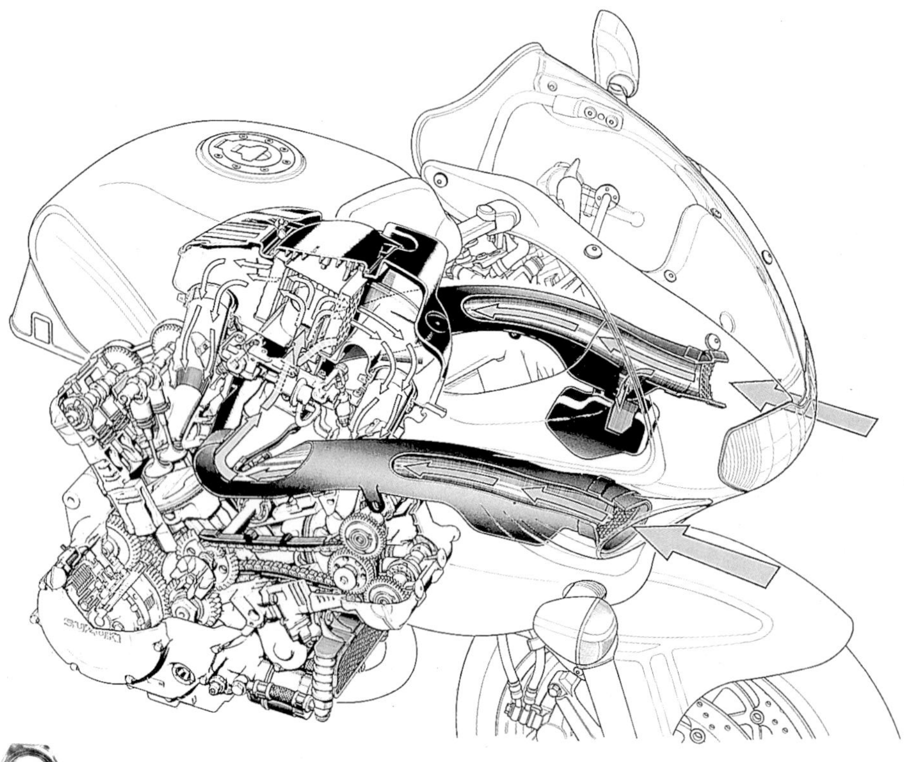

La transmission par arbre et cardans tarde à se généraliser sur les moyennes cylindrées.

Transmission secondaire

L'invention de la chaîne O'Ring à joints toriques (dans les années 80) a transformé la vie des motards. Avant cela, sur une grosse cylindrée, il fallait retendre et graisser la chaîne tous les 2 000 km, voire tous les 1 000 km sous la pluie.

Son entretien était fastidieux (souvenez-vous de la chaîne que l'on devait tremper dans un bain d'huile chaude...), de plus en plus souvent répété avec l'usure, et une durée de vie limitée à 15 000 km.

Aujourd'hui, même sur des motos de plus de 100 ch, une chaîne dure 30 000 km, se retend et se graisse, en moyenne, tous les 5 000 km. Pour les transmissions acaténes, dès 1976 sur la Yamaha XS 750, le double cardan (un en sortie de boîte, l'autre avant le pont) a permis d'éliminer l'effet de couple qui faisait se relever la moto de l'arrière à l'accélération.

La transmission secondaire par courroie, chère à nos ancêtres a repris du service avec Harley Davidson qui en équipe pratiquement toutes ses motos. La puissance modérée de ces gros V twin a laissé croire que ce type de transmission était à proscrire pour les motos puissantes.

Puis sont apparues les Buell, dont le moteur Harley développe jusqu'à 100 ch, toujours équipé d'une transmission par courroie. Souple, propre, silencieuse, sans entretien, la courroie est une intéressante alternative à la chaîne et au cardan, surtout depuis que les progrès techniques (renfort kevlar) ont permis d'en réduire la largeur.

La courroie, une bonne alternative à la chaîne.

Avec les joints toriques, la durée de vie des chaînes a été multipliée par deux.

Embrayage

Il s'agit de l'un des éléments mécaniques qui a le moins évolué, si ce n'est dans la composition des disques garnis (dans le cas d'un multidisque), qui ont abandonné l'amiante au profit de particules métalliques ou céramiques.

En revanche, pour adoucir la commande d'embrayage des motos puissantes, l'hydraulique s'est imposée. Afin de minimiser les effets de blocage de la roue arrière au rétrogradage, particulièrement sensible sur les gros V twin, Aprilia a inventé un système automatique (PPC) permettant un glissement des disques. Aujourd'hui, comme hier, seuls BMW et Guzzi restent fidèles aux embrayages monodisque à sec.

La transmission primaire (vilebrequin/boîte) fait appel à une chaîne (type silencieuse Hi-Vo) où, de plus en plus, à des pignons à taille droite.

La taille hélicoïdale (oblique), plus silencieuse, est désormais incompatible avec la puissance des moteurs.

L'embrayage monodisque à sec, une technique automobile.

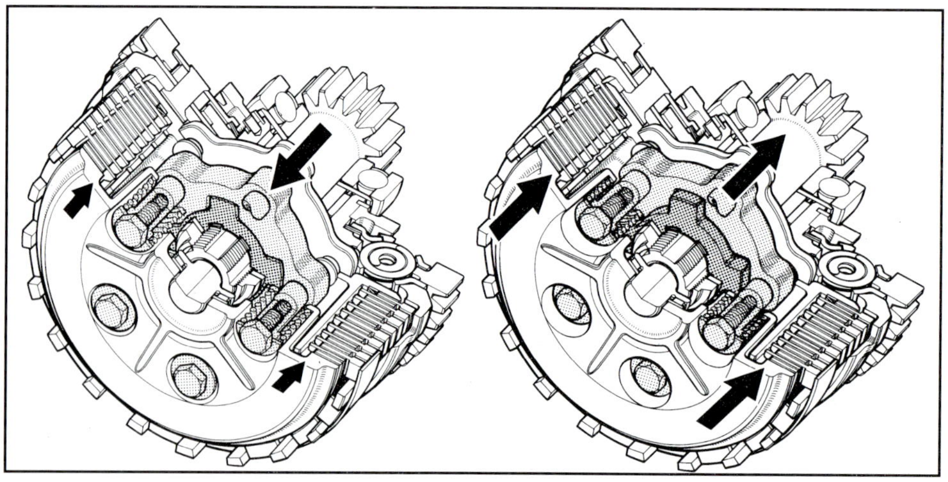

Le multidisque intègre des systèmes qui gèrent les glissements.

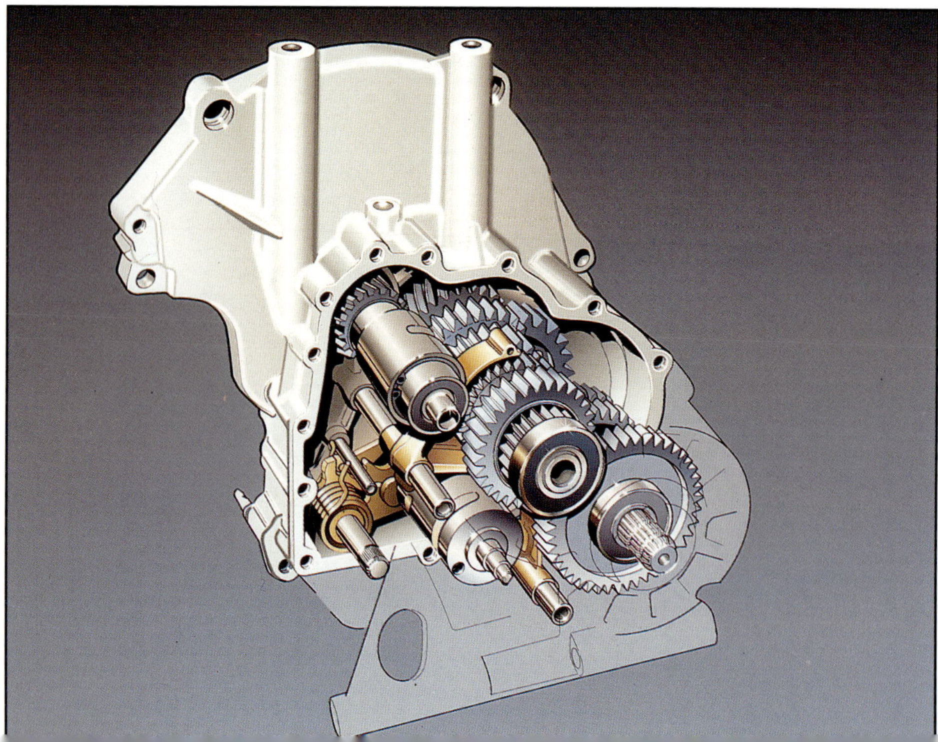

Boîte de vitesses

Le principe de la boîte en cascade, généralisée sur les moteurs de moto a toujours été d'actualité. En revanche, le nombre de rapports s'est multiplié.

De (généralement) quatre avant les années 70, on est passé à 5 et 6 vitesses. En 1976, une CB 750 à boîte semi-automatique sera produite par Honda. Avec le sélecteur, l'on pouvait choisir entre les rapports courts pour la ville et les rapports longs pour la route.

Elle connut un petit succès aux USA, où il s'en vendra plus de 8 000, et aucun en France. L'évolution technique demande des moteurs très compacts pour que les motos (surtout les sportives) soient plus courtes.

La boîte de vitesses logée derrière les cylindres a changé d'architecture : ses deux axes, placés l'un derrière l'autre, sont l'un au-dessus de l'autre sur les R1, CBR, GSX-R.

La boîte 6 vitesses a tendance à se généraliser.

Vilebrequin, bielles

Le vilebrequin monobloc en acier forgé est le plus utilisé pour les moteurs 4-temps (il existait déjà sur la CB 750). Les avantages consistent en un moindre coût de fabrication et grande rigidité. En revanche, il impose des bielles à chapeau plus complexes à fabriquer que les bielles monobloc à roulement à aiguilles que l'on trouve sur les 2-temps et Harley.

Depuis trente ans, dans leur quête de rendement, les ingénieurs motoristes ont beaucoup travaillé pour minimiser les frottements des équipages mobiles. Les bielles monobloc engendrent moins de pertes mécaniques par frottement, mais nécessitent un vilebrequin assemblé plus complexe et beaucoup plus cher que le vilebrequin forgé (surtout pour un multicylindre).

Pour réduire les frictions sur un vilebrequin monobloc, il a fallu optimiser le graissage des paliers, le rôle des coussinets et soigner l'équilibrage des bielles dans leur usinage.

BMW pour son nouveau flat twin (1993) a employé la technique de la bielle cassée. Cela consiste, une fois la pièce sortie de fonderie, à casser (et non scier) la tête de bielle (par introduction d'une pièce conique), afin qu'à l'assemblage du chapeau la jonction soit parfaite.

Autre chantier, la réduction de la longueur du vilebrequin pour plus de rigidité et moins d'encombrement. En 1983, Honda présente la CBX 750, un 4 cylindres en ligne que son alternateur, rejeté derrière les cylindres (et non plus en bout de vilebrequin), rend ultracompact. En 1984, Kawasaki avec sa GPZ 900 « Ninja », innove avec un entraînement de la distribution en bout de vilebrequin et non au milieu, comme ce sera encore le cas pour les autres 4 cylindres. Cette technique étant permise par l'adoption du refroidissement par eau.

L'étonnant piston ovale à double bielle de la NR Honda.

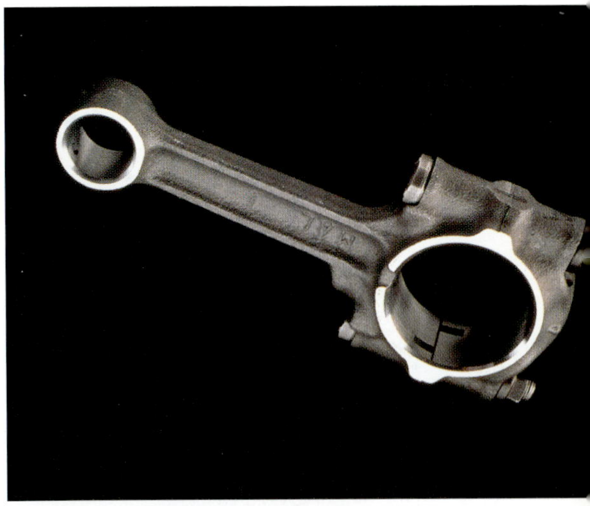

Les bielles à chapeau (en 2 parties) se généralisent sur les 4-temps.

L'embiellage monobloc, taillé dans la masse, reçoit des bielles à chapeau.

Bielle sur roulement aiguille, vilebrequin assemblé, masse d'équilibrage pour le mono BMW F 650.

Carters

Les mécaniques japonaises ont généralisé les carters s'ouvrant sur un plan horizontal et non plus vertical comme sur les anglaises. Une façon radicale de supprimer les fuites d'huile. Toutefois, les progrès de l'usinage ont réhabilité les carters s'ouvrant sur un plan vertical (Suzuki V twin, Aprilia V twin, Voxan...).
L'assemblage d'un moteur à plan horizontal se compose d'un carter inférieur, d'un carter supérieur, des cylindres et de la culasse. Avec la CX 500 (1978), Honda supprime un intermédiaire puisque le carter supérieur intègre les cylindres.
BMW fera de même en 1983, avec la K 100, et aujourd'hui, toute la nouvelle génération de sportives 4 cylindres (Yamaha R1, Honda CBR 900, VTR...) adopte cette technique dont les avantages sont la compacité, la rigidité et la suppression du joint d'embase.
Bien évidemment, cette technique est rendue impossible avec les carters à plan vertical. Les moteurs, qui ont un rôle porteur dans l'agencement de la partie-cycle, ont des carters renforcés.
La tendance actuelle est l'ancrage du bras oscillant sur les carters moteurs (Ducati, BMW, Honda...), permettant de réduire l'empattement et, de ce fait, de soumettre les carters à de fortes contraintes dans leur construction.

Carters s'ouvrant sur un plan vertical.
Carters s'ouvrant sur un plan horizontal.

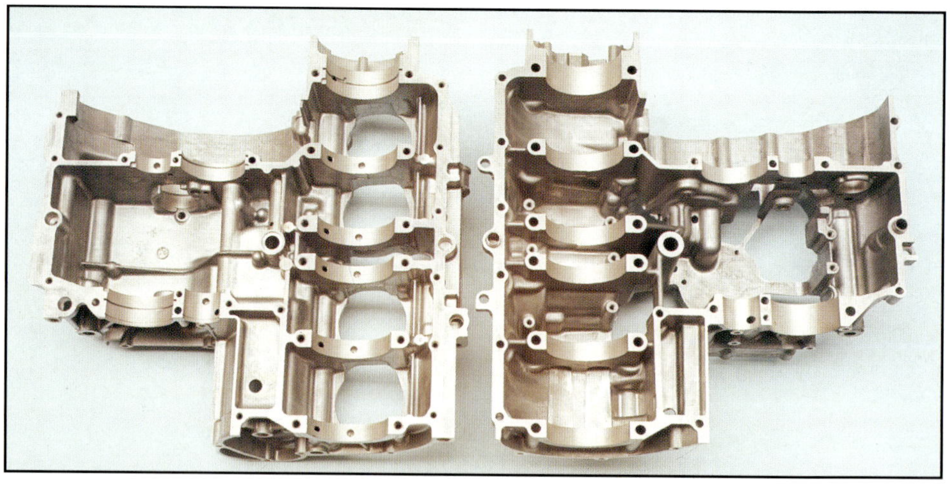

Cylindres

La technique du cylindre aluminium chemisé fonte sera progressivement abandonnée, du moins pour les motos sportives, pour des chemises en aluminium traité Nikasil (ou assimilé) par dépôt électrolytique, ce qui fait gagner du poids.
Les moteurs 2-temps ont été les premiers à adopter cette technique. Déjà, dans les années 60, l'intérieur du cylindre des Mobylette était chromé. Pour minimiser les frottements et favoriser les échanges thermiques, rien de mieux que les chemises fabriquées par frittage, à partir de poudre d'aluminium, de céramique et de graphite, comme sur les Honda CBR 900 et VFR 800.

Les cylindres sont désormais intégrés au carter supérieur.

Culasses

Les performances des moteurs 4-temps (puissance, couple, consommation) sont issues de leurs culasses. La culasse est l'élément qui a le plus évolué depuis trente ans.

Les culasses à deux soupapes sont désormais rarissimes. On trouve plus souvent des culasses à trois, quatre, cinq voire huit soupapes sur la Honda NR. Honda est la marque qui a, plus que toutes les autres, fait évoluer les culasses. En 1966, avec la CB 450, la culasse est déjà double ACT avec rappel des soupapes par barre de torsion. La première culasse à quatre soupapes est celle du mono Honda XL 250 de 1972.

Le premier 4 cylindres double ACT seize soupapes est le CB 900 « Bol d'Or » de 1978. Cette même année, Honda commercialise la CX 500 à quatre soupapes et distribution culbutée pour réduire la hauteur des cylindres.

Enfin, la culasse de la fameuse NR à pistons ovales ne renfermait pas moins de trente-deux soupapes. Les autres marques copieront plus ou moins rapidement, et seule Yamaha fera preuve d'originalité avec, en 1984, la FZ 750 4 cylindres à cinq soupapes par piston (trois admissions, deux échappements).

Actuellement, le meilleur rendement semble être obtenu avec les culasses à quatre soupapes et le double ACT à attaque directe et réglage du jeu par pastille. L'angle formé par les soupapes d'admission et d'échappement n'a cessé de se fermer (valeur actuelle moyenne de 30°, alors qu'elle était du double dans les années 70), ceci pour que le conduit d'admission soit plus direct, la chambre de combustion moins bombée, pour l'augmentation du taux de compression et que la culasse soit plus compacte, ce qui permet d'avancer le moteur dans le cadre et de charger la roue avant.

Les culasses à soupapes radiales (imaginez une demi-orange et quatre soupapes collées dessus) seront longtemps réservées au monocylindre (RFVC) chez Honda. Ce système, permettant de monter des soupapes plus grandes et d'améliorer le rendement thermodynamique dans les moyens régimes, sera repris sur la MV F4.

Les culasses à rappel de soupapes desmodromiques (un arbre à cames pousse sur la soupape et un autre la relève, pour supprimer les ressorts) sont une exclusivité de Ducati qui l'adaptera en série, dès 1968, sur ses 250 et 350 Mark 3.

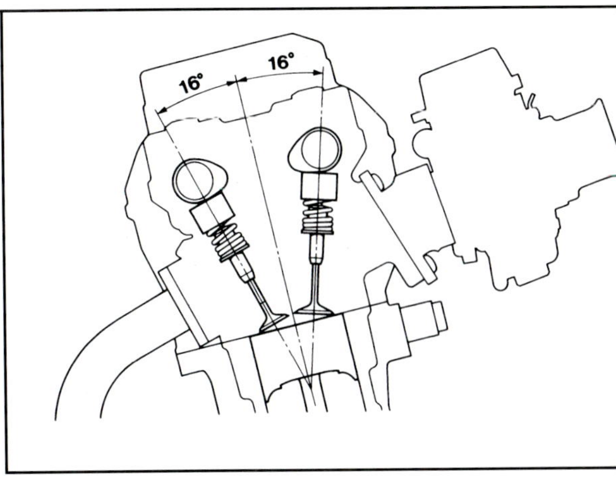

L'angle des soupapes se referme de plus en plus.

Ci-dessus. Le Suzuki VS 1400, culasse à 3 soupapes (2 à l'admission, 1 à l'échappement).

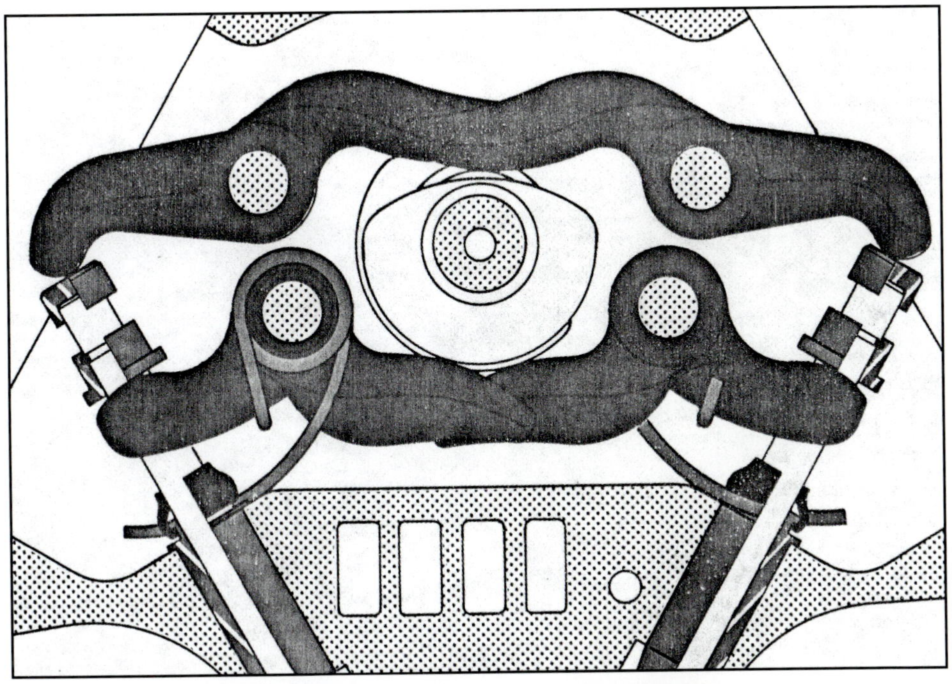

Ci-contre. Le système desmodromique, une exclusivité Ducati.

Ci-dessous, à gauche. Boxer BMW, le flat compact grâce aux linguets. À droite. Cinq soupapes (3 à l'admission, 2 à l'échappement) pour le Yamaha FZ.

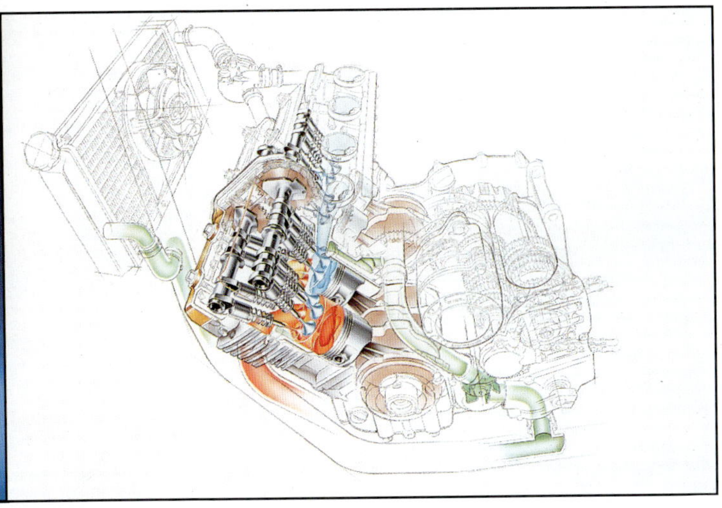

Pistons

La forme des pistons a évolué avec les modifications de l'angle des soupapes dans la culasse, passant d'une tête bombée (angle des soupapes supérieur à 70°) à une tête plate pour des angles inférieurs à 30°. La jupe s'est raccourcie, pour gagner du poids et réduire les frottements (ces frottements représenteraient 15 % du total des pertes mécaniques).
Toujours dans le même but, les pistons reçoivent un traitement au graphite (CBR 900), et pour éviter que la minijupe ne claque dans le cylindre, l'axe du piston est légèrement décentré.
Enfin, les dernières générations de pistons pour moto sportive sont en alu forgé.

Pistons 4-temps à gauche, 2-temps à droite.

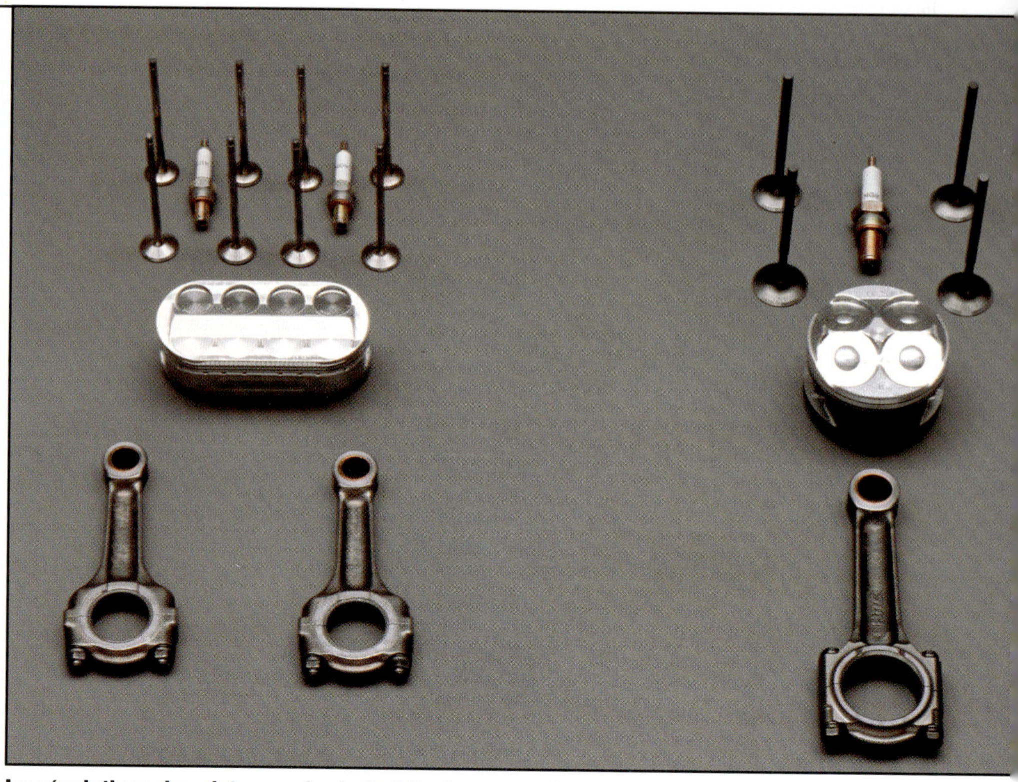

Le révolutionnaire piston ovale de la NR et une version classique.

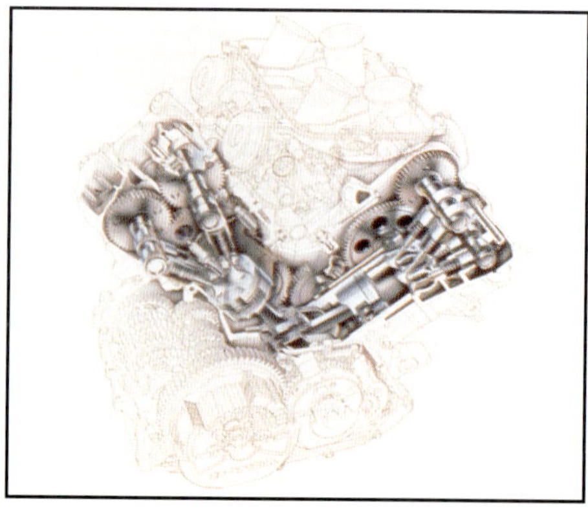

Distribution

La distribution culbutée (tiges et culbuteurs) limitant les régimes moteur a pratiquement disparu (reste Harley et Guzzi) au profit des arbres à cames en tête simple et double.
L'entraînement de ces ACT fait généralement appel à une chaîne qui, dans les années 70, comportait un tendeur extérieur (boulon, écrou, contre-écrou), pour ensuite devenir automatique. Le puits de chaîne est alors central pour les parallèles twin comme pour les 4 cylindres afin que l'ailettage du moteur soit symétrique et esthétique.
La distribution par cascade de pignons, longtemps réservée à la compétition, fera son apparition sur les V4 Honda en 1984, avec la VF 1000 R.
La distribution par courroie crantée est, avec le desmo, une autre spécificité Ducati apparue en 1979 sur la 500 Pantah (mais également chez Honda sur la GL 1000 de 1974 puis sur la ST 1100).
Avant, Ducati faisait appel à la distribution par couple conique, réactualisée aujourd'hui sur la Kawasaki W 650.

Au milieu, à gauche. Distribution par cascade de pignons (VFR Honda).
À droite. Distribution par chaîne (Suzuki).

Distribution par courroie (Honda ST 1100).

Alimentation

Ils sont loin les carbus à cuve séparée qu'il fallait titiller pour appeler l'essence et qui, lorsqu'on en avait plein les doigts, étaient parés pour la mise en route. Et l'on ne vous parle pas de la carburation perpétuellement déréglée. Les Japonais Keihin et Mikuni ont résolu ces problèmes avec des carburateurs performants, propres, fiables et qui aujourd'hui encore ne sont pas supplantés par l'injection.

Dès 1966, les carbus à dépression (levée du boisseau par dépression et non directement par le câble) ont assoupli la poignée des gaz dont le câble agit sur un papillon.

Dès 1969, la Triumph Trident est équipée d'une rampe de carbus par palonnier qui règle les problèmes de synchronisation. Ensuite, l'évolution des carbus ira de pair avec les rendements moteur. Les constructeurs japonais font tout spécialement fabriquer des carburateurs pour chaque nouveau moteur (Keihin appartient à Honda).

Alimentation.

En 1980, Yamaha et Mikuni inventent le système YEIS composé d'une chambre de récupération entre le carbu et la soupape d'admission qui évite le « trou » lors de la réouverture brutale des gaz. Le mélange gazeux contenu dans la chambre évite de « couper » la veine gazeuse.

En 1982, Yamaha équipe son monocylindre XT 550 de deux carbus, un à boisseaux directs pour les bas régimes et un à dépression pour les hauts régimes. L'adoption de boisseaux à guillotine permettra d'augmenter le passage des gaz sans nuire au flux. C'est ainsi que les carbus de la VTR 1000 Honda ont un diamètre record de 48 mm.

L'injection sur un moteur de moto est apparue pour la première fois en 1980, sur la Kawasaki Z 1000 H, puis sur la Honda CX turbo en 81 et chez Yamaha en 1982 sur une XJ 750, qui ne sera pas importée en France. Ensuite, les Japonais laisseront tomber l'injection, pour des raisons économiques (l'injection est beaucoup plus chère), mais aussi parce que leurs carbus fonctionnent à la perfection.

En Europe, c'est BMW qui, en 1983, adopte l'injection pour sa K 100, et profitera ensuite des évolutions du système optimisé sur l'automobile pour en équiper toute sa gamme, du mono au 4 cylindres. Le développement de l'injection, lié aux progrès de l'électronique, permet de réduire la consommation et d'adapter des pots catalytiques efficaces. C'est donc l'avenir. L'injection se fait dans la pipe d'admission et non directement dans la chambre de combustion, comme c'est déjà le cas en automobile. Les moteurs de moto tournent trop vite pour que l'injection directe soit pour l'instant possible.

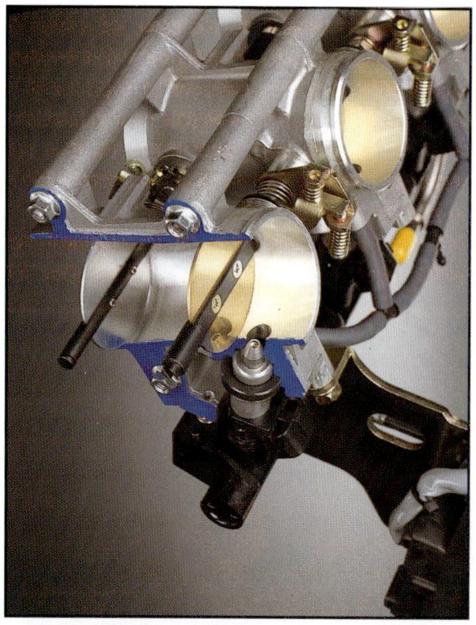

Afin de réduire la pollution et la consommation, l'injection est incontournable.

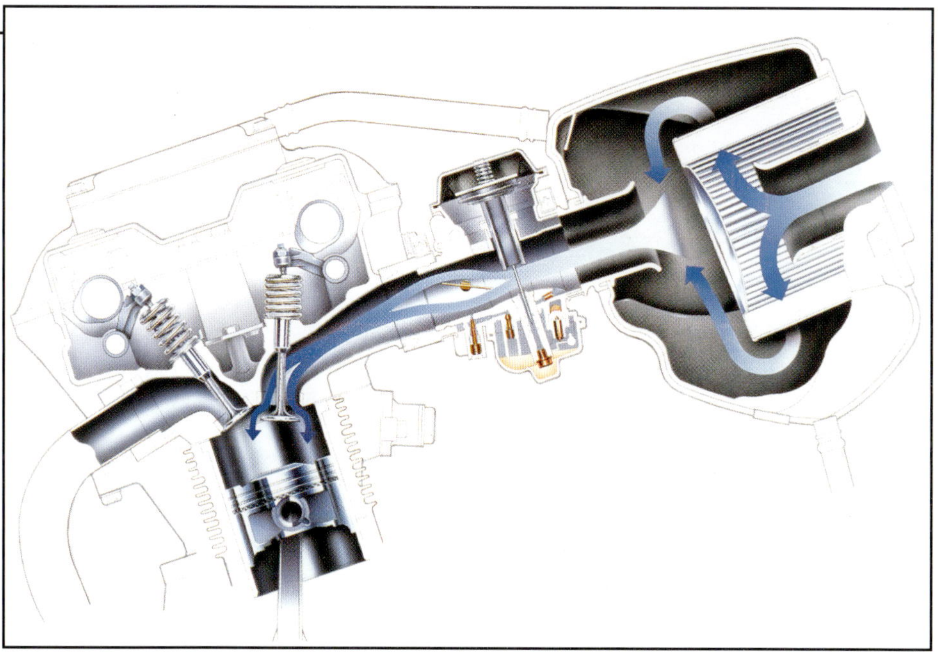

La perfection des carburateurs japonais a retardé l'adoption de l'injection.

Refroidissement

Le moteur à refroidissement par air a longtemps été incontournable. Ses avantages : l'esthétique, la légèreté, le coût de fabrication...

Ensuite, avec l'augmentation des puissances et la quête de mécaniques plus compactes, le refroidissement liquide s'est imposé : d'abord sur les 2-temps (Suzuki GT 750 en 1971) puis sur les 4-temps, à commencer par Honda pour la CX 500 et Kawasaki pour la Z 1300 en 1978, Yamaha pour la XZ 550 en 1981, et enfin Suzuki avec son GV 1200 V4 de 1984.

Pour sa GSX-R 750 (1984), Suzuki développera un refroidissement par air et huile. Technique reprise ensuite par BMW pour ses nouveaux boxers (1993).

Le refroidissment liquide se généralise.

Allumage

Les vis platinées, qui se dérèglent et s'usent, furent un cauchemar jusqu'à l'avènement de l'électronique qui a permis de supprimer les pièces mécaniques. C'est en 1974 que Yamaha utilise pour la première fois un allumage électronique CDI sur une moto de cross.

Le CDI fonctionne avec un capteur d'allumage qui donne une impulsion électrique à chaque tour de vilebrequin. On peut ainsi faire varier l'avance à l'allumage en fonction du régime moteur.

L'entretien est nul, la fiabilité meilleure (en cas de panne, il suffit de changer le boîtier CDI), et l'étincelle enfin est de grande qualité, d'où une combustion optimisée.

L'électronique est aujourd'hui omniprésente sur une moto. Elle gère également l'injection, le freinage ABS, certaines fonctions du tableau de bord (compte-tours) et, comme pour l'auto, permet des diagnostics rapides et précis en cas de panne.

Échappement

Dans la recherche de puissance, la forme de l'échappement tient un rôle fondamental (et plus encore sur un 2-temps).

Il s'agit tout à la fois que l'échappement permette au moteur de bien respirer (en restant dans les normes de bruit), mais également de récupérer les ondes de contre-pression (dans les étranglements) pour favoriser la combustion dans la culasse, source de puissance et de couple. D'où des formes de plus en plus tarabiscotées, des raccordements entre les tubes et la présence sur certaines Yamaha sportives, depuis 1987, du système Exup.

Une valve placée au niveau du raccordement des quatre tubes, commandée électriquement, gère les contre-pressions pour améliorer le rendement dans les moyens régimes. Honda la reprit sur la CBR 900 en 2000.

Les échappements sujets à la corrosion (vapeur d'eau dans le silencieux) ont vu leur durée de vie augmenter grâce à l'emploi d'acier inox. BMW sera le précurseur en la matière. De même, c'est chez BMW que seront développés les premiers catalyseurs à sonde lambda (K1), les seuls vraiment efficaces mais qui nécessitent une alimentation par injection.

La dépollution des moteurs de moto est un enjeu d'avenir. Au cours des dix prochaines années, la réglementation imposera aux motos les normes antipollution actuellement en vigueur pour l'automobile.

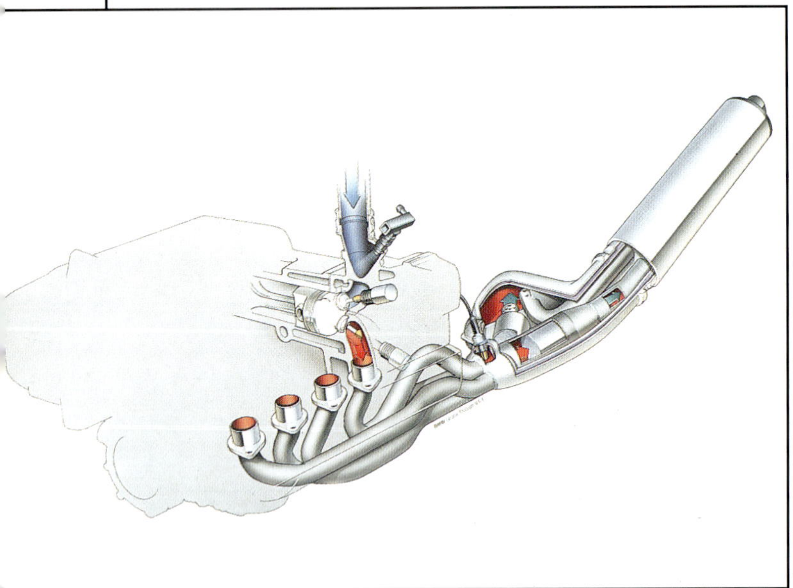

Échappement catalysé BMW, piloté par sonde lambda.

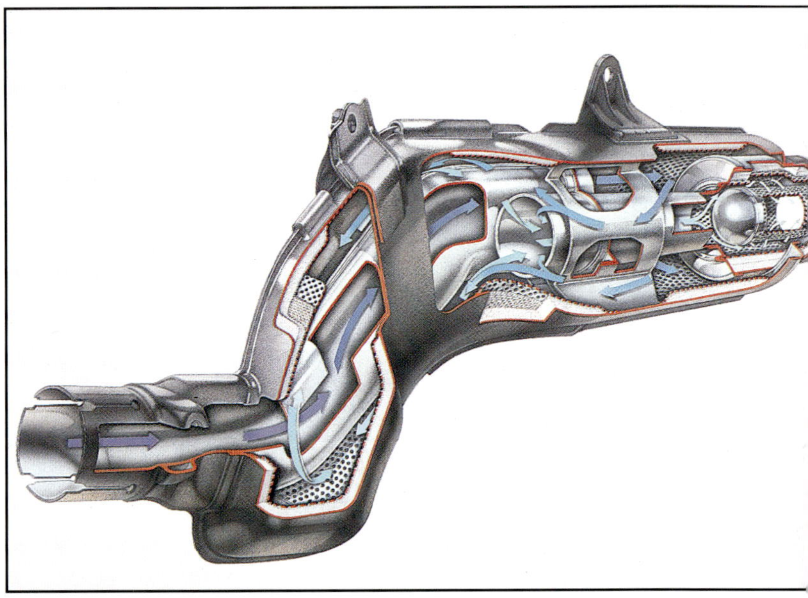

Réduire le bruit sans perdre de puissance nécessite un cheminement complexe des gaz.

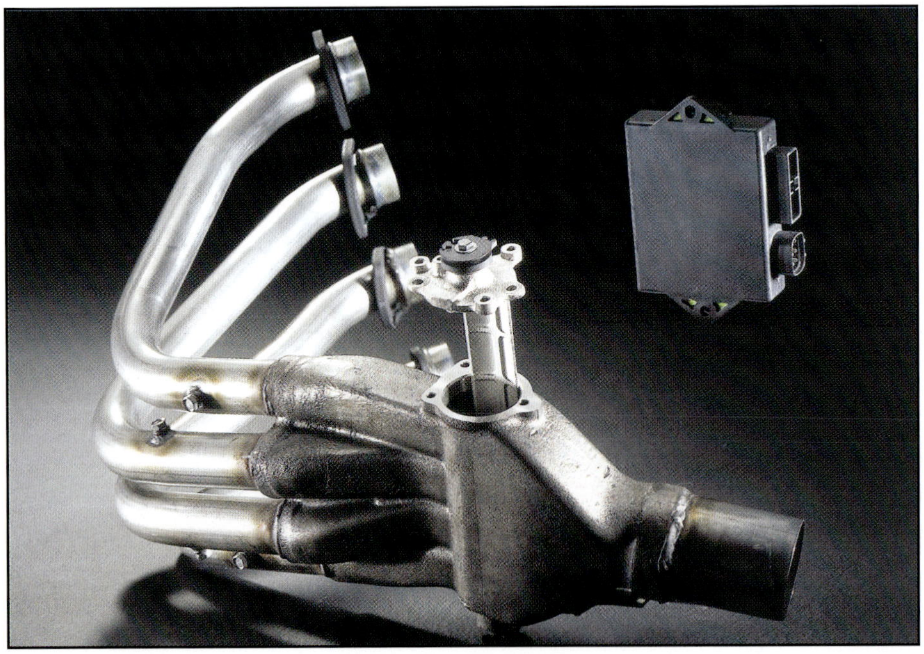

Le système Exup de Yamaha améliore le couple moteur.

Évolution technique des moteurs 2-temps

Au printemps 1998, Honda annonce officiellement l'abandon d'ici 2002 de la production de moteurs 2-temps, principe mécanique jugé trop polluant ou trop cher à dépolluer. En cette fin de siècle, l'usage du moteur 2-temps se cantonne dans les petites cylindrées et dans la compétition. Et encore, les réglementations sportives favorisent de plus en plus le 4-temps.

Le 2-temps ne sera bientôt plus qu'un souvenir, mais quel souvenir. Les étonnantes Yamaha 250 YDS3 et Suzuki T20 des années 66, la démoniaque Kawasaki 500 3 cylindres de 1969 et sa grande sœur la 750 H2, puis, en 1981, la mythique Yamaha RDLC 350, échappée d'un paddock de GP ; de même que la Suzuki RG 500 en 1984.

Le 2-temps, qui a acquis ses lettres de noblesse en compétition, sera toujours synonyme de moto sportive et son évolution technique fut directement liée aux enseignements de la course.

Alors que Honda s'est longtemps fait le chantre du moteur 4-temps, Yamaha sera celui du 2-temps avec, à son actif, de nombreuses innovations. Le graissage séparé (autolube) équipe les Yamaha dès 1964. En 1967, Yamaha industrialise le cylindre à cinq transferts, puis le cylindre à sept transferts à partir de 1971, année de l'introduction du Reed Valve, l'admission par clapets qui rendra les moteurs 2-temps plus souples à utiliser (une technique développée sur les motos de GP V4). En 1974, l'allumage électronique CDI facilite le démarrage et favorise le couple.

En 1980, naissance de l'YPVS, la valve à l'échappement qui régule le balayage en jouant sur la section de la lumière d'échappement afin d'optimiser la combustion et de favoriser la souplesse et le couple. Cette technique ne cessera d'évoluer via une gestion mécanique puis électronique de la valve, et sera reprise par tous les constructeurs de 2-temps performants.

Actuellement, toutes les motos de GP en sont équipées. Suzuki sera le premier à adopter le refroidissement par eau sur son 3 cylindres GT 750 en 1971. Et le premier également à utiliser les distributeurs rotatifs sur une moto de route, la fameuse RG 500 4 cylindres en carré de 1984.

En 1995, alors que Yamaha et Suzuki jouent au maximum la carte du 4-temps, Honda engage un proto 2-temps au Paris-Dakar, la EXP-2 400 cm³, qui expérimente un nouveau système (ARC) anti-pollution, dont le principe de fonctionnement est d'optimiser la combustion quel que soit le régime moteur. Un système qui équipera ensuite le scooter 125 Panthéon, le dernier 2-temps de grande série construit par Honda.

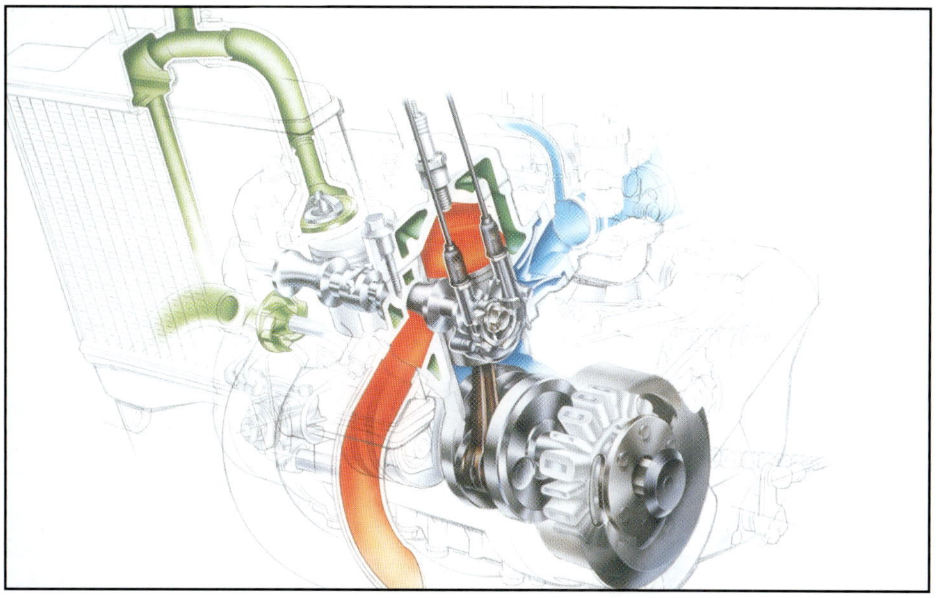

Un 2-temps moderne (ici un 350 Yamaha) comporte des clapets à l'admission et une valve à l'échappement.

apet d'admission fonctionne comme une ape automatique.

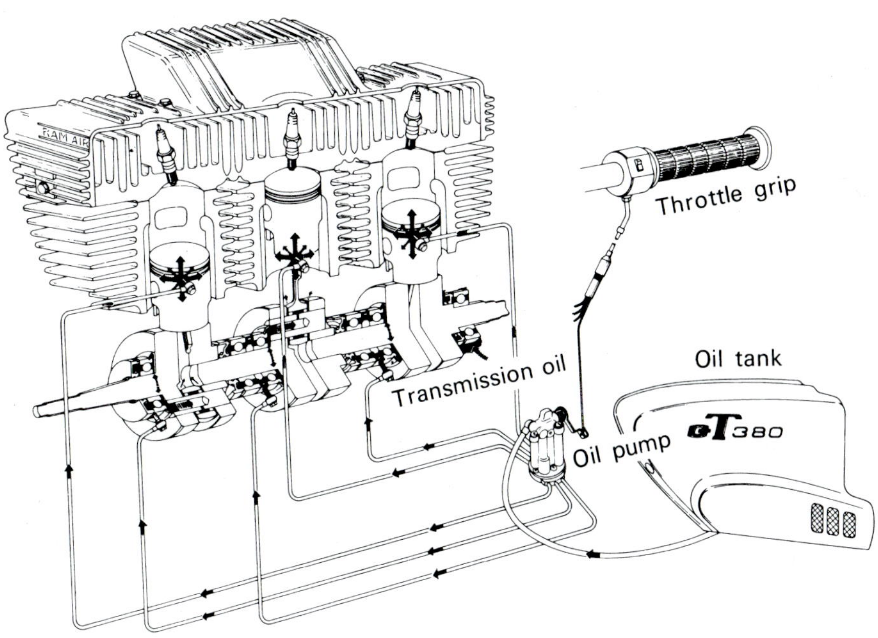

Suzuki a perfectionné le graissage du 2-temps avec un envoi d'huile sous pression dans l'embiellage.

LES FREINS ÉVOLUTION TECHNIQUE

Il suffit de parcourir quelques kilomètres sur une moto des années 70 pour prendre conscience du progrès accompli dans la technologie des freins.

Ceux qui n'ont jamais connu cette époque pensent qu'il s'agit de ralentisseurs, les autres se remémorent leurs frayeurs, bénissent le progrès et se disent que, somme toute, le manque de performance des freins leur a appris à conduire. Cela leur a appris, effectivement, à être attentifs, à ne pas se laisser surprendre, à développer leur sens de l'anticipation et à garder une marge de sécurité.
Les freins de jadis n'étaient pas tous inefficaces : certains l'étaient trop, bloquaient dès qu'on effleurait le levier et changeaient de comportement suivant l'humidité ou en cours d'usage. Tout ceci était le fait des freins à tambour. ●

Le freinage, plus grand progrès de ces 30 dernières années.

Les freins à tambour

Omniprésent jusqu'à l'avènement de la CB 750, le frein à tambour a aujourd'hui totalement disparu des roues des motos, sauf (à quelques rares exceptions près) pour l'arrière.
Le simple came, qui écarte les mâchoires dans le tambour depuis un seul point, est le basique, mais il est encore suffisant pour un frein arrière si on l'utilise avec parcimonie. Le double came, couramment réservé à l'avant, a deux points de pivotement diamétralement opposés, ce qui permet un écartement des mâchoires plus rationnel et donc un meilleur contact de la garniture. Toutefois, ces freins doubles cames (et a fortiori les doubles/doubles cames) étaient délicats à régler si l'on voulait que les cames agissent toutes en même temps.
Autre handicap, la perte d'efficacité avec l'échauffement : le tambour se dilate, la garde de frein change, il faut donc la régler puis recommencer lorsque le tambour refroidit.

Le frein à tambour, un ralentisseur aujourd'hui décoratif.

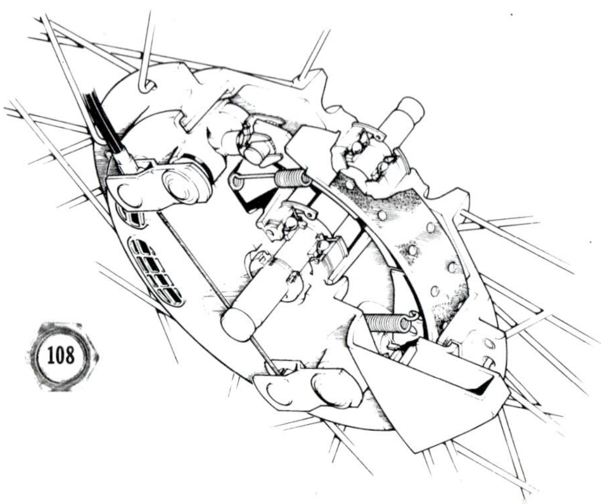

Les freins à disque

Tout a commencé par un simple disque, celui de la « 4 pattes », en 1969, et un étrier flottant à un piston. L'axe de fixation de l'étrier est articulé et la pression de l'hydraulique pousse un seul piston. Aujourd'hui, ce type de frein à disque est réservé au frein arrière, et encore. Alors, on a encensé le procédé, jugé le freinage puissant et surtout apprécié qu'il ne se dérègle pas et reste efficace après quelques freinages appuyés.
En 1972, Suzuki, jusqu'alors fidèle au tambour, équipe sa GT 750 d'un double disque, mais les étriers sont toujours à un seul piston. L'étape suivante sera l'étrier à double piston, un de chaque côté du disque, puis le double disque à étrier double piston.
Sur les premières motos équipées de freins à disque, le positionnement de l'étrier était au sommet du disque devant le fourreau de fourche. Il passera ensuite derrière (sur la BMW R 90 S, en 1973) en position basse pour une histoire de centre de gravité, et aussi pour que la chaleur dissipée par l'étrier ne perturbe pas le fonctionnement de la fourche.
À partir de 1981, les Honda haut de gamme s'équipent d'étriers à pistons juxtaposés (soit quatre pistons pour un étrier) qui, ensuite, auront un diamètre différent (le plus petit au plus bas) pour une usure uniforme des plaquettes.
Dernière évolution des étriers : les six pistons (trois juxtaposés), mais les étriers quatre pistons sont aussi efficaces et moins lourds.
Les plaquettes du début du frein à disque étaient en matière organique. D'abord à base d'amiante (interdit

Frein simple disque de la Yamaha GTS ; chaque piston a une action freinante.

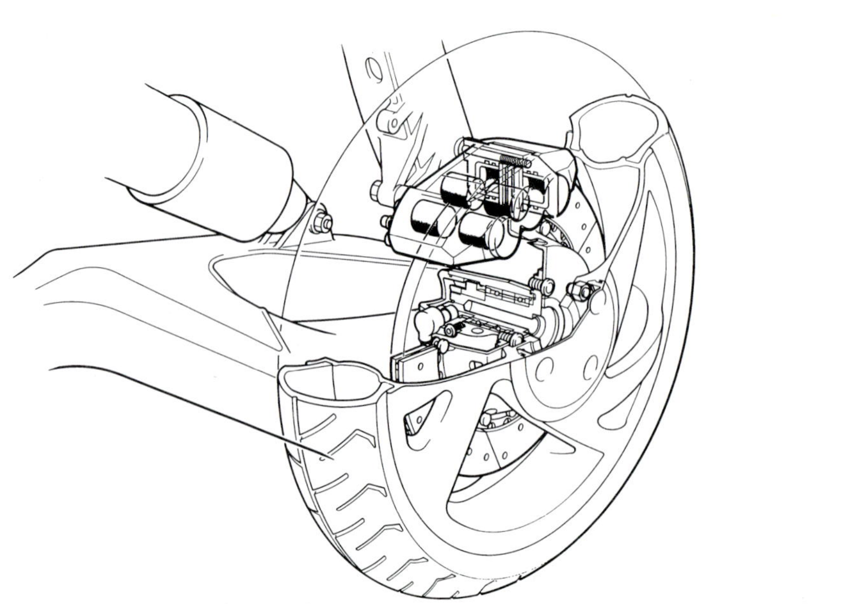

par la suite), elles utilisèrent ensuite un mélange de particules de laiton, d'aluminium et de kevlar. Au début des années 90, Kawasaki s'équipe de plaquettes en métal frittées, avec de la poudre agglomérée à base de cuivre. Ce sont encore celles qui offrent le meilleur rendement, y compris sous la pluie.

Le diamètre des disques connaîtra une fluctuation entre 220 et 320 mm. Un seul grand disque peut être aussi efficace qu'un petit double disque, mais ce dernier évite le vrillage de la fourche. L'acier inox est le plus employé dans la fabrication des disques. La fonte offre un très bon rendement, mais est plus fragile et rouille facilement.

En 1973, BMW perce ses disques d'une multitude de trous avec pour effet une amélioration du freinage sous la pluie (le film d'eau est alors déchiré) et, accessoirement, un allégement des disques. Les progrès au niveau du montage « flottant » de la piste de freinage permettent un jeu axial et un centrage optimum du disque par rapport aux plaquettes. Par ailleurs, cette technique offre la possibilité de monter une piste de freinage dans un métal différent du reste du disque.

En 1984, la Yamaha RDLC 500 est équipée de disques à refroidissement radial (évidemment dans l'épaisseur du disque). Une technique automobile difficilement transposable à la moto du fait de la faible épaisseur du disque (entre 5 et 8 mm). Actuellement, en compétition, le disque en carbone (avec plaquette du même « métal ») est plébiscité.

Plus léger que l'acier, donc favorable à la réduction du poids non suspendu, très performant en mordant, il lui faut encore se perfectionner sous la pluie et surtout être opérationnel sans qu'il soit nécessaire de le mettre en température.

La puissance de freinage des motos modernes est telle qu'il faut désormais limiter les risques de blocage de la roue avant (une chute sur dix est le résultat d'un surfreinage), ce qui amène les constructeurs à travailler sur différents types d'assistance au freinage.

L'ABS

Développé par BMW dès 1986, soit avec dix ans de retard sur l'automobile, l'ABS, qui équipe en 1988 les premiers modèles de la série K, est un système qui contrôle en permanence et électroniquement les glissements des roues pour appliquer et relâcher (10 fois par seconde) la puissance de freinage de telle sorte que le disque ne se bloque jamais.

Ce système complexe utilise des capteurs dans les roues, un calculateur et un groupe hydraulique pour gérer les pressions de freinage. Cette technologie chère grève d'une douzaine de kilos le poids de la moto et restera longtemps réservée au haut de gamme style GT, les acquéreurs de ce type de motos étant plus sensibles que les autres aux questions de sécurité.

L'ABS apporte un réel plus en ce sens et se joue des freinages d'urgence, surtout sur sol mouillé. Une innovation qui fonctionne de mieux en mieux avec les progrès de l'électronique, et qui est appelée à se développer sur tous les types de motos (excepté sur les sportives, la science du freinage faisant partie du plaisir de pilotage).

BMW propose l'ABS sur pratiquement toutes ses motos, y compris sur le mono d'entrée de gamme et sur le scooter C1. Les constructeurs japonais semblent, pour l'instant, moins convaincus par l'ABS. Yamaha en équipera sa FJ 1200 en 1991, Honda sa Pan European en 1990 en le couplant avec un répartiteur de frein (CBS) et un système anti-patinage (TCS).

L'ABS BMW : la dernière génération est plus légère et plus performante.

Le freinage intégral

Il s'agit de réguler le freinage entre l'avant et l'arrière, grâce à un système de couplage qui favorise la prépondérance de l'avant. Guzzi développe ce système dès 1975 mais dans une version simplifiée, mécanique, toujours d'actualité sur la California.

Honda le reprend à son compte en 1993 en lui apportant une multitude de perfectionnements, dont l'étrier six pistons sur chacun des trois disques. Lorsqu'on actionne le levier de frein avant, on commande simultanément les deux pistons extérieurs des deux disques avant et les deux pistons extérieurs du disque arrière. La pédale de frein commande les trois pistons centraux (deux à l'avant, un à l'arrière).

L'avantage du système consiste en une décélération progressive qui atténue l'effet de plongée et réduit largement les risques de blocage. Encore une innovation qui fonctionne très bien et qui se généralise de la 125 à la 1 100 cm^3 dans la gamme Honda.

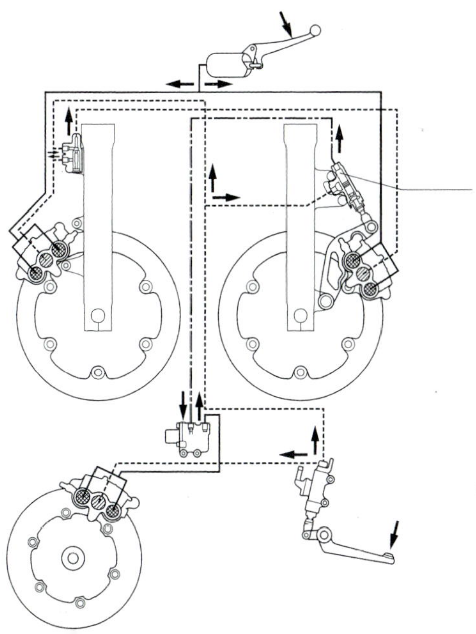

Le système CBS Honda, un répartiteur intelligent.

LES PNEUS ÉVOLUTION TECHNIQUE

Dans les années 70, les constructeurs de motos n'avaient guère de choix en monte pneumatique, que ce soit dans les marques (avec une forte prédominance de Dunlop et Avon) ou dans les tailles et les qualités de gomme.

En bref, ils montaient ce qui était disponible chez les manufacturiers, et en seconde monte, les motards faisaient de même avec le produit vedette : le Dunlop K 81. Puis la concurrence s'est établie : Michelin, Bridgestone, Continental, Metzeler, Pirelli... Ce qui a permis aux constructeurs de développer des pneus spécifiques pour chaque modèle ou presque.
Aujourd'hui, le développement d'un nouveau pneumatique est d'abord dicté par le cahier des charges des constructeurs, au point qu'en Allemagne, et bientôt ailleurs, lors de l'homologation d'une nouvelle moto, est établie la liste des pneus qui lui sont destinés.
Ce développement doit tenir compte des spécificités de la machine (puissance, performances, poids, concept), sans oublier l'aspect esthétique de plus en plus important, voire même plus important que la longévité. ●

La structure diagonale.

Le radial inventé par Michelin.

Évolution des profils et sculptures des pneus en 30 ans. Ci-dessus. Pneu 2000. Ci-contre, à droite. Pneu 1972.

Le principe technique du radial à 0°.

Structures

Dans les années 70, tous les pneus étaient à structure diagonale : sous la gomme, plusieurs nappes (fils d'acier ou polyamide) se croisent à 45°. Ces nappes jouent entre elles, ce qui crée un échauffement préjudiciable à la bonne tenue de la gomme. En revanche, le principe des nappes croisées permet à un pneu de s'inscrire plus facilement en courbe.
À la fin des années 70, apparaît la structure diagonale ceinturée avec des nappes supérieures qui se croisent sous un angle réduit (15/20°). On limite ainsi l'effet de centrifugation pour améliorer les performances du pneu dans les hautes vitesses.
Mais c'est en 1984, avec l'apparition du Michelin radial, que le pneu connaît sa vraie révolution. La structure principale (une seule nappe en fil) est perpendiculaire à la jante, ce qui donne des flancs plus rigides tout en diminuant le poids de la carcasse. Restent des nappes croisées à 90° au sommet du pneu, garantes de la manœuvrabilité.
Le radial cumule les avantages : il est plus léger, il s'échauffe moins, ce qui permet l'emploi de gommes plus performantes, et se déforme moins. Cependant il est moins confortable qu'une structure croisée. Il sera néanmoins adopté à l'unanimité, y compris pour les 125 sportives.
Ses dernières évolutions présentent toujours une nappe perpendiculaire recouverte à 90° d'une nappe dont les fils sont tous dans le sens d'enroulement du pneu (radial 0° chez Metzeler), et avec en plus (chez Michelin) deux nappes sommet à 75° pour un meilleur guidage.

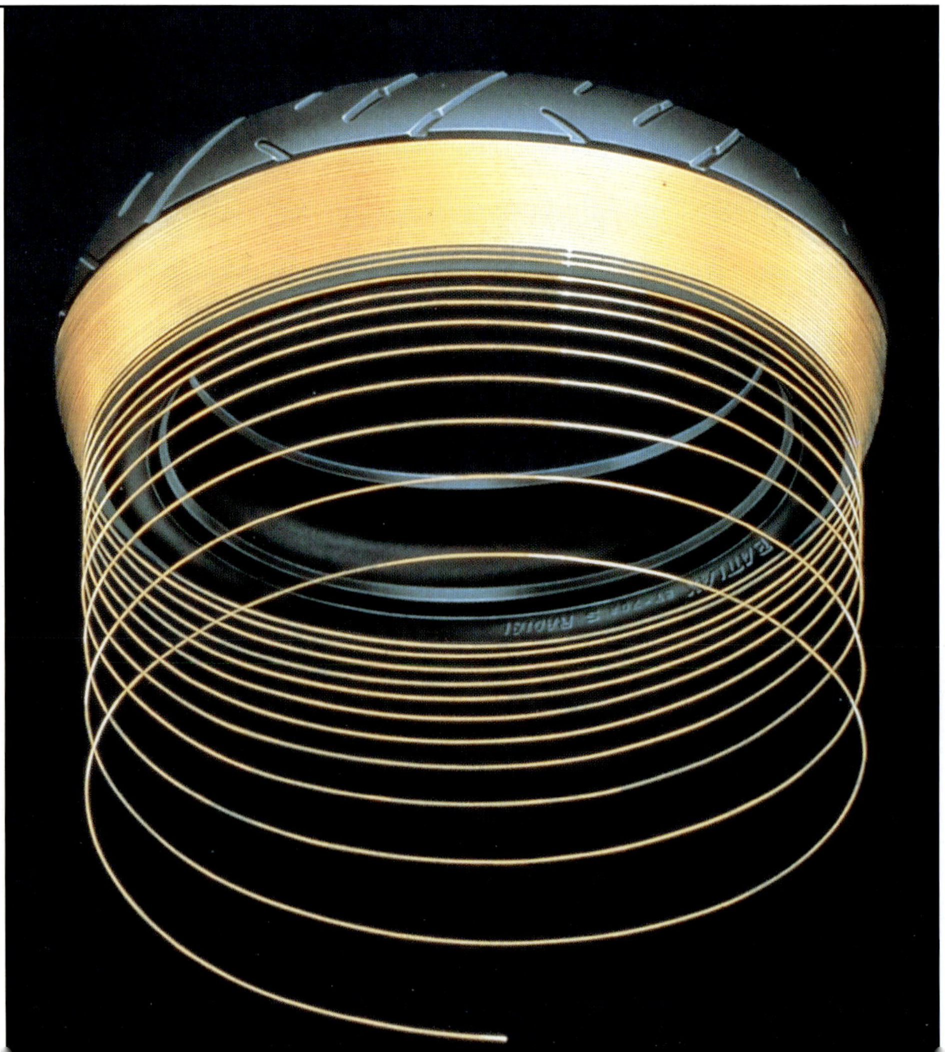

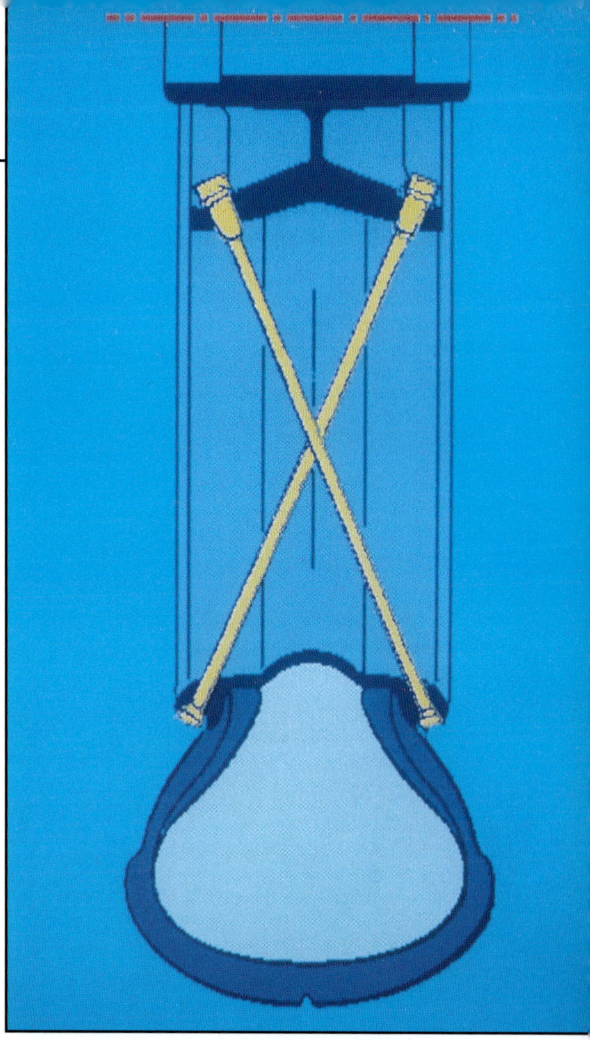

Les roues à rayons tangentiels (BMW) permettent de monter des pneus tubeless.

Les sculptures

En règle générale, la forme des pneus est passée d'un profil triangulaire à un profil rond. Les sculptures, jadis très marquées, avec un avant ligné, présentent désormais des dessins tarabiscotés mais néanmoins étudiés pour l'évacuation de l'eau.

La qualité de la gomme a considérablement progressé. L'adjonction de silice améliore l'adhérence sur le sec comme sur le mouillé.

Les pneus d'aujourd'hui sont autrement sécurisants ; on peut même dire que pour les sportives, le pneu du commerce a des propriétés d'adhérence identiques à celles des pneus de compétition d'il y a moins de 5 ans.

Par ailleurs, l'accord entre la partie-cycle et le pneu est de plus en plus pointu, avec des résultats parfois décevants lorsqu'on ne trouve pas le bon accord.

Enfin, ils n'ont rien gagné en longévité et sur une sportive menée bon train, ils sont à changer au bout de 5 000 km, à l'arrière et à l'avant, car, avec les nouvelles distributions du poids, l'avant s'use autant que l'arrière.

Afin de faire passer la puissance, mais également pour des raisons esthétiques, la section du pneu est de plus en plus grosse et a pour conséquence une perte de maniabilité.

Les roues

Les roues avec jantes de 19 pouces à l'avant et 18 pouces à l'arrière équiperont la plupart des routières jusqu'en 1982, date à laquelle Honda s'essaye à la roue avant de 16 pouces pour sa CBX 750 et la VF 750 F. Ce choix, dicté par la compétition, permet une grande agilité du train avant et a obligé les manufacturiers de pneus à fabriquer cette dimension inusitée.

Puis l'avènement du pneu radial à taille de plus en plus basse conduira à l'utilisation de jantes de 17 pouces, le standard actuel, à l'avant comme à l'arrière pour les routières. Les jantes ont évolué en hauteur mais aussi en largeur, passant allégrement pour l'arrière de 9 à 15 cm. Aujourd'hui, la jante avant est aussi large que celle de l'arrière dans les années 70.

C'est en 1975 qu'apparaissent chez Yamaha (XS 500) les premières roues à bâtons. C'est le début d'une nouvelle ère pour le pneumatique, puisqu'il est désormais possible d'équiper ces jantes de tubeless (les Honda CX 500 et CBX 1000 seront les premières à en être équipées). Côté sécurité, le progrès est émorme. Le tubeless éradique l'éclatement, se dégonfle lentement et permet même de rouler (un temps) crevé.

La roue à rayons n'est pas pour autant condamnée. Elle reste incontournable pour les motos tout-terrain (absorption des chocs), pour les customs (esthétisme) et, grâce à un brevet de rayons tangentiels (BMW et Guzzi), peut même être équipée de pneus tubeless.

Roues à bâtons avec des jantes de plus en plus larges, pour le look.

LES CADRES ÉVOLUTION TECHNIQUE

Dans les années 70, le cadre, comme son nom l'indique, était un espace délimité par des tubes, dans lequel on logeait un moteur. Aujourd'hui, lorsqu'il y en a un, le cadre est un bâti construit autour du moteur.

Cette évolution souligne une tendance générale à intégrer dans le minimum d'espace tous les composants d'une moto.

Lorsqu'on regarde de profil une moto des années 70, on voit beaucoup d'espace entre les différents éléments mécaniques ; ce n'est plus vrai aujourd'hui. Mais il faut dire aussi que les motos d'hier étaient plus simples techniquement et moins équipées.

Avec moins de 100 ch, on pouvait se contenter d'un cadre de tubes maigrelets, d'une fourche de 33 mm, de jantes étroites ; les grosses boîtes à air, le démarreur électrique, le refroidissement par eau et bien sûr les cadres poutre en aluminium exigent un certain volume. ●

Sur la BMW R 1100 RS, il n'y a plus de cadre.

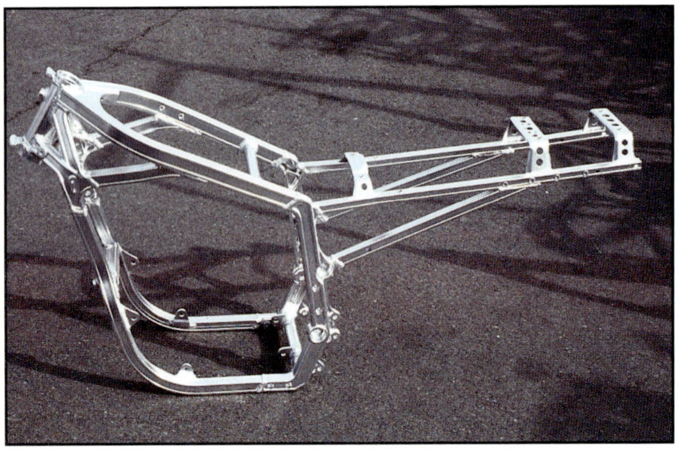

Premier cadre aluminium (GSX-R 1984).

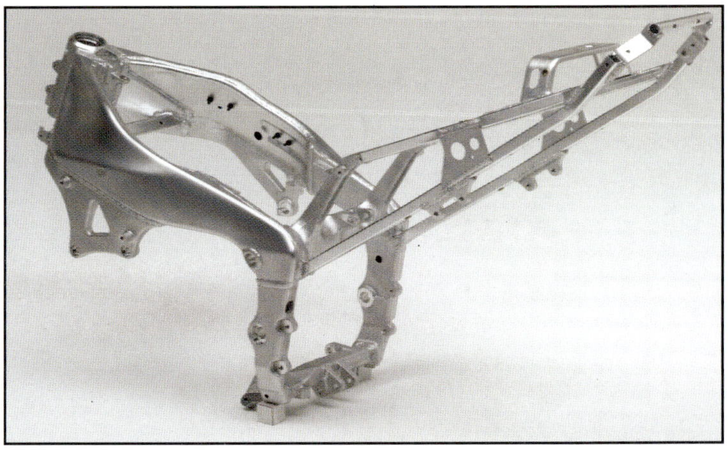

Dernière version du Deltabox Yamaha.

Le cadre poutre en aluminium des grosses BMW.

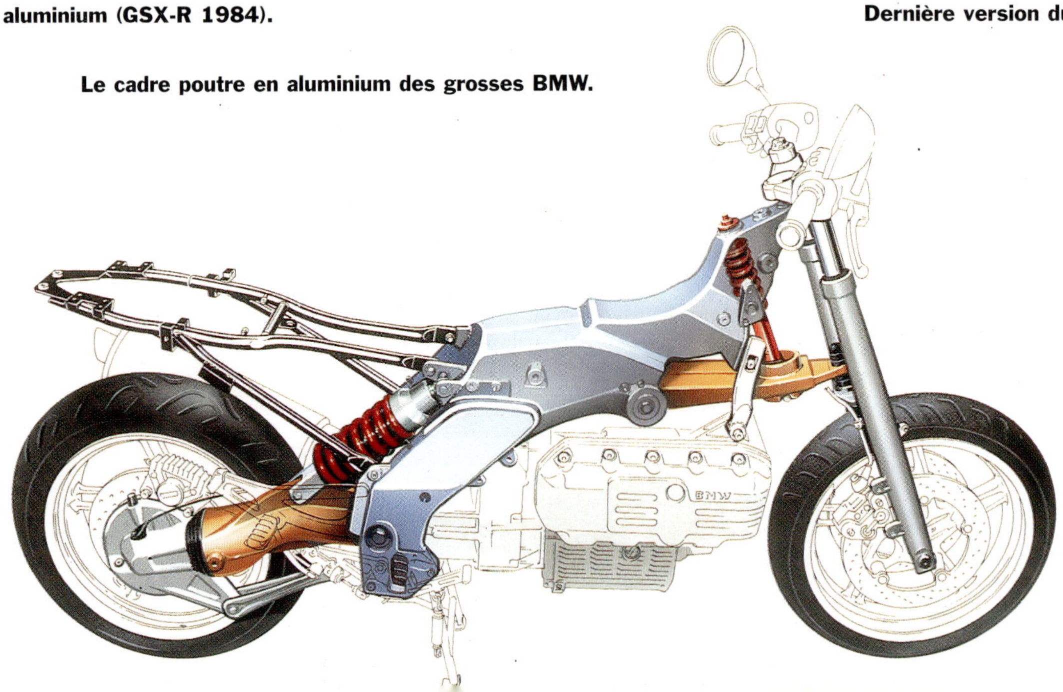

Le cadre Omega de la Yamaha GTS.

Les cadres

Le cadre tubulaire est depuis toujours le cadre le plus employé sur une moto. Le cadre simple berceau (un tube descendant de la colonne de direction) suffit pour les motos moyennement puissantes et pour les trails d'aujourd'hui. Le double berceau, plus rigide, convient aux grosses cylindrées d'hier et aux roadsters d'aujourd'hui.

En 1984, Suzuki révolutionne le cadre tubulaire double berceau en employant de l'aluminium à section carrée pour sa RG 500 et la GSX-R 750. Le cadre poutre, qui doit sa renommée à Egli, se combine avec un moteur porteur qu'il met esthétiquement en évidence (ex : CBX 1000). Il peut être constitué d'une seule poutre (premières Triumph, Honda Hornet...) ou de deux comme sur la Voxan.

Le cadre coque en aluminium, en somme une grosse poutre structurée, est déjà plus original, plus rare, et BMW l'utilise pour sa K 1200 RS. Le cadre treillis, sous lequel le moteur prend place, est l'image de marque de Ducati, mais on le retrouve, entre autres, sur la BMW K100, la Yamaha TRX 850...

Comme le cadre poutre, il met en valeur le moteur tout en revendiquant plus de rigidité. Il faut savoir qu'un cadre trop rigide n'est pas un bon cadre, un minimum de flexibilité est nécessaire pour absorber les contraintes de la route. Le cadre à la mode, inventé par Bimota en 1977, est le périmétrique. La structure (en tube dans le cas de la Bimota SB2) est latérale, et court sur le côté moteur.

Yamaha reprendra pour son compte cette technologie (FJ 1100 en 1984) pour ensuite la faire évoluer par l'emploi massif de l'aluminium. Ce sera le fameux Deltabox constitué de deux poutres latérales cloisonnées (1987) qui sera copié par tous les faiseurs de motos sportives.

Le cadre Omega de la Bimota Tesi, puis plus tard de la Yamaha GTS, est schématiquement constitué de deux crosses d'aluminium fixées de part et d'autre du moteur et au bout desquelles les suspensions avant et arrière viennent s'ancrer, ce qui nécessite des suspensions à bras oscillant à l'avant comme à l'arrière.

Il n'y a pas que la forme et les matériaux qui aient évolué dans les cadres, mais également la géométrie afin qu'elle s'adapte au type de moto considéré. Par exemple, une sportive requiert un empattement hyper court (entre 1 350 et 1 400 mm), alors que c'est l'inverse pour une GT ou un custom (1 500 mm, voire plus). La direction d'une sportive a un angle de chasse réduit (23/24°), alors que sur un custom il peut être de 45°.

Enfin, la répartition du poids entre la roue avant et la roue arrière s'est complètement inversée. Dans les années 80 et même 90, il y avait plus de poids sur l'arrière. Aujourd'hui, une sportive se pilote avec un maximum de poids sur l'avant et a besoin d'être forcée (déhanchement) à l'entrée de courbe, ce qui fait d'elle une moto peu agréable en conduite tranquille.

Le bras oscillant, jadis un tube en U vaguement renforcé au niveau de la fixation, montée sur bagues bronze, n'a de cesse de se rigidifier. Il est, avec la colonne de direction, le point de concentration des forces de torsion.

La monte de roulements à billes ou mieux, coniques, apporte une amélioration qui se poursuivra avec l'adoption de bras à section rectangulaire surmontés d'un renfort sur les sportives qui, pour le bras oscillant comme pour le cadre, ont des parties-cycles issues de la compétition.

La fixation du bras oscillant se fait généralement sur le cadre mais la dernière tendance, promue par BMW et Ducati, est la fixation directe sur les carters moteur ou, pour encore plus de rigidité, sur le cadre et sur les carters moteur (CBR 900 2000).

Le monobras, pur produit marketing chez Honda, n'apporte rien en rigidité (il est même plus lourd qu'un bras classique), mais en revanche facilite le démontage de la rouc arrière et valorise l'esthétique.

Cadre treillis, une spécificité Ducati.

LES SUSPENSIONS ÉVOLUTION TECHNIQU

Les suspensions, longtemps cantonnées à l'amélioration du confort, auront dans leur évolution un rôle de plus en plus actif sur la tenue de route.

On avait coutume de dire et de constater qu'une moto confortable, donc souple de suspensions, avait une tenue de route aléatoire, alors qu'avec des suspensions bout de bois, la moto filait comme sur un rail.
Il est vrai que sans amortissements et avec un seul effet ressort les suspensions pénalisent la tenue de cap.
L'évolution s'est donc faite avec l'adoption de suspensions de plus en plus sophistiquées, avec des techniques empruntées à la compétition et des réglages dans tous les sens, où le commun des mortels se perd et parfois se trompe, dégradant ainsi la tenue de route. ●

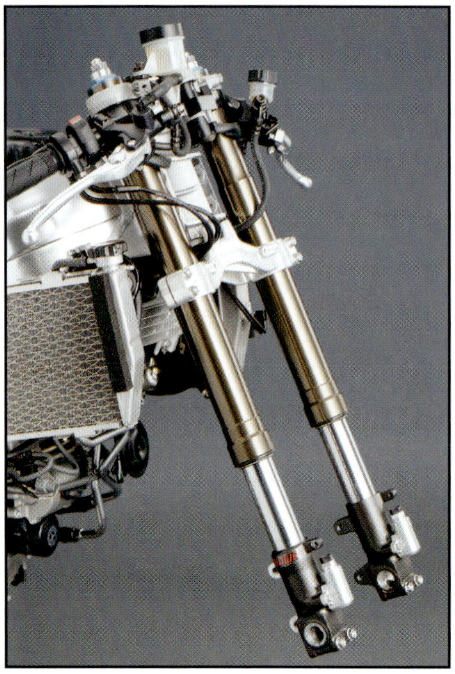

Télescopique inversée, plébiscitée sur les sportives.

Le Telelever BMW, aussi bien qu'une télescopiqu

Fourche

La classique télescopique, sans cesse attaquée, mais jamais égalée, a encore de beaux jours devant elle. Extérieurement, mis à part le diamètre, il n'y a pas de grandes différences entre une fourche télescopique de 1970 et une fourche d'aujourd'hui, mais c'est intérieurement que tout se passe.
Le travail accompli sur le mécanisme interne des fourches est faramineux : de la qualité des ressorts à spires progressives, au guidage des clapets voire même au chromage, tout est optimisé.
Cette évolution ne s'est pas accomplie sans erreurs. Il y eut les systèmes anti-plongée des années 80, inopérants et handicapants pour les freinages correspondant à un fumeux coup de marketing des Japonais ; la fourche à assistance pneumatique, qui n'a pas convaincu et enfin la curieuse suspension avant de la Yamaha GTS, plus condamnée pour son esthétique que pour son fonctionnement.
Pour la majorité des motos, les fourches sans possibilité de réglage suffisent. Elles offrent un compromis enfoncement/détente judicieusement calculé pour tous les usages.
Sur les motos sportives, le pilote peut modifier facilement trois réglages : la précontrainte, qui joue sur la longueur donc sur la dureté du ressort; la compression, qui agit sur l'hydraulique à l'enfoncement; la détente, qui modifie l'hydraulique à la remontée du piston. On peut ainsi modifier la plongée de la fourche, la vitesse à laquelle elle plonge et la vitesse à laquelle elle se détend. La fourche inversée (Suzuki GSX-R 750) nous vient tout droit de la piste et du cross. Comme son nom l'indique, elle est inversée : le fourreau de la fourche est fixé sur le T de fourche, et la partie coulissante est en bas près de l'axe de roue.
Les avantages se situent au niveau d'une amélioration de la rigidité et d'une réduction du poids non suspendu. L'inconvénient est qu'elle est plus chère à fabriquer. BMW innove en 1993 avec son Telelever. À l'œil, on dirait une fourche télescopique, mais les deux bras ne servent qu'à guider la roue. La suspension monoamortisseur est au centre d'un triangle articulé sur le moteur. Une sorte de bras oscillant avec, pour résultat, un réel effet anti-plongée, mais pas trop marqué afin de ne pas perturber les sens, et un empattement qui reste constant au freinage (stabilité). Le Telelever fonctionne aussi bien qu'une télescopique, est moins cher à fabriquer et équipe désormais toute la gamme multicylindre BMW.

La suspension avant complexe de la Yamaha GTS n'a pas convaincu.

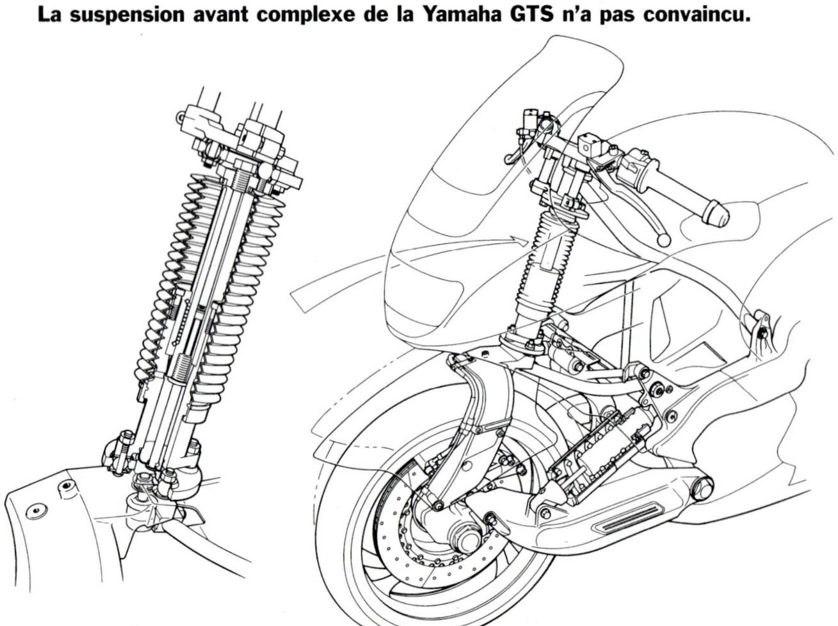

La télescopique toute simple est toujours efficac

Suspension arrière

Le double combiné a monopolisé la suspension arrière jusqu'en 1977, année où le 250 trail Yamaha adopte la suspension mono amortisseur cantilever, que l'on retrouvera sur la routière sportive RDLC 350 en 1981.
Le cantilever, déjà employé par Vincent dans les années 50, offre un plus grand débattement de suspension et une forme de bras oscillant (triangulaire) favorable à la rigidité. Son positionnement derrière et sur le moteur est en revanche encombrant.
C'est aussi en 1977 que Bimota propose un mono-amortisseur monté verticalement derrière le moteur, avec déjà un système à basculeur pour une progressivité variable. Ce type de suspension, développé en cross, se démocratise en 1980 avec l'Uni-Track Kawasaki.
La CX 500 turbo et la CBX 1000 de 1981 seront les premières motos routières de grande série à adopter le mono-amortisseur à progressivité variable (Pro-Link chez Honda).
Depuis, c'est ce type de suspension qui monopolise l'arrière des motos. L'amortisseur utilise des positions variées : sous le moteur, comme pour la Voxan et la Buell, ou le long du moteur, comme sur la Suzuki TL 1000 S.
À noter toutefois que le double combiné n'est pas enterré et fonctionne très bien grâce à la qualité des amortisseurs, sur la Yamaha XJR 1300. Les mono-amortisseurs des sportives possèdent les mêmes possibilités de réglages que la fourche.

La suspension cantilever sera réactualisée par Yamaha.

Le mono-amortisseur arrière à progressivité variable a supplanté le double combiné.

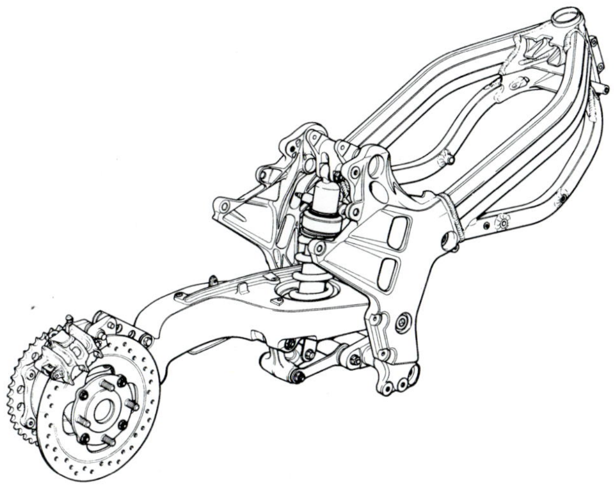

Le double combiné de qualité concurrence le mono-amortisseur.

L'ÉQUIPEMENT MOTO ÉVOLUTION

Après avoir longtemps été dépouillée de tout accessoire (jusque dans les années 20, l'éclairage était souvent une option), la moto, comme l'auto, s'est considérablement enrichie en équipements, avec pour commencer la généralisation du démarreur électrique à la fin des années 60.

Le premier progrès d'importance fut la généralisation du démarreur électrique, à la fin des années 60. Puis les performances des motos ont nécessité le montage d'appendices protecteurs, d'abord fournis par des accessoiristes, avant d'être adaptés en série par BMW sur la R 90 S (1973), puis sur la R 100 RS (1976). Le carénage a ensuite évolué en fonction de l'usage, prioritairement protecteur lorsqu'il équipe une GT, essentiellement profilé et esthétique lorsqu'il est monté sur une sportive.

La protection et le profilage étant difficilement compatibles, on a subi une régression sur les GT. Par exemple, la BMW R 100 RT de 1978 offre une meilleure protection que la récente R 1100 RT, en revanche joliment dessinée.

En cas de chute, même à l'arrêt, le carénage coûte cher à remplacer, et les constructeurs l'ont segmenté en plusieurs parties pour réduire le prix de la casse. L'idéal étant le système de pare-carénage adapté sur la Honda Pan European, la Deauville et la BMW K 1200 LT. Cette dernière dispose d'un pare-brise orientable électriquement, une innovation apparue en 1991 sur la K 1100 LT, et qui permet d'ajuster la hauteur du pare-brise au centimètre près afin de le régler en fonction du champ visuel du pilote.

En ville et sur route, on garde une vision au-dessus du pare-brise, alors que sur autoroute on privilégie la protection en regardant au travers, sauf la nuit et par temps de pluie. Ce dispositif pratique et sécurisant n'a que des avantages, ce qui ne semble pas interpeller les concurrents de BMW. L'intérieur des carénages s'est très vite agrémenté d'un tableau de bord plus complet, du style automobile, à l'instar de celui de la R 90 S, qui dispose d'un voltmètre et d'une horloge en plus des classiques compteurs compte-tours.

La bulle à hauteur réglable permet d'améliorer la protection du pilote. À droite. La BMW R 100 RS, ou le carénage idéal.

La Honda PC et son coffre de rêve.

B

Multiples contrôles des fonctions sur la Yamaha Seca.

Premier vrai tableau de bord sur la BMW R 90 S.

L'évolution des tableaux de bord se poursuit avec l'introduction de l'électronique et des écrans digitaux sur la 750 Yamaha Seca de 1981, équipée d'un ordinateur de bord. Celui-ci signale les minima dans les niveaux d'huile, d'eau dans la batterie, de liquide de frein et de l'essence dans le réservoir.

Un progrès hélas temporaire, puisqu'il faudra attendre la fin des années 90 pour voir réapparaître des tableaux de bord aussi informatifs, comme par exemple celui de la BMW K 1200 LT qui, en plus des fonctions habituelles, informe sur la température extérieure et la consommation moyenne.

Néanmoins, nous sommes très loin de la richesse des tableaux de bord d'automobiles, et surtout les motards sont plus intéressés par les informations qui concernent la bonne santé de leur moteur que par les gadgets plus ou moins futiles.

Les commandes manuelles (commodos, leviers, poignées) ont aussi connu quelques évolutions : la possibilité de régler l'écartement des leviers, ergonomie optimisée, le regroupement sur le commodo gauche d'un maximum de fonctions comme le starter (jadis sur les carbus), l'appel de phare (auparavant inexistant) et l'apparition de nouvelles fonctions dont le warning et le rappel automatique des clignotants.

Dans l'aménagement des commodos, le standard japonais s'est imposé chez tous les constructeurs à l'exception de BMW et Harley Davidson. Les poignées chauffantes, pourtant d'un agrément indiscutable lorsqu'on veut rouler confortablement toute l'année, sont rarement montées en série (excepté sur la K 1200 LT) et font l'objet d'une option.

La forme des guidons et leur éloignement par rapport à l'assise du pilote sont déterminants pour la position de conduite. Malgré cela, aucun constructeur ne propose de guidons réglables, si ce n'est (encore) BMW sur certains de ses modèles (R 1100 RS, K 1200).

Peut-on imaginer une auto dont le siège et le volant ne soient pas réglables ? La hauteur de selle, tout comme la position des guidons, est sujette à critique en fonction de la taille du

Ordinateur de bord, cruise control, système audio. La K 1200 LT est la plus richement équipée.

Hauteur de selle réglable : encore une initiative BMW.

Système de marche arrière sur la K 1200 LT.

pilote. La nécessité d'une hauteur de selle réglable semble une évidence. Cependant, seuls BMW (depuis la R 1100 RS de 1993) et Triumph (pour sa Tiger) proposent des selles à hauteur réglable. Autre exclusivité BMW, la selle chauffante de la K 1200 LT. Loin d'être un gadget, c'est un élément de confort primordial pour le pilote et le passager.

Jadis, les selles étaient plates, puis elles présenteront un décrochement entre l'assise du passager et celle du pilote afin que ce dernier bénéficie d'un mini dosseret. En revanche, avec ces selles, le passager est haut perché et au freinage « tombe » dans le décrochement. Comme sur la Honda Varadero, une bosse au sommet du décrochement suffit pour maintenir le passager.

Globalement et hormis sur les GT, les constructeurs font peu de cas du confort du passager. On peut même parler de régression à cause de la forme des selles, mais également par le positionnement des repose-pied, souvent trop hauts.

Le réservoir d'essence est plus traditionnellement positionné au-dessus du moteur, et les motos dont le réservoir est positionné ailleurs, par exemple sous la selle (comme sur la Gold Wing, la Vmax, la Voxan) font figure d'exception. Hier tout en acier, les réservoirs peuvent être désormais en aluminium (ce qui pose un problème pour les sacoches de réservoir magnétiques), ou de plus en plus souvent en plastique rotomoulé. Le bon vieux robinet à trois positions a tendance à disparaître au profit de la jauge du tableau de bord et du voyant de réserve, comme en automobile.

Le transport de bagages a toujours été et reste un problème sur toutes les motos qui ne sont pas des GT. Et encore, sur ces dernières, l'intégration esthétique de la bagagerie est rarement une réussite.

Depuis la BMW R 100 RT (1979) et ses sacoches amovibles, le plus gros progrès est la soute à bagage de la Honda Pacific Coast (1989), qui reste aujourd'hui la plus astucieuse façon de transporter des bagages. ●

La selle chauffante (K 1200 LT) est un réel plus au niveau du confort.

Un logement pour le casque à la place du réservoir (alors placé sous la selle). Une idée sans suite.

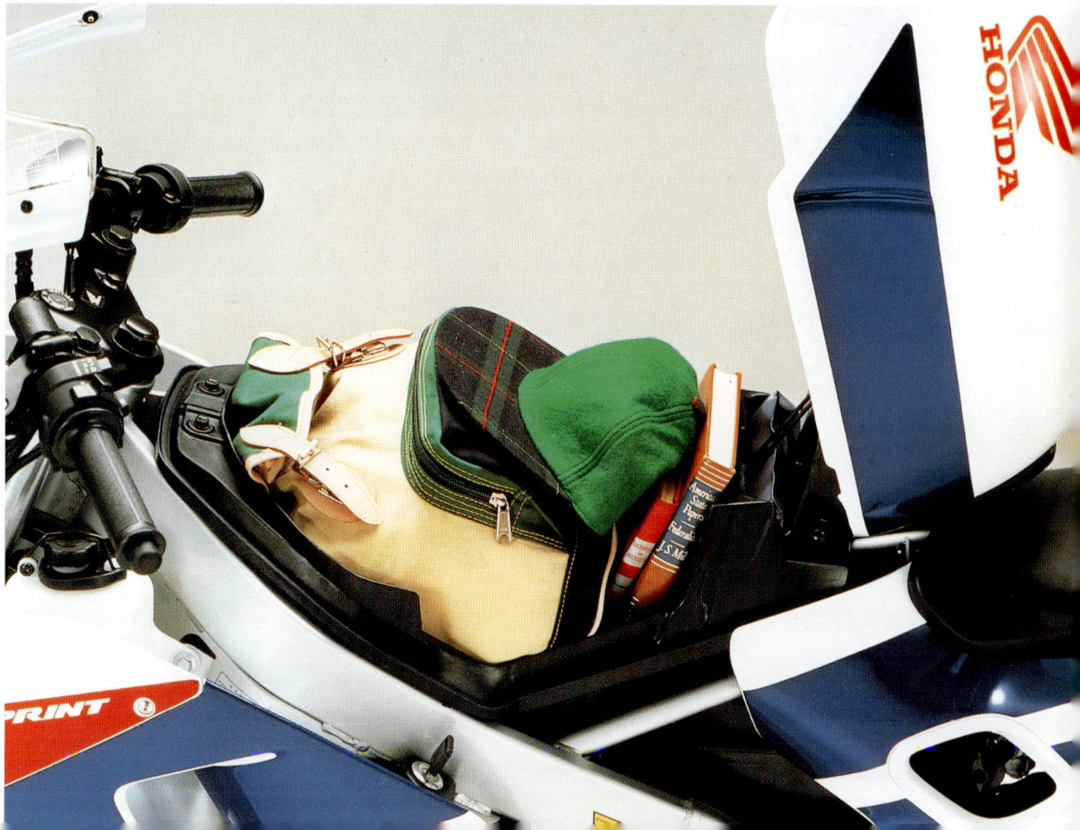

L'ÂGE D'OR DES GRANDS PRIX

Le championnat du monde de vitesse a été créé en 1949 pour les cylindrées 125, 250, 350, 500 cm³ et les side-cars. Durant les dix premières années, la catégorie 125 cm³ sera dominée par les machines italiennes (Mondial et MV) et les pilotes italiens.

En 250 cm³, nouvelle domination italienne avec toutefois un intermède allemand (comme d'ailleurs en 125 cm³) à la gloire de NSU. En 350, les motos anglaises règnent durant les quatre premières années pour ensuite être régulièrement battues par les italiennes, pilotées par des Anglais.
De 1949 à 1974, la catégorie 500 cm³ sera la chasse gardée des 4 cylindres italiennes Gilera et MV (18 titres d'affilée pour cette dernière), à l'exception de deux victoires anglaises en 1949 et 1951. Quant aux pilotes, ils seront essentiellement anglais jusqu'à l'arrivée d'Agostini en 1966.
La seconde décennie des GP, celle qui est encore dans nos mémoires, sacre la technologie japonaise en 50 cm³ (catégorie introduite en 1962), 125, 250 et 350 cm³. Honda fut la première marque nippone à s'engager dans les GP, dès 1959, avec des 125 twin 4-temps. Cinq motos pilotées par quatre Japonais et un Américain participeront au Tourist Trophy de 1959 ; trois finiront dans les dix 1res places. Cette course, emblématique entre toutes et la plus médiatisée, sera pour les constructeurs japonais un point de départ incontournable, le meilleur moyen de se faire connaître au plan international. Yamaha et Suzuki suivront l'exemple de Honda en 1961.
L'engagement des Japonais dans les petites et moyennes cylindrées correspond à ce qu'ils proposent alors en grande série. Mais la compétition à haut niveau est aussi un moyen radical de montrer leur savoir-faire et de démontrer que les techniciens japonais ne sont pas des copieurs et sont capables d'innovations jusqu'alors inimaginables. Jugez plutôt. La cylindrée 50 cm³, qui dans le « civil » n'anime que de paisibles cyclomoteurs utilitaires, sera en GP le théâtre de furieuses empoignades 2-temps 4-temps avec des rendements moteurs (rapport puissance/cylindrée) supérieurs à 350 ch/l en 1967. Aujourd'hui une 500 cm³ développe 400 ch/l.
Pour le début du championnat, en 1962, les 50 cm³ sont des monocylindres 2-temps pour Suzuki et Kreidler (le challenger allemand) et bien sûr 4-temps pour Honda. La Honda, dénommé RC 110, possède une culasse double ACT avec quatre soupapes. Sa puissance est de 10 ch à 14 400 tr/min.

Le Suzuki, un peu plus puissant, remporte le titre devant le Kreidler qui dispose d'une boîte de vitesses à douze rapports. Ces moteurs de 50 cm³ délivrent leur puissance sur une très courte plage d'utilisation, environ 400 tr/min, et il faut jongler avec les nombreux rapports de la boîte pour garder l'aiguille du compte-tours dans la plage de puissance.
La boîte du Kreidler est à quatre rapports, mais un système de relais, rendu possible par une poignée tournante au guidon gauche, permet de multiplier par trois le nombre de vitesses disponibles. Imaginez la coordination pour jongler avec les douze vitesses.
Pour contrer les 2-temps, Honda construit un bicylindre, toujours double ACT, d'abord à deux puis à quatre soupapes par cylindre.
Le diamètre des soupapes était de 13 mm à l'admission et de 12 mm à l'échappement. Ce twin, dont la boîte renferme dix rapports en ligne, annonce une puissance de 15 ch à 21 000 tr/min. Une autre particularité est un frein avant à patins, comme sur les vélos. Suzuki réplique avec un twin 2-temps pesant seulement 58 kg et développant 18 ch à 18 000 tr/min.
Sur le rapide circuit de Spa, le Suzuki RK 67 atteignait près de 200 km/h. Autre record, le nombre de rapports dans la boîte : quatorze en ligne. À partir de 1969, la réglementation limite à un cylindre et 6 vitesses la catégorie 50 cm³. C'est la fin de la débauche technologique, alors que Suzuki s'apprêtait à engager un 50 cm³, 3 cylindres de plus de 20 ch.
En 125 cm³, même scénario que pour les 50 cm³. Les marques japonaises dominent et se livrent à un duel technologique 2-temps et 4-temps. Dès 1961, Honda, qui a une longueur d'avance, impose son twin et devance la MZ 2-temps, seule machine européenne classée dans les cinq premières mondiales. L'année suivante, il y a quatre Honda twin RC 145 aux quatre 1res places.
Le moteur DOHC huit soupapes développe 24 ch à 14 000 tr/min, et la souplesse du bicylindre permet de limiter à six rapports la boîte de vitesses. Suzuki pointe ensuite son nez avec un twin 2-temps (d'abord à refroidissement par air) pour détrôner Honda en 1963. C'est aussi la première fois qu'un 2-temps est champion du monde dans cette catégorie.
Honda surenchérit l'année suivante avec la RC 146, première 125 à 4 cylindres de l'histoire. 25 ch à 16 000 tr/min, 8 vitesses, plus de 200 km/h et un titre de championne éphémère, reconquis en 1965 par Suzuki avec cette fois un twin à refroidissement par eau (RT 64 A), une 125 cm³ qui développe 30 ch à 14 000 tr/min et dont la boîte renferme neuf rapports. Dans cette course à la puissance, la multiplication des cylindres est une nécessité. Plus un moteur a de cylindres, et donc une cylindrée unitaire réduite, plus il tourne vite et plus il développe de chevaux. Honda rajoute alors un cylindre à sa « 4 pattes » 125.

Cette 125 à 5 cylindres soit une cylindrée unitaire de 25 cm^3 est bien évidemment DOHC (Double Arbre) vingt soupapes et développe 30 ch. La sonorité des cinq mégaphones à plein régime (23 500 tr/min) est une musique qui restera à jamais gravée dans la mémoire de ceux qui ont eu la chance de les écouter chanter. Mais la suprématie de cette phénoménale moto sera de courte durée puisque Honda se retire des GP 125 à la fin de l'année 1966.

En 1967, Yamaha, qui portait jusqu'alors ses efforts sur la catégorie 250, engage une 125 V4 2-temps (la RA 31 A), techniquement dérivée de la 250. Les twins Suzuki, qui n'ont guère évolué, ne peuvent rien contre cette machine qui développe 42 ch à 17 000 tr/min, d'autant qu'elle est pilotée par les deux as Read et Ivy. Fin 1967, Suzuki annonce son retrait officiel de la compétition, alors que la marque vient juste de terminer une 125 à 4 cylindres en carré, la RS 67, donnée pour 42 ch.

La réglementation limitera les 125 cm^3 à 2 cylindres et 6 vitesses à partir de 1969. Dix ans plus tard, les 125 twins (Morbidelli) développeront la même puissance que la Yamaha V4 et, à partir de 1988, la réglementation limite à un cylindre les 125 cm^3, qui aujourd'hui développent 50 ch.

Les premières Honda 250 de GP sont apparues en 1959. Ces 4 cylindres en ligne sont moins performantes que les twins MV qui dominaient alors la catégorie. L'année suivante, Honda revoit sa copie avec un tout nouveau moteur DOCH.

Circuit du Sachsenring en Allemagne de l'Est, 350 000 spectateurs, à la fin des années 60.

Celui-ci est commandé par une cascade centrale de pignons et possède quatre soupapes par cylindre. Résultat : 46 ch à 14 000 tr/min, soit dix de plus que le précédent modèle et trois titres d'affilée pour les saisons 1961, 1962 et 1963. Pour cette dernière, la Honda de Redman sera malmenée par le monocylindre Morini (36 ch à 11 000 tr/min) beaucoup plus agile et superbement piloté par Tarquinio Provini. Comme quoi, la puissance ne fait pas tout. Une leçon que les Japonais auront toujours du mal à assimiler. Comme en 50 et 125 cm^3, ce sont les autres marques japonaises vouées au 2-temps qui détrôneront Honda.

En 1964, Suzuki aligne sa RZ, un 4 cylindres en carré à l'impressionnante puissance de 55 ch à 12 500 tr/min. Il ne connaîtra pas le succès à cause d'une partie-cycle défaillante, des manques de fiabilité de son moteur et de la faible motivation de ses pilotes. Cette même année, Yamaha s'engage sérieusement dans les GP (depuis 1961, la marque n'en disputait que quelques-uns) en recrutant Phil Read. Il remporte cinq GP sur onze au guidon du twin RD 56 (47 ch à 13 000 tr/min) et offre à Yamaha non seulement son premier titre mais aussi la première victoire d'un 2-temps dans la catégorie 250 cm^3.

Honda répliquera par une des plus fabuleuses motos de course jamais construites, grâce à Shoichiro Irimajiri, un jeune ingénieur à qui l'on doit déjà le 50 cm^3 twin. Il s'agit d'une 6 cylindres en ligne DOHC, vingt-quatre soupapes 54,3 ch à 17 500 tr/min, boîte 7 vitesses, 112 kg, 230 km/h. La 6 cylindres RC 164 disputera les GP de fin 1964 à fin 1967. Sa dernière évolution (RC 166) développait 59,2 ch à 18 500 tr/min. Elle sera championne du monde en 1966 et 1967 aux mains d'Hailwood. Le chant de la Honda 6 et le talent de son pilote resteront pour les amateurs, l'une des émotions majeures de ce XXe siècle. Ces deux titres seront âprement disputés. Hailwood a sur ses talons deux Yamaha V4 plus puissantes que la Honda et pilotées par Read et Ivy.

En 1967, la Yamaha RD 06 A développait près de 70 ch à 14 400 tr/min ; elle fut chronométrée au TT à 247 km/h contre 233 km/h pour la Honda. Fin 1967, Honda annonce son retrait ; fin 1968, c'est le tour de Yamaha. La nouvelle réglementation (2 cylindres 6 vitesses) ne sera appliquée qu'en 1970, ce qui permet à Benelli de remporter le titre, en 1969, avec une 4 cylindres 4-temps de 50 ch à 16 000 tr/min.

La catégorie 350 cm^3 a toujours été bâtarde. À ses débuts, en 1949, elle correspondait à une cylindrée largement commercialisée, qui le sera de moins en moins au fil des années, à la faveur des 250 cm^3 ou des 500 cm^3. Les 350 cm^3 de GP ont le plus souvent été des 500 cm^3 4 cylindres « dégon-

La 250 Honda six cylindres RC 166 de 1966, 59 ch à 18 500 tr/min.

Le 50 Suzuki bicylindres RK 67 de 1967, 18 ch à 18 000 tr/min.
Dernière évolution de la 350 MV 3 cylindres.

Le moteur de la Honda six, une sonorité inoubliable.

Le 50 twin Honda double ACT 8 soupapes.

flées », à l'exemple des MV qui dominent les championnats de 1958 à 1961, ou des 250 cm^3 4 cylindres « gonflées » pour les Honda, qui prennent la relève de 1962 à 1967.

Dès 1965, Honda engage en 350 une version 6 cylindres extrapolée de la 250, avec seulement 5 cm^3 de plus. Ce n'est qu'en 1967 que ce moteur sera « gonflé » à 297 cm^3 pour développer 66 ch à 17 000 tr/min. Ce surplus de puissance par rapport à la 250 commencera à poser de sérieux problèmes de tenue de route à son pilote, ce dont profitera Agostini, pour qui MV a construit une vraie 350 cm^3 3 cylindres (63 ch à 13 500 tr/min), bien plus agile que la Honda et qui donnera du fil à retordre au maestro Hailwood.

Après le retrait de Honda fin 1967, la MV n'a pas d'adversaires sérieux jusqu'en 1973, année où les Yamaha twin (55 ch à 9 500 tr/min) sont désormais à la hauteur de l'italienne. Les nouvelles réglementations pour les 350 cm^3 seront identiques à celles des 500, soit au maximum 4 cylindres et 6 vitesses. Ce championnat bâtard disparaîtra en 1983.

La catégorie reine, celle des 500 cm^3, n'était pas la plus intéressante à cette époque, tant du point de vue du spectacle que de la technique. Et cela pour une raison simple : les Japonais ne s'y sont que tardivement intéressés, faute d'avoir de grosses cylindrées à proposer dans le commerce. Les Italiens, et plus particulièrement MV qui truste les titres 500 cm^3, n'ont pas eu cette démarche mercantile. Le comte Agusta, propriétaire de la marque, ne commercialise que des moyennes cylindrées techniquement banales. En revanche, ses motos de compétition sont des chefs-d'œuvre convoités par tous les pilotes de renom : Surtees, Hocking, Hailwood, et bien sûr Agostini.

De 1962 à 1965, Hailwood a tout raflé, sans réelle concurrence, sur la MV 4 cylindres développant environ 75 ch. MV a toujours cultivé le secret sur les caractéristiques techniques de ses motos. C'est en 1965 que Honda fait son apparition en 500 cm^3 avec une 4 cylindres très puissante (90 ch à 12 600 tr/min) qui se différencie techniquement de la MV par sa culasse à quatre soupapes par cylindre. Honda sait faire des moteurs mais néglige les parties- cycle. Il faudra tout le talent d'Hailwood, qui a signé chez Honda, pour tenir tête à Agostini, dont l'agile MV 3 cylindres de 1966 est 10 ch moins puissante que la Honda. Cette année-là, Agostini remporte son 1er titre (quatorze suivront), mais c'est Honda qui rafle le titre constructeur.

Pour sa dernière saison en 500 cm^3, Honda rajoute encore 5 ch dans son moteur, sans faire évoluer la partie-cycle. Les Japonais estiment qu'il suffit d'avoir la moto la plus puissante pour gagner. ●

Le V4 2-temps Yamaha RD 06, 70 ch en 1967.

Pneus « de vélo » pour les 50 cm^3 qui pointaient à 200 km/h.

MIKE HAILWOOD LE PILOTE DU SIÈCLE

Mike Hailwood, surnommé « Mike the Bike » (« Mike la bécane ») est le pilote le plus emblématique du XXe siècle. Pour célébrer l'an 2000, de nombreuses revues spécialisées ont sondé leurs lecteurs pour savoir qui était LE pilote du siècle ; Mike Hailwood fut le plus souvent cité.

Né le 2 avril 1940, Hailwood, fils d'un riche motociste londonien, débuta en compétition à l'âge de dix-sept ans, dans d'excellentes conditions, avec une 125 MV ex-usine achetée par son père et la Bentley avec chauffeur particulier du paternel pour se rendre sur les circuits.

Cette image de fils à papa sera tout à la fois un handicap (on dira alors que c'est grâce à ces facilités financières qu'il réussit) et un aiguillon qui l'incitera à prouver le contraire.

En réalité, le père de Mike, un homme très dur, n'a jamais fait de cadeau à son fils. Ce dernier lui remboursera jusqu'au dernier penny les avances matérielles qu'il lui a faites. Mike disait de son père que la seule chose dont il lui a fait cadeau était « son nez crochu qui le faisait ressembler à un polichinelle ».

Pour sa première saison nationale, Hailwood sera la révélation de l'année 1957 avec déjà quelques victoires à son actif et des places d'honneur derrière des pilotes tel que Surtees. L'année suivante, on le retrouve engagé au TT dans les quatre catégories (125, 250, 350 et 500 cm³). Il finit toutes les courses et se classe troisième dans la catégorie 250.

Cette même année, il entame sa carrière internationale pour prendre la quatrième place du championnat du monde 250 et la sixième en 350. En 1959, il est troisième au championnat du monde 125, cinquième en 250 et se fait recaler trois fois au permis de conduire moto. En 1961, à 21 ans, il décroche son premier titre mondial sur une 250 Honda 4 cylindres prêtée par l'usine mais n'ayant pas le statut de pilote d'usine il devra même payer le transport de sa moto depuis le Japon jusqu'en Angleterre.

Il remporte égalemnt trois courses au TT. En 125 sur Honda, en 250 sur Honda et en 500 sur Norton avec pour la première fois pour cette moto une moyenne supérieure à 160 km/h. Il était en tête des 350 lorsque son AJS cassera à 20 km de l'arrivée. Une des particularités du phénomène Hailwood est sa capacité d'adaptation à tous les types de motos. En 22 ans de carrière, il a piloté 70 types de motos différentes, y compris des 2-temps EMC en 125 et MZ en 250, avec laquelle il gagnera le GP d'Allemagne de l'Est en 1963. Pour la fin de saison 1961, il signe chez MV pour piloter les 350 et 500 et remporte le GP de Monza pour sa première sortie sur cette machine.

De 1962 à 1965, Hailwood cumule les titres de 500 mais sans adversité sérieuse. En revanche, en 350, il sera contré par Redman et sa Honda. Ses relations avec MV se détériorent, le comte Agusta, patron de la marque, a recruté un jeune prodigue Italien, Giacomo Agostini, et manœuvre pour le favoriser.

C'est la rupture, suivie d'un engagement chez Honda, une marque qui le fascine mais avec laquelle il aura beaucoup de difficultés relationnelles. Hailwood reconnaît le talent des ingénieurs motoristes, mais s'est toujours plaint des parties cycles, surtout celle de la 500 : la moto la plus imprévisible qu'il ait jamais pilotée et qui l'usera physiquement et mentalement.

En 1966 et 1967, Hailwood disputait trois GP dans la journée : 250, 350 et 500. Il sera titré en 250 et 350, avec comme principaux adversaires les très véloces Yamaha 250 de Read et Ivy, pour se retrouver ensuite face à Agostini en 350 et 500. Ce dernier titre, qu'il convoite le plus, lui échappera de peu les deux années. Ce sera la plus grande déception de toute sa carrière.

Maigre consolation, en 1966, il offre à Honda le titre constructeur en 500, année faste pour la marque championne du monde en 50, 125, 250, 350 et 500. À la fin de l'année 1967, Honda annonce son retrait de la compétition, et Hailwood passe à l'automobile (pour la seconde fois de sa carrière), mais sans succès. La complexité des réglages d'une F1 le rebute et l'on peut penser qu'il en aurait été de même avec les 500 d'aujourd'hui.

La légende d'Hailwood s'est bâtie sur les dix premières années de sa carrière avec en point d'orgue ses 2 années chez Honda. Ensuite, il fera quelques réapparitions, comme à Daytona en 1970 et 1971 sur des BSA, pour clore en beauté au TT de 1979 avec une victoire sur une Ducati en TTF1 et en senior avec une Suzuki. Mike Hailwood sera victime d'un accident de la route en automobile en 1981. ●

PALMARÈS D'HAILWOOD AU CHAMPIONNAT DU MONDE

125	**3e**	**1959**	**Ducati.**
	5e	**1962**	**EMC**
250	**1er**	**1961**	**Honda.**
	1er	**1966**	**Honda.**
	1er	**1967**	**Honda.**
350	**3e**	**1962**	**MV.**
	2e	**1963**	**MV.**
	4e	**1964**	**MV.**
	3e	**1965**	**MV.**
	1er	**1966**	**Honda.**
	1er	**1967**	**Honda.**
500	**2e**	**1961**	**Norton et MV.**
	1er	**1962**	**MV.**
	1er	**1963**	**MV.**
	1er	**1964**	**MV.**
	1er	**1965**	**MV.**
	2e	**1966**	**Honda.**
	2e	**1967**	**Honda.**

Page précédente. Le binome légendaire Hailwood-Honda six.
Ci-contre. Quatre titres pour MV en 500.
Ci-dessous. Tourist Trophy 1967 : Hailwood gagne en 250, 350 et 500.

DES PILOTES DE LÉGENDE

Dans la compétition, le génie d'un pilote s'est toujours mesuré par rapport à la qualité de ses adversaires, c'est pourquoi Mike Hailwood doit son aura à des hommes tels que Read, Agostini, Ivy...

Ce qui différencie ces pilotes de ceux d'aujourd'hui est un environnement technique et des conditions de compétition incomparables. Avant, les motos offraient très peu de possibilités de réglages en partie-cycle et le pilote devait s'adapter à la machine, aujourd'hui, au contraire, chaque pilote a la possibilité d'adapter sa moto à son style de conduite ; ce qui, par ailleurs, nécessite une qualité de metteur au point jadis inutile.

Il n'existait pas de choix de pneumatique, ou si peu que l'on peut dire que tous les coureurs étaient logés à la même enseigne. Ces éléments techniques n'avaient donc pas d'incidence sur les résultats, et la valeur du pilote en était d'autant plus importante.

Par ailleurs, les compétitions se déroulaient essentiellement sur des circuits routiers dépourvus de toute sécurité, la chute était donc gravement sanctionnée. De ce fait, les coureurs devaient intégrer dans leur façon de piloter la prise de risque, toujours calculée aux vues des conséquences d'une chute. Aujourd'hui, un pilote peut tomber dix fois dans une saison, soit plus de fois que n'a chuté Agostini durant toute sa carrière.

Les grands champions d'hier devaient posséder un don particulier ; celui de connaître leurs limites et celles de leur machine sans pouvoir les vérifier. Ceux qui ne possédaient pas ce don sont morts ou ont eu beaucoup de chance. Ajoutez à cela les chutes dues à des causes techniques, indépendantes du pilotage (serrage moteur sur les 2-temps), et vous aurez une idée de ce que devait être leur état d'esprit.

Paradoxalement, ils ne laissaient rien paraître de leurs angoisses, au contraire, ils débordaient de joie de vivre : fêtes à tout casser après, mais aussi parfois avant les courses ; train de vie fastueux pour ceux qui en avaient les moyens, et surtout un besoin de rapport humain, de disponibilité envers le public qui en firent de véritables héros populaires.

Cet état d'esprit perdurera jusque dans les années 80 pour ensuite virer au star système (voir le chapitre sur l'évolution des GP). ●

Jim Redman

Ce Rhodésien né Anglais en 1931 a débuté la compétition en 1954. Il fut champion d'Afrique du Sud en 1957, puis, comme de nombreux pilotes de l'ex-empire britannique, il s'expatrie vers l'Europe pour y faire carrière. En 1960, il est intégré au team Honda où il restera jusqu'à ce qu'il arrête la compétition en 1966, après une chute sans conséquence grave mais qui a sonné comme un avertissement.

Jim Redman a remporté 6 titres de champion du monde. Deux en 250 cm^3 (1962-63) et quatre en 350 cm^3 (de 1962 à 1965) ; tous sur Honda. Il a aussi gagné 45 GP en 125, 250, 350 et 500 cm^3. Handicapé par sa grande taille (1,85 m), il délaissera la 125, catégorie dans laquelle il sera vice-champion en 1962 et 1964.

Redman, fin tacticien, ne laisse pas le souvenir d'un pilote exubérant ni charismatique. Son leitmotiv était : « gagner les courses le plus lentement possible ». Lorsque Hailwood découvrira les Honda et leur tenue de route perfectible, il sera le premier à clamer haut et fort que Redman était un pilote hors pair. Après son retrait, Jim Redman retournera en Afrique pour élever des chevaux. Aujourd'hui, il revient parfois en Europe pour participer à des exhibitions au guidon des Honda qui firent sa gloire.

Jim Redman : du talent mais pas de charisme.

Giacomo Agostini

Giacomo Agostini (Mino pour les intimes) est et restera le pilote le plus titré de l'histoire des GP avec 15 couronnes de champion du monde et 122 victoires en GP. Né en 1942, Agostini a débuté la compétition par des courses de côte en 1961. Deux ans plus tard, il est officiel Morini pour ensuite intégrer le team MV en 1965, pour lequel il remportera ses premiers GP en 350 et 500 cm^3.

La carrière d'Agostini se répartit sur les années 60 et 70. Elle se scinde en trois périodes bien distinctes. Tout d'abord ses débuts avec MV en compagnie d'Hailwood, puis comme principal adversaire du « Maestro » lorsque ce dernier passe chez Honda. Puis la période 1968-71, où, sans sérieuse adversité, il cumule les titres 350/500. Enfin, le troisième volet jusqu'en 1977, durant lequel il change de marque et affronte avec succès des rivaux talentueux prouvant ainsi ses réelles capacités à ceux qui lui reprochait ses victoires trop faciles de la seconde période (voir le chapitre consacré aux pilotes italiens).

Pour le comte Augusta, propriétaire de MV, Agostini sera l'enfant prodige qui le débarrassera des pilotes mercenaires anglo-saxons. Pour cela, il lui fera même construire une moto à ses mesures, la fameuse MV 3. Durant cette première saison chez MV, Ago fera plus qu'apprendre au contact d'Hailwood, il le battra à la régulière lors du premier GP 350 en Allemagne, lors duquel le « Maestro » n'avait que la vieille 4 cylindres à sa disposition. Vice champion des 350 et 500 derrière, respectivement, Redman et Hailwood, le jeune Agostini s'affirme comme la révélation de l'année.

En 1966, Ago est seul chez MV (Hailwood a signé pour Honda), mais en 350 la suprématie du tandem Hailwood-Honda ne lui laisse aucune chance. Par contre, en 500, la saison fut particulièrement animée. Chez Honda, on a distribué les rôles. Les 250 et 350 pour Hailwood et la 500 pour Redman dont c'est la dernière saison. Les premières courses en 500 confirment la supériorité en performance de la Honda. MV réagit en alignant une 3 cylindres qui compense son handicap au niveau de la puissance par sa tenue de route et le talent de son pilote. Redman chute à Spa, abandonne la compétition et laisse Hailwood seul face à Ago.

En pilotage pur, l'Anglais domine, mais avec le jeu des casses mécaniques, plus fréquentes sur la Honda, le match s'équilibre jusqu'au dernier GP, à Monza, où Honda, assuré du titre de constructeur, confie une moto en piteux état à Hailwood qui ne pourra défendre ses chances, offrant du coup son premier titre à Agostini.

En 1967, même scénario qu'en 1966 pour les 350 et, à nouveau, furieuse empoignade entre les deux hommes pour le titre 500, avec, comme point culminant, la course du TT. Six tours d'anthologie à des vitesses records et au mépris de tous les dangers. Début de course mené par Ago, retour de Mike qui ensuite connaît un problème technique de poignée de gaz à mi-course, ce qui permet à Giacomo de reprendre la tête et d'être assuré de la victoire au cinquième passage avant de casser sa chaîne.

Cette saison de dix GP offrira à chacun cinq victoires, deux casses mécaniques pour MV, trois pour Honda, et une chute en Finlande pour Hailwood qui, de nouveau, perd le titre. Les années suivantes, de 1968 à 1971, il remporte tous les GP dont il prendra le départ tant en 350 qu'en 500 cm^3. Une domination insolente et lassante due à une totale absence d'adversité mais qui ne l'empêchera pas de battre ses records du tour année après année pour sa satisfaction et pour les primes.

Giacomo Agostini a fait l'admiration d'Hailwood.

Quinze titres de champion du monde : un record imbattable.

Des pilotes de légende

Phil Read

Dans les sports mécaniques, il y a toujours eu deux catégories de champions. Ceux qui ont bénéficié dès leur début d'une aide financière familiale (par exemple Mike Hailwood) et ceux, d'origine modeste, qui ont dû « se saigner » pour y arriver, c'est le cas de Phil Read. C'est par la route, sur sa BSA Gold Star achetée à crédit, et accompagné de sa mère, elle aussi motarde, que Read, né en 1939, a débuté la compétition en 1956.
Des débuts difficiles sans moyens, sans mécanicien, à dormir sous la tente, et des résultats qui se sont fait attendre. Sa première victoire a lieu lors du Manx Grand Prix en 1960. L'année suivante, il remporte le TT en 350 sur Norton après l'abandon d'Hailwood. C'est la consécration de ce pilote privé et le début de sa carrière internationale qui, comme celle d'Agostini, chevauche les années 60 et 70. Phil Read, toujours sur des monocylindres anglais, collectionne les places d'honneur en GP et se voit confier une Gilera 4 pour quelques courses de la saison 1963. Cette fois, ce sont les Japonais qui le remarqueront. Ils l'invitent chez eux pour qu'il essaye la nouvelle Yamaha 250 RD 56 et signe son premier contrat de pilote officiel.
La saison 1964 l'oppose à Redman qui domine le championnat 250 depuis deux ans sur sa Honda 4. Read remporte son premier GP à Clermont-Ferrand et son premier titre au terme de la saison. C'est également la première fois qu'un moteur 2-temps est champion du monde. Rebelote la saison suivante, le tandem Read-Yamaha domine le championnat 250 d'autant plus facilement que Redman, sur la Honda 6, sera absent de six GP.
En 1966, l'arrivée d'Hailwood dans le team Honda brise l'élan de Read qui dispose de la nouvelle Yamaha V4, plus puissante que la Honda, mais moins fiable. Même scénario pour les GP en 1967. Le retrait de Honda et Suzuki fin 1967 laisse le champ libre à Yamaha tant en 250 qu'en 125 qui, pour la saison 1968, organise la distribution des titres avec celui des 125 pour Read et celui des 250 pour son coéquipier Ivy. Mais Phil Read ne respectera pas cet arrangement. Une fois certain de son titre 125, il s'attaque à celui des 250 qu'il remportera de justesse, sans état d'âme. Pour se justifier, il dit que la Fédération Internationale l'avait menacé de sanctions s'il respectait les ordres de l'usine, et que, par ailleurs, sachant que Yamaha se retirait fin 1968, il serait débauché quoi qu'il arrive.
L'ambition de Read, motivé par l'appât du gain plus encore que par la gloire, sera toujours démesurée et lui vaudra une exécrable réputation. Reste qu'en tant que pilote, il est exceptionnel. Nous le retrouverons dans le chapitre des GP contemporains où il s'attribuera un autre titre 250 et deux en 500, soit un total de sept couronnes de champion du monde.

Bill Ivy.

Phil Read : capable de tout pour la gagne.

Bill Ivy

« Little Bill » (il mesurait 1,60 pour 60 kg) était, avec son copain Hailwood, le pilote le plus charismatique de ces glorieuses années. Né en 1942 dans un milieu très modeste, il commence par écumer les championnats nationaux anglais du 50 au 500 cm³. C'est là qu'il se fera remarquer par les chasseurs de tête de Yamaha qui cherchaient un pilote de petit gabarit pour piloter la 125 cm³. En 1965, il participe à quelques GP en 125 et 250, mais c'est vraiment à partir de la saison suivante qu'il joue les premiers rôles. Il compte à son actif 4 victoires en 125 et une place de vice-champion derrière la Honda 5 cylindres du Suisse Taveri. En 1967, en l'absence des Honda mais face aux Suzuki twin, il remporte 8 GP sur 12 au guidon de sa 125 V4, ainsi que le titre. En 250, il assume honorablement son rôle de second pilote. C'est probablement pour le récompenser de ses bons et loyaux services que Yamaha lui offre le titre 250 pour l'année suivante. Mais, comme on le sait, Read ne l'entend pas de cette oreille et désobéira aux ordres de l'usine. Pourtant, en 125, Ivy a joué le jeu. Entre autres au TT, où après avoir mené et réalisé pour la première fois dans cette cylindrée un tour à plus de 160 km/h, Ivy se laisse rattraper par Read.
Par son look, ses pitreries, sa générosité en piste et en dehors, « Little Bill » a acquis une grande popularité et la « crasse » que lui a faite Read en fera un héros victime. Ivy s'essaye ensuite avec succès en F2 tout en participant à quelques GP au guidon d'une 350 Jawa. C'est en 1969, au GP du Sachsenring, qu'il se tuera durant les essais, probablement sur serrage moteur.
Le jour de la course, sur la ligne de départ des 350 cm³, une gerbe de fleurs occupe la place de « Little Bill ». Ivy était apprécié de tous les pilotes qui, ce jour-là, avaient tous un courant d'air qui fait pleurer dans les lunettes.

D'autres grands noms

Tous n'auront pas l'aura des Hailwood, Read, Ivy, et Agostini, mais il y a des noms dont on se souviendra encore longtemps.

En 50 et 125 cm³, le Néo-Zélandais Hugh Anderson, officiel Suzuki, deux fois titré en 50 (1963, 1964) et deux fois en 125 (1963, 1965). Le (petit) Suisse Luigi Taveri, trois titres en 125 sur Honda (1962, 1964, 1966). L'Allemand Hans Gorge Anscheidt deux fois vice-champion 50 cm³ sur Kreidler, puis trois fois titré (1966, 1967, 1968) sur Suzuki. L'Irlandais Ralph Bryans qui offre son premier titre 50 cm³ à Honda en 1965. Mais également tous les « seconds couteaux » des teams officiels, les T. Robb (Honda), Stuart Graham (Suzuki), Franck Perris (Suzuki), ou encore Mike Duff (Yamaha), les pilotes MZ, H. Rosner, Derek Woodman, Alan Shepherd.

Cette pléthore de motos et de pilotes d'usine dans les petites et moyennes cylindrées reléguera les pilotes privés au-delà de la cinquième place au classement général.

C'est seulement en 500 cm³ où il n'y a que deux motos d'usine, la MV et la Honda, que les privés auront droit aux places d'honneur, tel Jack Findlay, Australien et Français de cœur, troisième en 1966 et second en 1968.

Bill Ivy, champion héros et victime des circuits routiers.
Jack Findlay : l'histoire exemplaire du pilote « privé ».

GRANDS PRIX 30 ANS D'ÉVOLUTION

Continental Circus est le titre d'un film tourné en 1969 par Jérôme Lapérrousaz qui raconte avec réalisme la vie de galère de Jack Findlay, pilote « privé » en GP.

Son titre est révélateur : ces pilotes privés de tout formaient une communauté de saltimbanques qui, chaque dimanche, risquaient leur vie pour la gagner.
Les rares pilotes d'usine, symbolisés par la star Agostini, vivaient comme des princes. Le reste du plateau des GP campait dans le parc des coureurs, souvent un terrain vague dépourvu de tout confort. Les récriminations de ces acteurs des GP auprès des organisateurs portaient d'abord sur le manque de douches, d'électricité et sur le montant des primes de départ et d'arrivée. Ce n'est que bien plus yard que l'on songera à améliorer la sécurité sur les circuits.
Le soir des compétitions, avant de se rendre à la remise des prix, les pilotes faisaient la queue devant le secrétariat de l'organisation pour toucher leur maigre enveloppe. De l'argent souvent indispensable pour mettre de l'essence dans leur camionnette jusqu'au prochain GP. La casse mécanique en course était redoutée. Elle coûtait cher car les pilotes risquaient de perdre une prime d'arrivée. Les pilotes faisaient leur mécanique eux-mêmes jusque tard dans la nuit, faute d'avoir les moyens de se payer un mécanicien.
Pour améliorer l'ordinaire, avant que la saison des GP ne commence, et même entre deux course, le Continental Circus écumait les compétitions internationales, mieux dotées en primes de départ que les GP. Les organisateurs de ces derniers profitaient de l'obligation qu'avaient les pilotes de disputer le championnat pour diminuer les primes, d'où les rapports conflictuels permanents entre pilotes exploités et organisateurs exploiteurs. À tout cela s'ajoutaient les conditions déplorables de sécurité qui, chaque saison, décimaient le Continental Circus.
Trente ans plus tard, un nombre impressionnant de coûteux semi-remorques rangés comme à la parade au cul des box fait face à une non moins impressionnante noria « d'hospitality ». Ces luxueuses unités mobiles accueillent et restaurent les clients des sponsors, la multitude de mécaniciens de chaque team, la presse et tout le petit monde qui gravite autour des pilotes : team managers, kinés, sponsors…
Un peu plus loin, le parc des coureurs et ses mobile homes longs comme des autobus, somptueux comme des villas et dans lesquels vivent (ou seulement se reposent) les as des GP. Cette caricature souligne l'incroyable évolution du monde des GP, calqué sur celui de la F1. Cette évolution s'est faite par étapes. Elle fut initiée par les pilotes américains dans les années 80, puis récupérée par le système Ecclestone (le maître de la F1) au début des années 90. Elle a transformé le folklorique Continental Circus en une énorme machine à brasser de l'argent, mais aussi à promouvoir, via l'audiovisuel, le sport motocycliste.
Les GP y ont perdu une grande part de leur proximité avec le public motard (qui déteste ce monde friqué), mais ont gagné en notoriété, tout en permettant à ces acteurs de vivre décemment et de courir dans de bien meilleures conditions de sécurité. Jusque dans les années 80, l'organisation des GP était le fait de la Fédération internationale motocycliste (FIM) et des organisateurs de chaque pays qui, bien

Le Continental Circus aujourd'hui est à l'image de la F1.

Fini la bohème des années 70.

Le départ à la « poussette » en vigueur jusqu'en 1987.

Plus de chutes aujourd'hui qu'hier, mais sans conséquence dramatique.

souvent, faisaient partie de la FIM. La FIM toute-puissante dictait son règlement sportif, décidait de qui pourrait organiser le GP (le pays et le circuit) et intervenait même (via les fédérations nationales) sur le choix des pilotes.

Cette mainmise d'un organisme essentiellement européen a poussé le pilote américain Kenny Roberts à créer les World Séries en 1980. Il s'agissait d'un championnat parallèle, organisé par d'autres intervenants que la FIM. Ce sera malheureusement un échec, les usines préférant la crédibilité du championnat du monde FIM. En 1982, les pilotes se dotent d'un représentant chargé de défendre leurs intérêts, mais ils devront attendre 1986 pour que naisse l'IRTA (International Racing Team Association), qui non seulement représente la voix des pilotes, mais est aussi celle des teams et donc des sponsors désireux que les GP acquièrent plus de notoriété.

En 1988, les droits télévisés, jusqu'alors gérés conjointement par la FIM et l'IRTA, seront cédés à Ecclestone, qui crée Two Wheel Promotion, à l'image de ce qu'il a déjà fait en F1. Mais TWP n'est pas suffisamment rentable et, en 1993, est revendu à la DORNA, une société espagnole qui dorénavant gère les droits à l'image et de ce fait a de plus en plus partie liée avec les sponsors. L'IRTA se chargeant de redistribuer aux teams la manne financière de la DORNA.

Dans toute cette histoire, la FIM a de plus en plus perdu de son pouvoir. L'IRTA choisit les teams, voire les pilotes, et la DORNA les GP, souvent en fonction de l'absence d'interdit sur la publicité pour le tabac. C'est ainsi que nous avons 3 GP en Espagne et de plus en plus d'épreuves dans des pays « exotiques » où la pub pour le tabac n'est pas encore interdite.

Dans les années 70, tous les GP n'accueillaient pas toutes les catégories. Par exemple, le championnat du monde des 50 et 350 de 1970 se disputait sur 10 GP, celui des 125 et 500 sur 11, et celui des 250 sur 12. Les organisateurs choisissaient leur plateau en fonction de leurs moyens (plus on monte en catégorie, plus les primes sont élevées) et de l'intérêt du public local pour certaines catégories. Aujourd'hui, les 3 catégories sont présentes sur les 16 GP disputés, mais il reste une discrimination financière par cylindrée qui tient à leur popularité et au coût des machines.

L'obligation pour chaque catégorie d'avoir une plaque numérotée de couleur différente (fond blanc pour les 50, noir pour les 125, vert pour les 250, bleu pour les 350, jaune pour les 500) disparaît en 1992 pour permettre aux sponsors une utilisation harmonieuse de leurs couleurs.

L'argent des sponsors a bouleversé les GP.

GP 30 ans d'évolution

Au début des années 70, les GP accueillaient six catégories : 50, 125, 250, 350, 500 et Side-Car. Du fait de l'évolution de la réglementation des catégories, il n'en reste plus que trois aujourd'hui : 125, 250 et 500. L'élimination des autres ayant pour but avoué de revaloriser le titre de champion du monde, ce qui à terme conduira inévitablement (en 2002 ?) à une seule catégorie (Moto GP).

Fin des années 60, la FIM, avec la louable intention de permettre aux petits constructeurs de s'aligner en GP, a limité à un cylindre les 50 cm³, 2 cylindres les 125 et 250 cm³, 4 cylindres les 350 et 500 cm³, et un maximum de 6 vitesses pour toutes les catégories. Conséquence : un retrait momentané des usines japonaises et l'émergence de petits constructeurs dans les petites cylindrées (Derbi, Kreidler, Morbidelli...).

En 1977, une nouvelle norme de bruit (95 db) signe l'arrêt de mort des moteurs 4-temps, dont le seul représentant est MV. Une norme qui pénalisera Honda lors de son retour en 500 avec son V4 à pistons ovales. Cette même année (1977), la FIM s'oppose à l'usage des pneus slick en 125 et 250 sans raison valable. En 1983, suppression de la catégorie 350 cm³ décidément trop proche techniquement et en performances de celle des 250 cm³. En 1984, la catégorie des 50 cm³ est remplacée par celle des 80 cm³, car alors cette cylindrée peut être conduite par les possesseurs du permis auto un peu partout en Europe et la FIM pense en faire la promotion au travers des GP. En 1987, les 125 cm³ sont limitées à un cylindre dans le but d'en réduire le coût et ainsi de les rendre plus accessibles aux jeunes pilotes.

En 1988, les départs, qui jusqu'alors s'effectuaient moteur arrêté et à la poussette, seront autorisés moteur en marche. En 1990, arrêt des 80 cm³ pour valoriser le titre 125 cm³. En 1991, un poids minimum limite est fixé à 130 kg pour les 500 4 cylindres, 115 kg pour les 3 cylindres et 95 kg pour les bicylindres. En 1997, les side-cars sont proprement éjectés des GP par les nouveaux maîtres du jeu (IRTA/DORNA), qui poursuivent leur politique d'élimination pour ne valoriser qu'une catégorie à l'instar de la F1.

L'année suivante, obligation d'utiliser de l'essence sans plomb mais non dépourvue d'additifs, ce qui engendre des essences très spéciales à plus de 20 francs le litre. En début de saison 2000, sous la pression du GPMA (Grand Prix Manufacturers Association), le regroupement des constructeurs, la FIM annonce pour 2002 un important changement de réglementation : l'autorisation aux moteurs 4-temps de 990 cm³ de participer aux GP 500, sans limitation du nombre de cylindres, avec une limitation de bruit relevé à 120 db et toute une série de poids minimum en fonction du nombre de cylindres et de l'utilisation ou non des pistons ovales.

Sécurité optimum sur les circuits artificiels.

Cette réglementation signe l'arrêt de mort du moteur 2-temps, déjà condamné pour cause de pollution dans la production en grande série.

L'évolution en GP concerne également les circuits : aujourd'hui, tous les GP se disputent sur des circuits artificiels spécialement construits pour les besoins du sport auto et moto, le plus souvent avec des normes d'homologation dictées par la Fédération internationale automobile, très exigeante en matière de sécurité. Le revers de médaille de cette exigence est un éloignement du public du bord de la piste. Mais on ne doit surtout pas déplorer cette évolution qui a sauvé des dizaines de vies de pilotes.

En 1970, sur les 12 GP qui ont accueilli les 250 cm³, 9 étaient des circuits routiers, 2 des circuits artificiels (Nurburgring et Monza) complètement dépassés en terme de sécurité, et un seul (le circuit Bugatti du Mans) conforme en matière de sécurité des pilotes. Le terme circuit routier a sa parfaite illustration avec le Tourist Trophy de l'île de Man : un tracé de 60 km qui traverse villes et villages, serpente dans le creux des vallées entre deux murets, grimpe dans la montagne et est de ce fait impossible à sécuriser et difficile à mémoriser. Le TT, qui existe depuis 1907, détient le sinistre record du nombre de tués, plus de 180. Du fait de sa dangerosité, il perdra son statut d'épreuve comptant pour le championnat du monde, mais seulement en 1977. Reste que depuis 1973, les ténors de GP le boycottaient. C'est en 1970, au TT, que Santiago Herrero, pilote vedette des 250 sur Ossa se tuera... ainsi que 4 autres pilotes moins connus.

Tout aussi dangereux, le circuit d'Opatija, en Yougoslavie est tracé sur une route de front de mer. En Belgique, le circuit de Spa, avec ses grandes courbes à plus de 200 km/h sans aucun dégagement, sera fatal à Christian Ravel en 1971. Bill Ivy se tuera en 1969 sur le circuit du Sachsenring, en Allemagne de l'Est. On citera également, le circuit d'Imatra en Finlande, avec ses bosses qui font voler les motos, ses ronds-points fleuris en guise de chicane et le GP d'Espagne, à Barcelone, couru dans le parc de Montjuich.

En 1973, c'est la plus grande tragédie de toute l'histoire des GP. Sur le circuit de Monza, dans le premier tour de la course des 250, une chute collective causée par des traces d'huile survient dans la Curva Grande, totalement dépourvue de dégagement. Jarno Saarinen, le champion du monde en titre, et le vice-champion Renzo Pasolini seront tués sur le coup.

Un drame épouvantable qui mobilisera enfin les pilotes sur les problèmes de sécurité. Une grève aura même lieu à l'occasion du GP d'Opatija, manifestation soutenue par les constructeurs pour dénoncer les carences de la FIM, qui accorde des droits d'organisation à des pays qui n'ont pas de circuit artificiel, à l'exemple de la Yougoslavie. Pire encore, la FIM permet l'organisation d'un GP sur un circuit routier réputé dangereux, alors que le pays dispose par ailleurs de circuits artificiels comme ce sera le cas en Angleterre (TT, versus Silverstone) et en France (Charade, versus Le Castelet).

Mais c'est en 1978, avec l'arrivée de Kenny Roberts, que l'amélioration de la sécurité s'accélère. Le charismatique pilote américain soutenu par sa puissante fédération (AMA) réussira mieux que tout autre à s'opposer à la FIM et à mobiliser les pilotes sur le sujet. La création de l'IRTA accélérera le processus. Tous les circuits routiers seront bannis, les autres sécurisés et, bientôt, une clinique mobile dirigée par le Dr Costa, financée par l'IRTA, suivra les pilotes sur chaque GP.

Une évolution majeure est à distinguer pour la catégorie side-cars, instaurée dès 1949, en même temps que les solos. Elle sera longtemps prisée du public pour son côté spectaculaire dû aux acrobaties du passager. Dans les années 70, cette catégorie est dominée par les moteurs BMW Rennsport, incontournables depuis 20 ans. Ce sera également le règne d'un pilote, l'Allemand Klaus Enders, 6 fois titré entre 1967 et 1974.

Une suprématie mise à mal en 1968 par Helmuth Fath, qui a construit son propre moteur, un 4 cylindres double ACT à injection, et en 1971 par Owesle, qui utilise l'attelage de Fath. Vient ensuite une courte domination (2 ans) des moteurs de bateau König, des 4 cylindres 2-temps flat four, puis, à partir de 1977, celle des moteurs Yamaha 4 cylindres en ligne qui durera dix ans. Ces moteurs sont des

Les circuits routiers (ici Brno) ont trop souvent endeuillé le sport moto.

Alain Michel, seul Français champion du monde en side-car.

« bidouillages » sur base de TZ 750 ramené à 500 cm^3, la cylindrée maxi en side-cars. Des moteurs plus puissants d'une dizaine de chevaux que ceux des 500 cm^3 solos du fait qu'en side, on privilégie la puissance absolue à la souplesse.

En 1978, profitant d'un grand flou dans la réglementation, un jeune Suisse, Rolf Biland, s'aligne avec un attelage révolutionnaire. Le moteur est placé devant la roue arrière, le pilote est assis dans un baquet devant le moteur, la roue du side est également motrice, et donc dans le même axe que celle de la « moto ». Quant au passager, il reste planqué au fond du « panier » et ne sort même pas dans les virages. Nous sommes bien loin du concept originel, un « panier » accroché à une moto solo, et l'engin de Biland domine outrageusement la saison et sacre son pilote pour la première fois. La FIM crée alors 2 catégories : B2A pour les attelages conventionnels et B2B pour les autres. Biland abandonne son concept révolutionnaire qui, quelque part, a fortement décrédibilisé la catégorie, s'engage sur un B2A, et gagne à nouveau.

Avec 7 titres et 82 victoires entre 1978 et 1994, Rolf Biland sera le pilote le plus couronné de l'histoire des side-cars en GP. L'évolution technique des side-cars les a fait de plus en plus ressembler à des automobiles sur trois-roues avec des épures de suspensions et des pneus style monoplace. En terme d'efficacité et de sécurité, cette évolution est phénoménale. Mais en s'éloignant du concept originel, le side-car a perdu de son attrait vis-à-vis du public.

Dans le déroulement d'un GP, les side-cars clôturent la journée, pour des raisons de sécurité. En effet, les gros pneus laissent de la gomme sur la piste, la rendant glissante et dangereuse pour les pilotes solos, qui déjà déplorent la présence des sides sur les séances d'entraînement. Ce conflit side-solo tournera à l'avantage de ces derniers à partir des années 80 avec la montée en puissance de l'IRTA, représentant les coureurs solo.

En 1990, titre historique pour le Français Alain Michel, qui a par ailleurs remporté 18 GP, le record absolu toutes catégories pour un pilote français. Alain Michel courait sur un LCR Krauser, LCR étant le fabriquant suisse de l'attelage qui, depuis 1982, truste les titres constructeurs et Krauser, un accessoiriste allemand (sacoches Krauser), qui a fait développer tout spécialement pour le side-car un moteur 2-temps 4 cylindres en ligne, et qui sera champion du monde de 1988 à 1994. Depuis 1997, la catégorie side-cars ne fait plus partie des championnats du monde, et sera récupérée à partir de 1999 par l'organisateur des Superbikes. ●

Le Suisse Rolf Biland, recordman des titres en side-car.

GRANDS PRIX ÉVOLUTION TECHNIQUE

La Kawasaki KR 250/350, un twin en tandem qui domine les GP à la fin des années 70.

Durant ces trente dernières années, la technique des GP, cadrée par une réglementation restrictive, sera moins spectaculaire qu'elle ne fut durant l'après-guerre. Elle connaîtra même, durant un temps, une régression de puissance dans les cylindrées 50, 125, 250, et une uniformisation de la technologie.

De 1969 à 1989, en 50 et 80 cm^3, il n'y aura plus aucune marque japonaise. De 1969 à 1987, en 125, lors de la limitation à 2 cylindres, on constate une nette suprématie des machines italiennes (Morbidelli, MBA, Garelli...) puis, avec la limitation à un cylindre, on assiste au retour des Honda, souvent contrées par Aprilia. En 250, de 1970 à 1993, domination des machines japonaises (avec intermède Aermacchi Harley Davidson en 1975 et 1976) puis émergence des Aprilia. En 350 (catégorie disparue en 1983), après le retrait de MV en 1972, mainmise sur la cylindrée par des motos japonaises. Et idem en 500.

Les petites cylindrées à moteur 2-temps 50 et 125 ont bénéficié de l'héritage technique de l'âge d'or des GP. Les 50 monocylindres (Jamathi, Piovaticci...) et les 125 bicylindres (Morbidelli, MBA, Garelli...) s'inspireront techniquement des Suzuki des années 60, tout comme Suzuki a pompé la technologie que Walter Kaaden a développée pour MZ.

Lorsque Suzuki s'est retiré de la compétition en 1967, des 50 et 125 usine se sont retrouvées dans la nature, et plus particulièrement en Hollande et en Allemagne, ce qui explique que les concepteurs-vedettes de l'époque soient hollandais (Jan Thiel, Jamathi) et allemand (Jorg Möller, Kreidler, Morbidelli). Ce dernier est aujourd'hui de retour en GP pour le compte d'Italjet en 125.

Curieusement, les constructeurs italiens qui, depuis 30 ans, sont les seuls (avec l'espagnol Derbi) à contrer régulièrement la puissante industrie japonaise, ont le plus souvent fait appel à des préparateurs étrangers. Il n'y a qu'Aermacchi Harley Davidson puis Cagiva qui, sur des bases de moteur Yamaha, aient développé en interne leur propre technologie du moteur 2-temps. Et encore, chez Cagiva, on a beaucoup appris du Hollandais Jan Witteveen, qui a travaillé sur les moteurs de cross pour ensuite passer chez Gilera puis Aprilia, où il sera le maître d'œuvre des 125 et 250, championnes du monde face aux Honda et Yamaha. Autres protagonistes parmi les petites cylindrées, l'Espagnol Derbi et son ingénieur Pacos Tombas, qui, tout comme Kreidler, se sont longtemps battus sans gros moyens face aux Japonais, et seront les premiers à profiter des nouvelles réglementations limitatives. En 1972, Derbi raccroche puis revient lorsque la catégorie 80 est instaurée (1984) pour dominer les quatre dernières années de ce championnat. Même scénario pour les 125, avec un retour victorieux (1988) lors de la limitation à un cylindre. À croire que ces changements de règlement ont été faits pour Derbi.

La marque allemande Kreidler, éternelle challenger (avec Derbi) en 50 cm^3 dans les années 60, connaîtra son heure de gloire à partir de 1971. Le service course est alors racheté par le Hollandais Van Veen, encore un préparateur de talent, qui décrochera 7 titres. Reste que depuis la grande époque des 50 bicylindres et 125 à 4 et 5 cylindres, l'intérêt du public pour ces catégories s'est considérablement émoussé. Les marques qui s'y investissent ne sont pas des grandes marques, leur technique est moins exotique et les pilotes qui y participent ne sont pas des stars, mis à part Angel Nieto, 13 fois titré, et qui, superstitieux, a toujours revendiqué 12 titres plus un.

Logiquement, la 125 est la première marche qui permet d'accéder à la catégorie reine mais, en réalité, rares seront les pilotes à avoir brillé en 125 puis en 500. On peut citer Luca Cadalora, champion du monde 125 en 1986, Alex Crivillé, vainqueur en 1989, Loris Capirossi, 2 fois titré en 125, dont la première fois en 1990 alors qu'il n'a pas 18 ans, et enfin Valentino Rossi (1997).

En 1967, le Suzuki 50 twin développait 17,5 ch, une puissance qui ne sera égalée par les 50 monocylindres que quinze ans plus tard. En 125, la Yamaha V4 de 1968 était donnée pour 42 ch, soit la puissance des derniers bicylindres en 1987, et tout juste 8 ch de moins

La Yamaha TZ 250, la moto des privés par excellence. Ci-dessous, la Cobas 250, 1er cadre alu périmétrique.

que la puissance actuelle des monocylindres. Les dernières évolutions des monocylindres Honda, Aprilia et Derbi revendiquent une cinquantaine de chevaux, soit 400 ch litre. C'est également la puissance spécifique des actuelles 250 et 500 cm^3.

Le monocylindre 125 2-temps s'est développé sur la base des moteurs de cross, d'où une plage de puissance de plus de 3 000 tr/min, alors qu'avec les V4 Yamaha, elle était de 700 tr/min. Cette cylindrée est importante : depuis la limitation à 2 cylindres pour la 250 et 4 pour la 500, elle est devenue la cylindrée unitaire, qui sert au développement technique.

Ci-dessous, de gauche à droite.
L'Aprilia 250 V2 terrasse les japonaises.
La 500 NSR Honda 3 cylindres.
Le 125 Morbidelli, un parallel twin.

En 250, après une année de transition en 1969 qui a permis à la 4 cylindres Benelli d'être enfin titrée, on assiste à une longue domination des Yamaha twin compétition-client, qui composent l'essentiel du plateau. Des motos pas toutes logées à la même enseigne puisque, via ses importateurs, Yamaha propose une aide technique discrète.

La TZ est une très bonne base mécanique pour les préparateurs, tels l'Allemand Elmuth Fath qui permettra à Phil Read d'être à nouveau champion du monde en 1971 avec une compé-client. La marque revient officiellement en 1973, année terrible marquée par la mort du pilote officiel de Yamaha, Jarno Saarinen. De 1974 à 1977, les Yamaha sont dominées par des motos italiennes : d'abord l'Aermacchi Harley Davidson, d'une architecture technique pourtant proche ; puis, pendant une année, par la 250 Morbidelli, extrapolation de la 125, donc bicylindre à distributeurs rotatifs et ensuite vient l'ère Kawasaki. Cette marque, absente des GP durant l'âge d'or, a néanmoins remporté un titre 125 en 1969. La Kawasaki KR 250 se démarque techniquement de ses concurrentes grâce à son bicylindre en tandem et à distributeurs rotatifs, une architecture moteur que nous retrouverons sur les premières Aprilia à moteur Rotax.

Après le retrait de Kawasaki fin 82, on assiste à nouveau à une succession de victoires pour Yamaha avec ses compétition-clients, toujours des parallel twins. En 1985, le retour de Honda sonne l'événement puisqu'on n'avait pas vu cette marque dans cette cylindrée depuis 1967. Autre événement, l'architecture du moteur, un V twin à carburateurs en position centrale, qui sera champion du monde dès la première année.

En 1984, les 250 Honda participant aux GP étaient des compétition-clients dérivées de la moto de route, comme les premières Yamaha TD seront des extrapolations des routières YD. Une démarche technique bien différente de ce que l'on a connu dans les années 60. Il s'agissait alors de se faire une image au travers de la compétition alors que, dans les années 70, la compétition était un support de la production, du moins dans les petites et moyennes cylindrées. Pour les 250, l'architecture V twin s'imposera également chez Yamaha et Aprilia, cette dernière optant toutefois pour les carburateurs à distributeurs rotatifs.

Jusqu'en 1998, la Honda est un mono vilebrequin puis, comme Yamaha et Aprilia jusqu'en 1997, Honda adopte les deux vilebrequins superposés. Cette architecture permet un calage à 360° favorisant le couple, ainsi qu'une baisse de vibrations par effet contrarotatif des vilebrequins ; et le positionnement des cylindres favorise l'alignement des transferts. Revers de la médaille : plus de perte en frottement, et un poids plus haut placé.

En 1968, la 250 Yamaha V4 développait plus de 70 ch, puissance sera égalée par les twins à la fin des années 80. Aujourd'hui les 250 d'usine revendiquent 100 ch. Les 350 cm^3 comme les 500 voient une domination de MV jusqu'en 1973 puis, après le retrait de la marque italienne, le règne des twins 2-temps jusqu'à l'abandon de la catégorie fin 1982. Techniquement, ces motos sont exactement identiques aux 250, ce qui n'a pas grand intérêt. Cette similitude a même fait soupçonner l'utilisation de 350 dans des courses de 250. À signaler, l'artisanale 350 3 cylindres Yamaha du Japonais Takazumi Katayama, qui sera champion du monde (le premier de cette nationalité) en 1977. Jusqu'en 1974, en 500 cm^3, on note la domination de la MV en 3 et 4 cylindres, il est vrai sans opposition sérieuse. MV est la seule usine engagée en 500, le reste du plateau étant composé de pilotes privés engagés sur des monocylindres anglais ou des motos italiennes artisanales telles que la Paton et la Linto.

Au début des années 70, en 500 comme en 250, la présence japonaise se limite à des compétition-clients Kawasaki H1R 3 cylindres et Suzuki TR 500 bicylindres. Ce sont des motos issues de machines de série, certes moins performantes que la MV, mais qui sonneront le glas des monocylindres anglais. Par ailleurs, les privés qui disputent les 350 avec des twins Yamaha s'engagent en 500 avec ces mêmes machines réalisées à 351, et qui se révéleront aussi rapides que les vraies 500 2-temps, et bien plus que les monos 4-temps.

C'est en 1974 que Suzuki et Yamaha reviennent officiellement en GP, mais cette fois dans la catégorie reine. La Suzuki est une 500

La Yamaha V4 (2000).

Le V4 Honda 500 (2000).

La 1re Suzuki RG 500 (1974).

Le V4 Suzuki 500 (2000).

4 cylindres en carré à quatre distributeurs rotatifs, alors que la Yamaha est un 4 cylindres en ligne à admission classique. C'est cette dernière machine qui mettra fin à la success story de MV. À son guidon, ironie du sort, le pilote fétiche de MV, Giacomo Agostini, qui a émigré chez Yamaha. Puis la Suzuki et son puissant moteur 4 cylindres en carré (120 ch) lui dament le pion. Le 4 cylindres en carré, non seulement performant, permet aussi de construire une moto plus fine et donc plus rapide. Il faudra tout le talent de Kenny Roberts pour combler les handicaps de la Yamaha.

En 1981, Yamaha construira à son tour un 4 cylindres en carré à distributeur rotatif, ainsi que Kawasaki, dont la KR 500 innove avec une partie-cycle à cadre coque. Mais tous deux seront éphémères et décevants. En 1982, Yamaha révise sa copie et conçoit un moteur V4, une architecture encore d'actualité pour les trois marques (Yamaha, Suzuki et Honda) qui dominent les GP 500 aujourd'hui. Les V4 Yamaha et Suzuki sont à deux embiellages, alors que le Honda est un monovilebrequin.

Le retour de Honda en 500 se fait en 1979 avec une moto révolutionnaire, la NR 500 V4 4-temps à pistons ovales et 32 soupapes, un défi face aux 2-temps, mais aussi un échec. La technologie 4-temps, encore plus brimée que les 2-temps par la limitation de bruit, ne pourra rivaliser en puissance et la NR, qui développe de 10 à 15 ch de moins que les 4 cylindres concurrents, sera abandonnée en 1981. La première version de la NR était aussi innovante en partie-cycle. Elle disposait de deux roues de 16 pouces et son carénage en tôle d'aluminium faisait office de coque porteuse. Puis elle évoluera vers une partie-cycle classique mais sans plus de résultats. Pour clore le chapitre, la FIM interdira les pistons ovales, qui seront à nouveau autorisés en 2002. L'affront NR sera lavé dès 1983 par la NSR, un 3 cylindres 2-temps en V (deux verticaux et un horizontal), très compact, moins puissant de 5 à 8 ch que les 4 cylindres, mais plus facilement exploitable, et surtout monté dans une toute petite moto, très légère, avec laquelle Freddie Spencer fera des miracles.

C'est un V4 qui prendra la succession de la NSR, qui sera produite en compétition-client, tout comme Suzuki l'avait précédemment fait avec sa RG 500. La Honda NS 400 routière, apparue en 1985, était un dérivé de la NSR, de même que la Suzuki RG 500 et la Yamaha RDLC 500 de 1984 étaient issues des motos de course. Ce seront d'ailleurs les derniers réplicas routiers de moto de GP. Aujourd'hui, les 500 de GP sont soit des V4 (Honda, Yamaha, Suzuki) qui développent 200 ch, soit des V2 (Honda, Aprilia) qui développent de 20 à 30 ch de moins. Kenny Roberts, qui s'est reconverti en team manager, a tenté de ressusciter le V3 (Modenas) mais sans succès.

Les parties-cycle, tant en 250 qu'en 500, sont passées du cadre tubulaire en acier au cadre tubulaire en aluminium (début des années 80). Elles adoptent ensuite une architecture dite en U, inventée en 1982 par l'Espagnol Antonio Cobas pour la 250 qui portait son nom, et qui est aujourd'hui généralisée sur toutes les motos de course. Côté suspensions, la fourche télescopique simple puis inversée est indétrônée depuis 30 ans, alors que la suspension arrière a évolué. On est passé du double combiné au cantilever (1974) puis au mono-amortisseur à progressivité variable.

Les évolutions techniques des cadres et des suspensions ont toujours eu une application directe sur la grande série. En revanche, l'emploi des freins en carbone, qui se sont généralisés ces dernières années en compétition (ils sont plus performants et surtout plus légers que les disques acier) n'est pas satisfaisant sur la route du fait d'un manque de performance à froid et sur le mouillé. Côté pneumatiques, après le pneu triangulaire des années 60, puis le slick à partir du milieu des années 70, on a enregistré une troisième révolution (française) avec l'apparition du radial Michelin en 1984, la structure de la carcasse permet une nouvelle forme de pilotage basée sur la glisse de l'arrière. Alors que jadis les pilotes ne disposaient au mieux que de deux qualités de gomme, aujourd'hui ils ont un choix immense. Ils choisiront leurs pneus en fonction du circuit, de la température extérieure, du grip de la piste et de leur style de conduite. Dernière révolution technique en GP, la télémétrie, qui enregistre sur un ordinateur embarqué les paramètres moteur et partie-cycle afin que les ingénieurs et les pilotes comprennent mieux les réactions de la moto et puissent parfaire les réglages. ●

La 1re 500 Yamaha 4 cylindres en ligne (1974). Ci-contre, la Honda NR 500 (1979).

GRANDS PRIX LES TÉNORS

Les Français

Jusque dans les années 70, hormis la 4e place de Pierre Monneret en 1956 au mondial 500, la présence des pilotes français en GP sera anecdotique ou ponctuelle à l'occasion du GP de France.

L'absence d'industrie moto, un goût modéré pour la vie de bohème, des courses nationales confortablement dotées en primes de départ sont les raisons de cette désaffection. Les premiers à s'aventurer régulièrement sur les GP seront André-Luc Appietto, Christian Ravel et Eric Offenstadt, un ex-coureur automobile qui mènera de front une carrière de pilote et de concepteur de partie-cycle originale et novatrice. Jusqu'en 1971, les meilleurs résultats furent une victoire en 125 au GP de France 1969 pour Jean Auréal (Yamaha), une 2e place en 500 à Spa pour Ravel en 1970, circuit sur lequel il chute mortellement l'année suivante. C'est à partir de 1973 que les Français commencent à se faire remarquer en GP 250 et 350 avec des pilotes tels que Christian Bourgeois, Patrick Pons, Olivier Chevallier et Michel Rougerie. Ce dernier apparaîtra en fin de saison à la 5e place du championnat du monde.

L'année suivante, Pons (Yamaha) est 3e en 250 et 350 et en 1975, Michel Rougerie est vice-champion du monde et remporte deux GP (Finlande et Tchécoslovaquie). Il sera également le premier Français à décrocher le statut de pilote d'usine pour Aermacchi-Harley Davidson, alors que ses camarades sont tous des pilotes privés, il est vrai, bien aidés par l'importateur Yamaha.

La colonie française s'étoffera ensuite avec l'arrivée en 250 et 350 de Patrick Fernandez et Christian Sarron, le protégé de Patrick Pons, qui, en 1977, remporte son premier GP 250 en Allemagne et de Jean-Louis Guignabodet (4e du mondial 125 en 1977). En 1978, les Français sont présents dans toutes les catégories, et Patrick Plisson et son 50 ABF de fabrication française est 3e au championnat (idem en 1979). En 1979, c'est au tour de Fernandez d'apparaître en haut du classement avec une 2e place en 350. C'est aussi l'année où la 125 Motobécane remporte ses premiers GP avec Guy Bertin, vice-champion en 1980.

En 250 et 350, la saison 1980 révèle Jean-François Baldé, pilote Kawasaki 3e au classement dans les 2 catégories. Une année par ailleurs dramatique pour le sport moto français avec les disparitions d'Olivier Chevallier en avril, de Patrick Pons en août et de Christian Léon en novembre.

La colonie française décimée le sera encore davantage l'année suivante avec la mort de Michel Rougerie au GP de Yougoslavie. Très lourd tribut au sport moto, révoltant d'injustice sachant que ces accidents sont survenus sur des circuits artificiels reconnus sécurisés.

Mais le spectacle continue, et c'est à nouveau Jean-François Baldé qui glane les meilleurs résultats avec un vice-championnat en 250 et une 3e place en 350. À la surprise générale, le titre des 250 en 1982 revient au Français Jean-Louis Tournadre, sur une Yamaha standard préparée par son père. Une victoire avec essentiellement des places d'honneur, une grande régularité, et une finale palpitante au dernier GP en Allemagne, où tous les pilotes français présents en 250 ont aidé Tournadre à conserver le léger avantage face à l'Allemand Anton Mang.

En 1983, le pack français est encore concentré dans la catégorie 250 et les points pleuvent pour Thierry Espié, Hervé Guilleux et surtout Christian Sarron qui finit vice-champion.

En 1984, Sarron remporte 3 GP et le titre avec 9 points d'avance sur l'Allemand Manfred Herweh, alors qu'en 500 Raymond Roche et sa Honda RS compétition client obtient le meilleur résultat français de la catégorie, depuis les débuts de ce championnat avec la 3e place. Il sera rejoint dans la catégorie reine par Christian Sarron (Yamaha) qui en 1985 sera le premier Français à remporter un GP 500 depuis Monneret (en 1954), ce qui lui vaudra une 3e place au championnat.

En 1986, c'est un autre Sarron, Dominique, frère de Christian et pilote Honda en 250, qui s'octroie le meilleur résultat français (3e place). En 1988, l'exploit tricolore revient à Christian Sarron, avec 5 pole positions d'affilée en 500, et un GP d'anthologie en France, au Castellet, où, en bagarre avec Schwantz, Gardner et Lawson, il laisse gagner ce dernier pour l'attribution du titre à Yamaha.

L'année suivante, Sarron est à nouveau 3e du championnat 500. Fin du premier acte des Français en GP. Il faudra attendre 1995 et une 5e place de Jean-Philippe Ruggia (Honda) en 250 et surtout 1996 avec la montée en puissance d'Olivier Jacques (Honda) qui gagne le GP du Brésil et finit 3e au championnat. Les saisons suivantes, Olivier Jacques stagne dans la hiérarchie à cause de blessures handicapantes. En 1999, victoire française dans un GP 125 avec Arnaud Vincent (Aprilia) et dans un GP 500 avec Regis Laconi (Yamaha). Ces trois coureurs ont tous le statut de pilote officiel. ●

Michel Rougerie (1975).
Jean-Louis Tournadre (1982).

Raymond Roche (1984).
Olivier Jacques (2000).

Christian Sarron, le plus célèbre des pilotes français depuis 30 ans.

Patrick Pons, symbole du renouveau.

Patrick Fernandez (1979).

Jean-François Baldé (1980)

Les Italiens

Depuis les débuts du championnat du monde en 1949, et jusque dans les années 60, les pilotes italiens sont omniprésents dans toutes les catégories principalement sur des motos italiennes.

C'est la grande période des Guzzi, Benelli, Mondial, Gilera, Morini et bien sûr MV et, côté pilotes, des Nello Pagani, Umberto Masseti, Dario Ambrosini, Carlo Ubbiali, Bruno Ruffo, Tarquinio Provini et Giacomo Agostini. Ce dernier est le pilote le plus titré, recordman du nombre de victoires GP (122) et, qui après une longue période de domination sans adversité (de 1968 à 1973), a bluffé son monde en gagnant sur des Yamaha à moteur 2-temps alors qu'il n'avait piloté que des motos 4-temps.

Agostini est, à la base, pétri de talent. Mais son impressionnante carrière n'est pas celle d'un surdoué (comme Hailwood), mais d'un pilote bosseur qui, même lorsqu'il était sans adversité, n'a cessé de s'améliorer. Son passage chez Yamaha (1974) est à la fois un défi vis-à-vis de lui-même et de son ancien employeur MV, qui (en 1972) lui a imposé contre son gré Phil Read comme coéquipier. Renzo Pasolini est l'autre vedette italienne du début des années 70. Vice-champion du monde 1968 sur une 350 Benelli, il menace le roi Ago et de ce fait gagne la sympathie du public, d'autant qu'il est issu d'un milieu beaucoup plus modeste que son rival. Paso sera encore vice champion en 1972, cette fois avec une 250 Aermacchi, et se tue l'année suivante à Monza.

De 1974 à 1977, domination des pilotes et des motos italiennes dans la catégorie 250 avec Walter Villa (Aermacchi Harley Davidson) quatre fois titré (3 en 250 et 1 en 350) entre 1974 et 76 et Mario Lega qui offre à Morbidelli son premier et dernier titre dans cette catégorie. En revanche, en 125, les Morbidelli multiplient les victoires grâce à Pileri (1975) et Pierpaolo Bianchi (1976, 77, 80). De 1975 à 1980, les pilotes italiens dominent outrageusement les petites cylindrées grâce, entre autres, à un petit (1,60m) mais talentueux Eugenio Lazzarini trois fois titré en 125 et 50, mais surtout 8 fois vice-champion du monde.

À partir des années 80, les prestations italiennes se reportent sur la catégorie des 500, avec un titre pour Marco Lucchinelli en 1981 et un autre pour Franco Uncini en 82. Des pilotes bien représentatifs de deux styles de vie. Uncini, réservé, sérieux, professionnel est l'opposé exact de Lucchinelli, expansif, fêtard, dilettante. Le premier est le prototype d'une génération de pilotes à venir, alors que le second est un des derniers « seigneurs » de la vitesse. Luca Cadalora est plutôt dans la lignée d'Uncini, un des rares pilotes à avoir réussi dans les trois catégories avec un titre 125 en 1986, deux en 250, en 1991 et 1992, et un vice-championnat 500 en 1994.

Loris Capirossi est l'autre exemple de l'éclectisme des pilotes italiens. Il obtient son premier titre 125 en 1990 alors qu'il n'a pas 19 ans, récidive l'année suivante, passe à la 250 puis à la 500 mais sans résultat convaincant. En 1998, il retourne à la 250 et remporte le titre.

Valentino Rossi, fils de Graziano, 3e du championnat du monde 250 de 1979, a également suivi la même filière avec un titre 125 en 1997, un 250 en 1999, pour ensuite intégrer un team officiel Honda en 500, où il se révèle un des plus sûrs espoirs. Valentino Rossi s'est immédiatement rendu très populaire par ses excentricités réjouissantes pour le public, qui contrastaient avec l'attitude de star de son grand rival Max Biaggi. Ce dernier a survolé la catégorie 250, 4 titres d'affilée, de 1994 à 1997, avant de passer à la 500 en 1998 (vice-champion).

La prédominance des pilotes italiens dans les GP a pour origine l'intérêt, dans la culture nationale, pour le sport moto, une fédération qui gère avec efficacité les filières débutantes et une manne intarissable de sponsors qui investissent dans la moto. ●

Walter Villa : pilote metteur au point d'exception.

Valentino Rossi, 125, 250, 500, la classe.

Max Biaggi : 4 titres d'affilée en 250 et du charisme à revendre.

Agostini : encore 2 titres sur Yamaha.

Loris Capirossi : premier titre à 18 ans.

Eugenio Lazzarini : le spécialiste des petites cylindrées.

Luca Cadalora : le surdoué.

Les Espagnols

Totalement absents des GP avant les années 60, les pilotes espagnols se révèlent grâce à leur industrie locale Derbi, Ossa, Bultaco. Mais c'est surtout le tandem Angel Nieto/Derbi qui sera la locomotive de cet essor.

La marque Derbi apparaît en GP dès la création de la catégorie 50 cm^3 en 1962, puis sera longtemps contrée par l'offensive japonaise. Nieto se classe alors régulièrement derrière les Suzuki, Honda et le Kreidler de George Anscheidt. En 1969, c'est enfin la consécration avec un premier titre en 50 cm^3 qui sera suivi de 5 autres.
En 1971, Nieto offre à Derbi son premier titre 125, qui sera suivi par 6 autres (la plupart pour d'autres marques que Derbi). Le dernier date de 1984, soit 13 titres obtenus en 20 ans de GP.
En Espagne, Nieto est un héros national, le pilote emblématique qui permettra au sport moto d'obtenir des subventions de la part de l'État, à une époque où l'Espagne, qui sort à peine du franquisme, a besoin de reconnaissance internationale.
En 1969, un tout petit team composé d'un mécanicien, de l'ingénieur concepteur de la 250 Ossa de GP (un mono 2-temps à cadre coque) et du pilote Santiago Herrero menace l'armada des twins Yamaha et la Benelli 4. L'année suivante, Herrero est en tête du championnat lorsqu'il se tue au TT, devenant ainsi un autre héros mythique.
En Espagne, comme en Italie, on assiste à une escalade en cylindrée, les plus grosses étant les plus prestigieuses. Sito Pons sera en 1988 le premier espagnol à remporter le titre 250. Il récidive l'année suivante mais, parallèlement, ces années-là, Jorge Martinez (surnommé « Aspar ») domine les 80 cm^3, nouvelle catégorie instaurée en 1984 à la place des 50 cm^3 et aligne 3 titres en 1986, 87 et 88, plus un titre 125 en 1988 pour faire bonne mesure. Pons, « Aspar » et Nieto seront par la suite des team managers de première importance.
En 1989, le titre 125 reste en Espagne entre les mains du jeune Alex Criville qui, dix ans plus tard, remportera celui des 500. C'est la consécration suprême, le point d'orgue de ces 30 ans d'histoire du sport moto espagnol, d'autant qu'en 1999, c'est Eugénio Alzamora le pilote du team de Nieto qui remporte le titre 125. ●

Angel Nieto : 13 titres en 20 ans.

Sito Pons (n° 3) : 1er titre espagnol en 250 (1988).

Au centre, Alex Criville (1er plan) : 1er titre espagnol en 500 (1999).
En-bas, « Aspar » Martinez (n° 2) devance Nieto.

Les Japonais

Les premiers pilotes japonais sont apparus en GP en 1959 à l'occasion du TT où Honda s'était engagé en 125 et 250. Des pilotes pas vraiment au niveau des Européens, et qui durant toute cette période auront essentiellement des seconds rôles.

Néanmoins, en 1961, Kunimitsu Takahashi, le pilote Honda, se classera 4e en 250 et 5e en 125 et, en 1963, le pilote Yamaha Fumio Ito sera le premier à remporter un GP, celui des 250 en Belgique. Les pilotes japonais faisaient rarement de saisons complètes. Ils retournaient au Japon pour préparer les modèles de l'année suivante, et leur présence en Europe tenait plus de la récompense.
Fin des années 60, avec le retrait officiel des usines japonaises, les pilotes japonais disparaissent du continental circus. En 1972, retour de Yamaha qui engage régulièrement, cette fois, Hideo Kanaya, pour assister Jarno Saarinen. Kanaya remporte cette année-là un GP en 250, et s'attribue en 1974 la première victoire d'un Japonais en 500 au GP d'Autriche.
C'est avec le statut de pilote privé, donc sur ses propres fonds, que Takasumi Katayama s'engage en 1974 dans les GP250 et 350. Il sera champion du monde dès 350 en 1977, le premier Japonais à être titré, ce qui lui vaudra un guidon d'usine chez Yamaha puis chez Honda avec la 500 NR puis la NSR. Un personnage haut en couleur, artiste, musicien et féru de paraphysique. Il fixait sur sa moto des cônes métalliques prétendument porteurs d'énergie insufflée par un « gourou » depuis le bord de la piste.
Dans les années 80, on compte peu de pilotes japonais remarquables, mais seulement des seconds couteaux metteurs au point comme Shimizu et Taira. En revanche, pour le GP du Japon, les locaux montent régulièrement sur des podiums. En 1993, une révélation avec Tetsuya Harada, pilote Yamaha, dans une team italienne qui, dès sa première saison, remporte le titre 250. Bien moins drôle que Katayama, Harada poursuit jusqu'à ce jour une carrière en demi-teinte et intègre le team officiel Aprilia en 1997.
À partir de 1993, c'est en 125, que les Japonais s'imposent. Ce ne sont pas des pilotes d'usine, mais de simples privés qui tentent l'aventure des GP. Leur leader est Kazuto Sakata, vice-champion 1993, qui remporte le titre l'année suivante au guidon d'une Aprilia. Il y a cette année-là trois Japonais aux trois premières places. Sakata récidive en 1998 mais, entre temps, c'est un autre jeune Japonais, Haruchika Aoki, qui domine la catégorie et permet à Honda de reconquérir le titre en 1995 et 1996.
Finie l'image du pilote japonais corvéable à merci par les usines qui les emploie : ils ont gagné leur émancipation via la condition de privés, et les pilotes d'usine sont traités à la même enseigne que leurs coéquipiers européens ou américains, mais en étant moins bien payés. ●

Tetsuya Harada, un titre 250 dès sa première année de GP.

Takasumi Katayama, premier Japonais titré en 350.

Les Suisses, Belges et Hollandais

Dans les années 60, la Suisse se distingue par ses pilotes side-cars (Camathias et Scheidegger), mais aussi grâce à Luigi Taveri, qui sera officiel MV, Ducati et Honda à partir de 1961.

Jan De Vries, premier Hollandais titré.

Un pilote format de poche, prédestiné aux petites cylindrées et qui remportera 3 titres en 125 (1962, 64 et 66). Après Taveri, c'est encore dans les petites cylindrées que les pilotes suisses se distingueront, avec Stéphane Dorflinger qui raflera les deux derniers titres 50 cm^3 (1982, 83) et les deux 1ers titres 80 cm^3 (1984, 85). Sans oublier le side-cariste Rolf Biland, 7 fois champion du monde. Jamais titré mais 4 fois vice-champion, Bruno Kneubülher est probablement le pilote le plus éclectique de ses 30 dernières années. Entre 1972 et 1986, il apparaît au classement des dix 1ers au championnat dans les catégories 50, 125, 250, 350 et 500. Côté Suisse francophone, les meilleurs résultats seront obtenus par Julia Marowsky, vice-champion 500 en 1969, et Jacques Cornu, 3e des 250 en 1988 et 89.

Le sport moto en Belgique, c'est surtout le moto-cross avec ses champions mythiques Joël Robert, Roger Decoster, qui ont généré des vocations pour cette discipline au détriment de la vitesse. C'est Patrick Pons qui, fin des années 80, permet à Didier De Radigués de se faire remarquer en GP, où, en 1982 il obtient son meilleur résultat avec une place de vice-champion des 350 sur une moto construite par Alain Chevallier (frère du pilote Olivier Chevallier) et concepteur de la Voxan.

Les pilotes hollandais ont investi les petites cylindrées dès la fin des années 60. Les 50 Kreidler de compétition ont été rachetées par l'importateur hollandais Van Veen, qui permet à Aalt Toersen d'être vice-champion de la catégorie en 1969 et 1970, puis à Jan de Vries de décrocher le titre en 1971 et 1973.

À la même époque, le Jamathi, un 50 artisanal conçu par Jan Thiel et Paul Lodewijkx (qui est aussi le pilote), taquine les Kreidler et les Derbi et, en 125, un Bridgestone tout aussi artisanal, piloté par son concepteur Jos Schurgers inquiète les Yamaha officielles dans le championnat 1973.

Pour la première année des 125 monocylindres, en 1988, la Honda est la meilleure compétition-client et Hans Spaan le meilleur pilote privé récompensé par deux vice-championnats en 1989 et 1990. En plus grosse cylindrée, il y a peu de pilotes de pointe mais des bons privés comme Theo Bult en 250 et 350 en 1971, Rob Bron en 500 et surtout Wil Hartog (Suzuki), 4e des 500 en 1978 et 1979. ●

Stéphane Dorflinger, un spécialiste suisse des petites cylindrées.

Les Scandinaves

Les pilotes scandinaves marqueront avec panache la décennie 70. À commencer par le Suédois Kent Anderson, vice-champion des 250 en 1969 sur une Yamaha compétition-client et qui arborait une superbe combinaison blanche et un casque jet alors que tous ses rivaux portaient le traditionnel Cromwel et le cuir noir.

Puis Andersson passera à la 125 sur des Yamaha quasiment d'usine pour remporter le titre en 1973 et en 1974. Mais le Scandinave surdoué, Jarno Saarinen, nous vient de Finlande, où il a fait ses classes dans les courses sur glace, ce qui lui avait permis d'acquérir une certaine aisance dans l'art de la glisse.

Saarinen participe à ses premiers GP en 1970, pour finir 4e du championnat 250 sur une Yamaha de l'importateur scandinave. L'année suivante, il est vice-champion des 350 et, en 1972, toujours sur des compétitions client, il remporte le titre des 250. Il finit également 2e des 350, ce qui lui vaut une intégration dans le team officiel pour 1973, afin de disputer les catégories 250 et 500 sur la toute nouvelle Yamaha 4 cylindres.

Il remporte les 3 premiers GP des 250, les deux premiers des 500, casse au 3e, puis c'est le GP de Monza. Le drame, la chute collective dans le premier virage au départ des 250 où il sera tué avec Renzo Pasolini. Saarinen laisse le souvenir d'un très grand en tant que pilote, mais aussi humainement parlant. Ce sera une immense perte pour le sport moto en général. Sa mort ne sera pas vaine car, après Monza, les problèmes de sécurité des pilotes seront enfin abordés sérieusement. L'après Saarinen laisse un goût amer, pour tous et plus encore pour son compatriote et ami Teuvo Lansivuori, qui clôturera le chapitre des pilotes scandinaves avec un vice-championnat 500 en 1976. ●

Le Suédois Kent Andersson, 1er Scandinave champion du monde.

Jarno Saarinen devant Renzo Pasolini, un destin tragique pour deux très grands champions.

Les Sud-Américains

En Argentine, au Brésil et au Venezuela, il y a depuis fort longtemps des circuits et donc des pilotes. Mais il faudra attendre 1975 pour les découvrir sur les GP.

Andréa Hyppolitho, l'importateur Yamaha vénézuélien a découvert un talent, Johnny Cecotto, qui a tout juste 19 ans lorsqu'il participe à son premier mondial. Il n'a donc aucune connaissance des circuits, bien plus difficile à apprendre hier qu'aujourd'hui, ni de la bagarre avec des pilotes confirmés tels que Agostini en 350 et Villa, Rougerie, Braun en 250.

Cecotto explose littéralement l'ordre établi, remporte le titre 350 devant Agostini, et termine 4e des 250. Le phénoménal Cecotto sera par la suite moins démonstratif et devra se contenter de places d'honneur tant en 350 qu'en 500, alors qu'il dispose de motos d'usine.

Lorsqu'il raccroche, en 1980, son mentor Hyppolitho a déjà déniché un nouveau talent, Carlos Lavado, qui en 1983 remporte son premier titre 250 et récidive en 1986 avec les premières Yamaha à moteur V twin.

Cecotto et Lavado seront les deux seuls pilotes sud-américains à êtres titrés. Des personnalités très différentes, à l'image de celle des Italiens Lucchinelli et Uncini, l'extraverti étant Carlos Lavado.

Le dernier pilote vénézuélien à quitter la scène, d'une façon fort dramatique, sera Ivan Palazzese, qui se fait mortellement percuter au GP d'Allemagne 1989. Ce sera, jusqu'à ce jour, le dernier pilote de GP mort en course.

Lorsque le Brésilien Alex Barros s'engage en 1986 dans son premier GP en 80 cm^3, il n'a que 15 ans. Puis il passe à la 250 sur une Yamaha privée avant d'intégrer le team Cagiva 500 en 1990 et de remporter son premier GP sur une 500 Suzuki en 1993. Depuis 1995, Barros, qui dispute à Christian Sarron le record de chute, est un pilote Honda. ●

Carlos Lavado, exubérant en piste et ailleurs.

Johnny Cecotto, la révélation de l'année 1975.

Les Anglais

C'est en Angleterre et en Italie que l'on dénombre le plus de constructeurs dans les années 50. Tous choisissent la compétition comme moyen de promotion, créant ainsi un impressionnant réservoir de pilotes.

Dans les débuts du championnat du monde et plus particulièrement en grosses cylindrées, les pilotes anglais sont omniprésents avec Geoff Duke, Leslie Graham (dont le fils Stuart sera officiel Suzuki en 1967), Fergus Andersson, Bill Lomas, Dikki Dale, John Surtees, Bob McIntyre... puis à partir des années 60, Mike Hailwood, Phil Read, Bill Ivy, Ralf Bryans, des pilotes engagés par les marques japonaises tout simplement parce qu'ils étaient les meilleurs.

Ainsi, à la fin des années 60, le retrait des usines japonaises marque la fin de l'âge d'or pour les pilotes anglais. Bien sûr, il y aura Dave Simmonds, champion du monde des 125 en 1969, et Rodny Gould qui, en 1970, donne son premier titre à la Yamaha 250 compétition client, mais les Anglais sont alors, dans leur majorité, essentiellement des privés, qui disputent la catégorie 500 avec des monocylindres anglais loin derrière la MV d'Agostini.

C'est l'époque des John Cooper, Peter Williams, Derek Woodman, Rob Fitton et Godfrey Nash qui, en 1969, offre à la Norton Manx sa dernière victoire en GP à Opatija. Le deuxième volet de la carrière de Phil Read débute en 1971 par une participation aux GP 250, avec une Yamaha compétition client. Un privé pas comme les autres qui roule en Rolls et mène un grand train de vie grâce aux gains amassés lorsqu'il était pilote d'usine.

Une attitude provocatrice qui n'arrangera pas son image, mais monsieur Read est un très grand pilote et le prouve une nouvelle fois en remportant le championnat de 1971 devant Rodny Gould, ce qui lui vaut un engagement par l'usine MV en 1972 comme second pilote. Mais Read a d'autres ambitions et l'affrontement avec son chef de file Agostini est inévitable.

En 1973, Agostini cumule les ennuis techniques en début de saison (5 résultats nuls), ce dont profite Read pour prendre la tête du championnat et remporter son premier titre en 500. Puis Ago passe chez Yamaha, essuie les plâtres d'une nouvelle moto, et Read reconduit son titre, le dernier, le 7e.

Aujourd'hui, Phil Read, tout comme Agostini, Redman, Taveri, participe régulièrement à des exhibitions aux guidons des motos de cette glorieuse époque. En 1971, dans la catégorie des 125, une Suzuki ex-usine pilotée par Barry Sheene se classe derrière le Derbi de Nieto. Il s'agit de la première saison pour Sheene et 3 victoires en GP. Une révélation qui sera suivie de près par Suzuki et, lorsque la marque revient officiellement en GP avec une 500 4 cylindres (1974), Sheene se retrouve tout naturellement à ses guidons.

Mais le début de la saison suivante (1975) commence mal pour Barry qui, à l'occasion des 200 milles, chute sur l'anneau de Daytona à 280 km/h (pneu éclaté) et se casse une jambe, un bras et une clavicule. En 1976, les Suzuki dominent le championnat 500 (6 aux 6 premières places), et Sheene remporte son premier titre qu'il reconduit l'année suivante.

Puis l'arrivée de l'Américain Kenny Roberts met un terme aux prestations des pilotes européens. Barry Sheene sera par ailleurs d'une popularité exceptionnelle : bonne tête, facilement abordable, charmeur... francophone et fumeur de Gauloises, l'image parfaite de la star comme on aimerait en voir plus souvent aujourd'hui.

Après Sheene, il n'y aura plus de champion du monde anglais, et encore moins de pilotes charismatiques, si ce n'est Carl Fogarty, mais qui ne fera qu'une brève apparition en GP pour ensuite se consacrer aux Superbike où il remporte 4 titres.

Aujourd'hui, le sport moto anglais se recentre sur le championnat national, richement doté, et sur le Tourist Trophy. Cette dernière épreuve, toujours aussi mythique, n'attire plus que les spécialistes. L'édition 2000 permettra à l'Irlandais Joe Dunlop (49 ans) de remporter sa 26e victoire sur l'île de Man, le record absolu après 25 ans de participation.

En juin 2000, Dunlop se tue sur un circuit routier en Lettonie ●

Barry Sheene, le champion idéal.

Phil Read, à ce jour le seul pilote titré en 125, 250 et 500.

Les Américains

Pat Hennen sera le premier Américain à participer régulièrement au championnat 500 avec pour meilleur résultat une 3e place en 1976/1977 sur Suzuki. Puis, pour voir (et pour l'argent), alors que cette épreuve ne compte pas pour le titre, il participe au TT en 1979 et en revient estropié à vie.

Steve Baker est un autre pionnier, officiel Yamaha en 500 et vice-champion en 1977. L'année suivante débarque Kenny Roberts (Yamaha), un as du dirt track, n° 1 aux USA, et qui s'impose en GP 500 dès sa première année de participation. Un titre qui sera suivi par deux autres (1979/1980). Roberts a bouleversé bien des choses dans le petit monde des GP.
Il sera le porte-drapeau d'un style de pilotage qui donne la part belle à la glisse (héritage du Dirt Track), et surtout milite pour plus de sécurité et de professionnalisme. Un grand pilote, sûr de lui mais avec un caractère de cochon et le mépris facile.
Les pilotes américains s'intégreront difficilement dans le Continental Circus. Ils viennent en Europe pour gagner, ramasser de l'argent et se moquent bien d'être ou non populaires auprès du public, à l'exception de Randy Mamola, 4 fois vice-champion du monde entre 1980 et 1987, qui s'est épanoui en Europe et s'est marié avec une Belge.
L'attitude de Roberts n'est pas que négative, les pilotes d'aujourd'hui lui doivent beaucoup et, avec le temps, il s'est même laissé séduire par l'Europe au point d'y vivre une partie de l'année et d'y installer son team Modenas dans les années 90.
En 1982, Honda engage Freddie Spencer pour qui la marque a construit une toute nouvelle 500, la NSR 3 cylindres, et avec laquelle il ne tardera pas à faire des miracles. Spencer, surnommé E.T. (Extra Terrestre), fait une saison 1983 d'anthologie face à Roberts et gagne avec deux petits points d'avance. En effet, cette année-là, il y a quatre Américains aux quatre 1res places. Spencer, un pilote réservé, qui est un tantinet mystique réussit en 1985 un doublé historique 500 et 250.
Usé par cette performance qui n'est pas sans rappeler les doublés d'Hailwood, Spencer s'écroule dans les classements avec une fin de carrière indigne de son talent. En 1984, Spencer se bat avec la nouvelle Honda V4, très puissante mais inconduisible, et Eddie Lawson, qui a hérité de la Yamaha de Roberts, rafle la mise.
Une machine à gagner, Lawson, est le stéréotype du professionnel froid et déterminé, mais faisant preuve d'un immense talent. Il s'incline en 1985 face à un Spencer déchaîné puis revient au premier plan en 1986/1988 et 1989. Sa dernière année, aux guidons d'une Honda particulièrement rétive, donnera la mesure de ses capacités. Après Roberts, Spencer et Lawson, la domination des Américains se poursuit avec le duel Kevin Schwantz, Wayne Rainey. Le premier, officiel Suzuki, est très doué. Le second, officiel Yamaha, est un bosseur qui réussit.
Un duel qui rappelle celui d'Hailwood et Agostini. Mais c'est le bosseur qui gagne le plus souvent avec 3 titres d'affilée (1990, 1991, 1992), alors que Schwantz chute trop souvent. En 1993, le duel semblait à nouveau tourner à l'avantage de Rainey, lorsqu'à 3 GP de la fin, c'est la chute, grave, la chaise roulante pour le héros et pour Schwantz un titre moyennement glorieux.
Fin de l'épisode américain, sans oublier John Kocinski, un protégé de Roberts, qui sera champion du monde 250 en 1990. Un personnage étrange, colérique, d'une maniaquerie maladive et dont les sautes d'humeur nuiront à sa carrière. Après s'être fâché avec Roberts, Kocinski passe chez Cagiva, offre à cette marque son premier GP en 1993 et fini 3e du championnat en 1994.
Depuis 1995, les pilotes américains brillent par leur absence dans les tablettes du championnat du monde jusqu'en 1999, où Kenny Roberts est vice-champion du monde. Il s'agit bien sûr du fils du roi Kenny. ●

Randy Mamola : le plus populaire.

Kenny Roberts devant Sheene et Spencer, le sacre américain.

Eddie Lawson (n° 4), la machine à gagner.

Freddie Spencer : doublé historique 250/500 en 1985.

Kevin Schwantz : la générosité.

Wayne Rainey : le bosseur.

Les Allemands

NSU, DKW, MZ seront les principales marques allemandes à s'engager en GP dans les années 50, mais seule la première sera récompensée par des titres en 125 et 250, cinq en tout, dont trois remportés par Werner Hass.

Dieter Braun, titré en 125 et 250 début des années 70.

Fin des années 60, Georg Anscheidt, éternel challenger des 50 Japonais sur son Kreidler, passe chez Suzuki et remporte le titre en 1966/1967 et 1968 sur le bicylindre. À cette époque la MZ de Heinz Rosner joue les places d'honneur en 250 et 350. Mais sa condition d'Allemand de l'Est lui interdit de participer à tous les GP.

En 1970, Dieter Braun, qui a récupéré (comme Barry Sheene) une 125 ex-usine Suzuki, s'assure le titre face, il est vrai, à un Derbi pas encore au point. Ce grand pilote en taille passe ensuite à la 250 et renouvelle son exploit en 1973. Braun avait alors un mécanicien du nom d'Anton Mang, qui laisse choir la caisse à outils pour les guidons d'une 125 en 1976.

Puis il récupère les Kawasaki 250 et 350 ex-usine, avec lesquelles il remporte le titre des 250 en 1980, fait le doublé 250/350 en 1982 et, à un point près (en 250), manque la récidive en 1983. Il a boycotté le GP de France à Nogaro, qui sera gagné par le futur champion du monde J.-L. Tournadre. Anton Mang poursuit sa carrière de pilote sur une Honda 250 à partir de 1985 et remporte son dernier titre, le 5e, en 1987.

Par la suite, à l'exception de Dirk Raudies, champion du monde 125 en 1993, les pilotes allemands seront abonnés aux secondes places : Reinhold Roth en 1987 et 1989, Helmuth Bradl en 1991, Ralf Waldmann en 1996 et 1997. ●

Anton Mang, le conte de fée du mécanicien devenu champion du monde.

Les Australiens, Néo-Zélandais et Sud-Africains

L'ancien Commenwealth est un réservoir inépuisable de pilotes de talent. Dans ces pays lointains, le sport moto, très populaire, se pratique toute l'année, et les pilotes anglais de haut niveau ont l'habitude, durant l'hiver européen, de se mesurer aux locaux ce qui améliore leur niveau.

Le rêve des pilotes australiens, néo-zélandais et sud-africains était bien sûr de participer aux GP, à commencer par le Tourist Trophy où ils débarquaient tous un jour ou l'autre.

Dans les années 50, les pilotes de renom de ces pays sont les Australiens Ken Kavanagh, Keith Campbell (qui sera champion du monde 350 sur une Guzzi en 1957) Bob Brown, Tom Phillis, les Rhodésiens Ray Amm, Gary Hocking (officiel MV 350 et 500 titré en 1961).

Au cours des années 60, on retrouve chez Honda l'Australien Tom Phillis, le Rhodésien Jim Redman et, chez Suzuki, le Néo-Zélandais Hugh Anderson, qui remporte deux titres 125, en 1963 et 1965.

Mais la plupart des pilotes expatriés grossissent le groupe des privés, des « crève-la-faim » qui, sans port d'attache, vivent comme des nomades dans leur caravane, circulant de circuit en circuit.

L'Australien Jack Findlay était de ceux-là. Il arrive en Europe en 1963, se classe 3e des 500 en 1966, puis second en 1968, et se verra seulement confier un guidon d'usine en 1973 ; dix ans de vache enragée.

Les Néo-Zélandais Ginger Molloy, Keith Turner, Kim Newcombe et les Australiens John Dodds et Kel Carruthers, seront logés à la même enseigne jusqu'à ce qu'ils se voient proposer un guidon par Benelli, en 1969, et remportent le championnat 250.

La fin des années 70 est marquée par l'émergence des pilotes sud-africains, avec Kork Ballington qui, après avoir gagné 3 GP aux guidons d'une 350 Yamaha en 1976 et 1977, se voit confier des Kawasaki 350 et 250 d'usine dont il fera un très bon usage à partir de 1978 (deux doublés d'affilée). Ballington est secondé par l'Australien Gregg Hansford, régulièrement vice-champion. Avec un titre 350 sur une Yamaha privée, John Eckerold clôture en 1980 la domination des Sud-Africains.

Ce sont à nouveau les Australiens qui font parler d'eux au plus haut niveau, celui des GP 500, où Wayne Gardner (Honda) se mêle à la bagarre en tête dès 1985, et remporte son premier GP l'année suivante en Espagne. Une saison qu'il finit vice-champion après avoir été harcelé par une multitude d'Américains. Le voilà champion en 1987 avec la fierté d'avoir battu ces derniers.

Mike Doohan, l'homme de tous les exploits (5 titres 500 d'affilée).

C'est en 1989 que Mike Doohan monte pour la 1er fois sur un podium de GP 500, en Allemagne, et pour la 3e place. L'année suivante, il se classe 3e et remporte son premier GP en Hongrie, puis second en 1991 et 1992. Il est le seul pilote Honda à pouvoir contrer le duo Rainey, Schwantz. En 1992, alors qu'il est largement en tête du championnat, il subit une méchante chute à Assen qui met en péril sa carrière.

Après une saison 93 en demi-teinte à cause de sa blessure à la jambe (il ne peut plus freiner au pied et se fait installer une commande de frein arrière au guidon gauche), Doohan explose en 94, remporte 9 GP sur 14, et devance le second Cadalora de 143 points.

Une domination insolente (5 titres d'affilée) qui se poursuivra sans interruption jusqu'en 1999 au GP d'Espagne, à Jerez, où une mauvaise chute le contraindra à se retirer. ●

Wayne Gardner (1987).

Kel Carruthers (1969).

Kork Ballington (1978).

INDEX

A

B

C

D

S

T

U

V

W

X

Y

Z

Achevé d'imprimer en
septembre 2000 par
Bookprint, S.L.,
Barcelone, Espagne

10
35
34